国家社会科学基金重大委托项目
“蒙古族源与元朝帝陵综合研究”
（批准号 12@ZH014）
学 术 成 果

张久和　刘国祥　主编

# 中国古代北方民族史

## 回　鹘　卷

吴　飞　著

科　学　出　版　社
北　京

## 内 容 简 介

本书是关于古代回鹘人在漠北活动历史的著作。全书分为七章，分别介绍了与漠北回鹘有关的史料概况、20世纪国内外回鹘史的研究历程、回鹘族源、族名、历史源流、民族关系、政治军事、文化习俗诸方面内容，对于读者了解和研究回鹘史，具有一定的参考价值。

本书适合于从事历史学、考古学、民族学等方面的专家、学者以及对北方民族史感兴趣者参考阅读。

**图书在版编目（CIP）数据**

中国古代北方民族史. 回鹘卷 / 张久和，刘国祥主编；吴飞著. —北京：科学出版社，2021.8

ISBN 978-7-03-069015-9

Ⅰ. ①中… Ⅱ. ①张… ②刘… ③吴… Ⅲ. ①回鹘－民族历史 Ⅳ. ① K289

中国版本图书馆 CIP 数据核字（2021）第 104804 号

责任编辑：孙 莉 雷 英 / 责任校对：邹慧卿
责任印制：赵 博 / 封面设计：张 放

科学出版社出版
北京东黄城根北街16号
邮政编码：100717
http://www.sciencep.com
北京厚诚则铭印刷科技有限公司印刷
科学出版社发行 各地新华书店经销
*
2021年8月第 一 版 开本：720×1000 1/16
2025年3月第五次印刷 印张：13 3/4
字数：275 000

**定价：128.00 元**

（如有印装质量问题，我社负责调换）

# 国家社会科学基金重大委托项目“蒙古族源与元朝帝陵综合研究”（批准号12@ZH014）学术成果编辑委员会

# 《中国古代北方民族史》编辑委员会

## 《中国古代北方民族史》工作组

组　　长：刘国祥　白劲松

副 组 长：孙　莉　陈桂婷　王　珏　冯　科

成　　员（以姓氏笔画为序）：

于伯乐　于昊申　王　苹　王石雨　王东风

田彦国　白志强　邝漫华　任　翔　刘玉莹

刘旭东　刘江涛　孙　冰　宋岩金　张　宇

张克成　林　睿　哈　达　姜天华　栗媛秋

曹　磊　康准永　雷　英　燕云辉

# 作 者 简 介

吴飞，男，毕业于内蒙古大学。历史学博士。现为浙江师范大学人文学院博士后流动站博士后。研究方向为北方民族史。发表学术论文5篇。参与完成内蒙古自治区文史馆“内蒙古自治区重大历史题材油画精品选题”项目。现参与国家社会科学基金重大项目“东胡系民族历史文献的整理与研究”子课题“契丹、库莫奚历史文献的整理与研究”。

# 北方民族史是中国历史的有机组成部分

## ——《中国古代北方民族史》（代序）

张久和　刘国祥

《中国古代北方民族史》（十卷本）经过策划、组织、研究和编辑工作，即将付梓。这是倡导者、组织者、研究者和编辑者诸同仁共同努力的结晶。面对多年来北方民族史领域丰富的学术成果，选择十个民族、按照大体一致的体例进行进一步的系统研究，力求在学术上有所推进，这对每一位研究者都具有很强的挑战性。今天，我们怀着惴惴之心把十部书稿呈送于学界，以求在学术难点、值得深度研讨的问题等方面引发更为深入的思考，探求更为全面、更为系统的学术研究途径，以期共同推进中国古代北方民族史的研究。

长期以来，前辈学者对中国古代北方民族史的研究取得了丰硕成果。中国国内，马长寿先生《乌桓与鲜卑》、林幹先生《匈奴通史》、田余庆先生《拓跋史探》、周伟洲先生《敕勒与柔然》、段连勤先生《丁零、高车与铁勒》、薛宗正先生《突厥史》等论著，基本都是以族别史体例研究北方民族史的力作，解决了许多悬而未决的问题，探寻出一些值得借鉴的研究方法，启迪着学者们的思路。1977 年由内蒙古自治区蒙古语文历史研究所历史研究室、内蒙古大学蒙古史研究室编写出版的《中国古代北方各族简史》，2003 年林幹先生的《中国古代北方民族通史》，在北方民族的通史性成果方面具有开创性。其他国家和地区的学者也向学界奉献了学术亮点独特的论著。法国汉学家德吉涅《匈奴、突厥、蒙古及其他西方鞑靼人通史》、英国学者巴克尔《鞑靼千年史》、法国史家勒内·格鲁塞《草原帝国》等著作，均涉及多个欧亚草原游牧民族的历史。

近些年来，随着改革开放各项文化事业的蓬勃发展，各族人民日益增长的物质文化、精神文化需求不断提高，对历史的关注度不断强化，北方民族史研究也越来越受到重视，促进了相关研究向前发展。学术成果的积累，科研团队的形成，研究出版经费的保障，为全面系统地研究中国古代北方民族史，编纂和出版北方民族史著作带来了机遇，提供了条件和保证。这部十卷本的《中国古代北方民族史》就是我们的一个初步尝试，付梓之际，诚待学界赐正，并期待对学术发展、社会文化进步有所裨益。

## 一

中国古代北方民族在广义上是对历史上曾经活动在中国古代北方地区的各个民族的总称；学界也有从狭义上专指以蒙古高原及周边地区为主要活动地域、以游牧业为主要生产生活方式、操阿尔泰语系诸语言的各民族的看法。国内学界一般将其简称为“北方民族”；国外研究者基于不同的认识，称其为“马背民族”“骑马民族”等。从狭义上讲，中国古代北方民族的历史，既包括蒙古族兴起以前的诸北方游牧民族史，又包括古代蒙古史。由于蒙古族兴起后，经过多个世纪的漫长岁月，已经由一个古代民族逐渐发展为现代民族，而且，早期蒙古史一般又与元史、北元—明代蒙古史、清代蒙古史及近现代蒙古史形成了比较完整的研究体系。因此，学界一般就将中国古代北方民族史的研究对象集中在公元前 3 世纪至公元 13 世纪活动在蒙古高原及周邻地区的各个民族，并形成了以族别史为特征又大体可以按照时间顺序研究的北方民族史研究体系。这些古代民族主要涉及匈奴、东胡、乌桓、鲜卑、柔然、敕勒—高车、铁勒、突厥、薛延陀、回鹘（回纥）、黠戛斯、契丹、库莫奚、室韦—达怛等各个游牧民族的历史。至今，学界针对这些民族的研究，已经涉及族源、政治、经济、风俗习惯、文化传承等各个方面，成果颇丰，学术争议点亦较多。而经过对各个民族历史的专题研究，努力寻求中国古代北方民族整体发展的历史规律仍然是有待突破的重点与难点。

中国历代汉文典籍中有关北方民族的历史记载是从事研究的基本史料。《史记》《汉书》《后汉书》《三国志》《晋书》《魏书》《北齐书》《周书》《隋书》《北史》《旧唐书》《新唐书》《旧五代史》《新五代史》《辽史》等纪传体史书，《资治通鉴》《续资治通鉴长编》等编年体史书，《通典》《通志》《文献通考》等典志体史书，《唐会要》《五代会要》等会要体史书，《元和郡县图志》《太平寰宇记》等地理总志以及《太平御览》《册府元龟》等大型类书以及其他体裁的古籍，均保留着与北方民族历史有关的史料。不过，由于各类史籍的成书年代不同，后出史书往往与先成史书有着抄录关系，内容也存在程度不同的沿袭继承；而且，随着历史的发展和情况的变化，后出史书又常常收录了为先成史书所不载的资料，增加了某些新的内容，加大了辨别取舍的难度。另外，各代史家对北方民族资料掌握的多寡不同，取舍角度有别，记述方式有异，所记内容与实际情况可能有一定出入，或存在误记错记等情况，也必须因时、因地、因人，因事详加考辨，方可在不断的研讨中逐步接近真实。尤其值得注意的是，由于历代中原史家不同程度地受到时代、民族、地域、立场和思想文化等诸方面的局限，也在相关文献中反映出对北方民族的歧视和偏见。基于上述，尽可能全面、系统地占有研究北方民族历史的汉文文献史料，并且进行详细比对、辨析，探明史源关系，明确史料价值，摒弃各种偏见，坚持客观评判的标准，在研究北方民族历史工作中显得格外重要。除了汉文史料以外，粟特文、突厥文、回鹘文、契丹文、西夏文、蒙古文、波斯文等文字的文献，多为北方民族记载的其自身的历史活动，有其不同的视角、内容、观点和方法，虽因文字的掌握与识读存在较大的难度，但对于全面深入研究北方民族历史文化却具有独特珍贵价值。中国学界不乏倡导和践行利用多语种文字史料进行综合研究的专家学者。

中国古代历史文献，记载内地王朝史一般都较为系统和丰富，相比之下，同一部古籍中有关北方民族史的史料则显得零散和匮乏。仅以记录北方各民族历史内容最多、最系统、相对可靠的正史即“廿四史”为例，与北方民族有关的史料主要是列传中的各族专传和纪、传、志、表当中的散见史料，系统性与涵盖面均存在误漏，甚至难以成章，形成研究中的诸多难题。因此，除了稽考、辨析、使用文献史料作研究以外，利用考古资料进行北方民族史研究也是学界传统。百余年来，北方民族的物质文化遗存有多少不等的发现，相关资料和研究成果相继发表，程度不同地为研究者提供了难得的研究依据。匈奴遗存主要集中在外贝加尔、蒙古国和中国境内的北方草原地带，发表的考古资料与研究性成果较多。其中，蒙古国境内的诺彦乌拉、高勒毛都，中国境内的桃红巴拉、阿鲁柴登等匈奴墓葬，为研究匈奴历史文化提供了珍贵的实物资料。乌桓的考古学文化虽然没有确论，但学界对夏家店上层文化、井沟子墓地、平洋墓葬、西岔沟墓群的探讨，对探究乌桓史有着重要的参考价值。拓跋鲜卑早期遗存主要集中发现于中国内蒙古呼伦贝尔地区，嘎仙洞遗址，扎赉诺尔、完工、孟根楚鲁、拉布达林墓葬等资料，为研究早期拓跋鲜卑史提供了重要依据。柔然考古学文化虽尚未被正式识别出来，但高昌文书等出土文献与《茹茹造像碑题记》《魏开府仪同长广郡开国高公妻茹茹公主闾氏墓志》等碑刻墓志丰富了柔然史资料。重要的突厥卢尼文碑有《暾欲谷碑》《阙特勤碑》《毗伽可汗碑》，与回鹘有关的碑铭有《磨延啜碑》《铁尔痕碑》《九姓回鹘可汗碑》等，在叶尼塞河流域发现的碑刻资料则多与黠戛斯有关。突厥、回鹘、黠戛斯的碑铭资料为研究提供了新的视角和维度，是研究北方民族历史文化的珍贵史料。此外，中蒙联合考古队确定了蒙古国的四方形遗址为回鹘贵族墓地，从而填补了回鹘考古学文化领域的空白，为研究回鹘历史文化提供了宝贵的考古资料。契丹的考古遗存早期以平民墓葬为主，辽朝建立后的耶律羽之家族墓、陈国公主与驸马合葬墓、吐尔基山辽墓、萧贵妃墓等资料，对契丹早期历史文化的研究也有重要参考作用。库莫奚考古目前可以确定的是《大王记结亲事碑》《奚国质子热瓌墓志》等十余通属于奚人的碑刻材料，内容或为史书所未载，或可与文献史料相印证，具有珍贵的史料价值。室韦考古学文化的发现、识别和研究，对于探索蒙古族族源具有重要学术意义。西乌珠尔、谢尔塔拉、岗嘎等墓葬资料的研究与运用，无疑使室韦历史文化的研究内容变得更加充实可靠和丰富多彩，并为蒙古族发祥、兴起于呼伦贝尔提供了确凿证据。总之，与北方民族相关的考古资料，在很大程度上有效地起到了与文献交互印证、补充文献记载之不足、纠正文献记载之错谬的作用。因此，充分结合运用考古资料研究北方民族史，将考古学与历史学密切结合是十分必要的。

先秦时期，北方民族已见载于史册。荤粥、猃狁、诸戎狄与商、周及春秋时期北方诸侯国，东胡、匈奴、林胡、楼烦与战国时期北方的燕、赵、秦诸国均有和战关系，东胡、匈奴、丁零等北方诸民族之间亦关系密切。秦末汉初，匈奴势力强大，东破东胡，西击月氏，北服丁零，控制蒙古高原及其周边，第一次建立了统一中国古代北方地区的游牧政权，与中原政权共同缔造着祖国的历史。东胡被击溃后，溃散的部众分别据保乌桓山和鲜卑山，因山名族，称乌桓、鲜卑。两汉时期，乌桓先后三次南迁，逐步进入中原北部，与汉、鲜卑、匈奴等融合。东汉时期，匈奴衰弱，南匈奴南迁入塞，北匈奴连续遭逢东汉联军攻击，最后远走西域，留下了值得重视的历史文化。蒙古高原上的匈奴余部并入鲜卑，鲜卑由此渐盛，继匈奴之后控制大漠南北，建立了地分东中西三部的部落军事大联盟。联盟瓦解后，鲜卑逐渐分化形成慕容、宇文、段、拓跋、秃发、乞伏诸部。魏晋南北朝时期，各支鲜卑渐次南迁，逐鹿中原，加入到民族大迁徙大融合浪潮之中。慕容、宇文、段、拓跋等部相互征伐，宇文战败，从中分化出契丹、库莫奚二部。同期，鲜卑后裔室韦见于文献著录，与契丹、库莫奚地分南北，活动于东胡及其后裔曾经往来驻牧的地区。吐谷浑自慕容鲜卑分离，迁徙甘青地区，后建立吐谷浑政权，史事绵延，直至唐代。慕容建立前燕、后燕、西燕、南燕，拓跋建立代，秃发、乞伏建立南凉、西秦等区域性政权。匈奴后裔建立有汉、前赵、北凉、大夏等政权。南迁的丁零也建立了翟魏政权。丁零后裔亦以“敕勒”“高车”“铁勒”等名称为史书所记载，分布于漠南漠北。最终拓跋鲜卑建立的北魏统一中国古代北方地区，形成了南北朝对峙格局。同期，东胡苗裔柔然兴起于大漠南北，建立柔然汗国。南北朝末期，随着柔然的衰败，突厥兴起并灭亡柔然，成为蒙古高原霸主，建立突厥汗国，强盛一时。唐初，突厥汗国被唐灭掉，大量突厥民众曾进入内地。后来突厥贵族重新建立游牧政权，再度控制蒙古高原。隋唐时期，铁勒分化出许多大大小小的部落。其中，铁勒部落中的薛延陀、回鹘在反抗突厥统治的过程中逐步强大起来，薛延陀一度建立政权，称雄漠北，后被唐灭亡。回鹘灭掉东突厥后汗国，建立回鹘汗国，与唐朝关系密切，9世纪中期被黠戛斯击溃。隋唐时期，进入中原的鲜卑逐渐融合于汉族以及各族之中。契丹与奚在突厥、回鹘不断衰落的过程中日益强大起来。唐末，契丹最终兼并奚、室韦等周边各族，随后在五代政权的更迭中得到燕云十六州之地，建立了与北宋对峙的辽朝政权。与蒙古族源关系密切的室韦各部，在唐代又被诸突厥语族部落称为达怛，并为唐朝中原人接受。蒙古族的祖先部落“蒙兀室韦”首见《旧唐书》记载，“蒙兀”是“Mongghol”（蒙古）的最早汉字译写形式。蒙古族发祥于今内蒙古额尔古纳河下游东南。唐朝中期以后，室韦—达怛诸部乘回鹘汗国衰亡之机，陆续西迁蒙古高原核心地带，或南迁至中原北部边塞。不难看出，在数千年的历史长河中，在中国古代北方地区，各个民族名号不断更换，政权轮番交替，与中原的往来绵延不绝、从未间断。辽金时期，与蒙古族有渊源关系的各部逐步壮大。至 13 世纪前后，在语言、地域、文化和经济生活上具有共同性的蒙古高原诸部具备了形成新的古代民族共同体的条件。1206 年，铁木真统一蒙古高原诸部，在继承众多北方民族长期分化和融合历史的基础上，以室韦—达怛部落为核心和主要成分，吸收契丹等蒙古语族和回鹘等突厥语族部落，建立了大蒙古国（Yeke Mongghol Ulus）。至此，蒙古高原上大大小小的部落和民族兴衰演替的历史始告结束，各有名号的部落、民族统一在了“蒙古”名下[①]，古代蒙古民族共同体初步形成。蒙古族成为北方民族历史文化的集大成者，掀开了中国历史的新篇章。

北方民族以畜牧、狩猎为生业，“游牧”是其经济形态，“行国”是其政治表征。游牧经济比较脆弱，更多地依赖于自然环境和气候条件，迫切需要农副产品作为生产、生活的补充；农耕经济以定居为主，也十分需要游牧经济产品。游牧与农耕经济之间的差异性、互补性，导致双方谁也离不开谁，形成了互相依存、互相促进的格局。和平时期，官方、民间贸易交换频繁，各取所需；对峙争锋阶段，双方的战争也往往是经济因素在起着诱因和主导作用。许多时候，北方游牧民族及其政权更看重经济利益，更多地从经济角度出发制定策略，采取政治、军事行动；中原农耕民族及其政权包括入主中原的北族政权则常以中心、正统自居，更看重政治名分。经济发展的内在动力，使繁衍生息于蒙古高原及其周边地区的北方民族，掀起了一波又一波的向中原地区的南迁、南进运动，先后建立了统治区域大小不等的政权，与中原农耕民族发生了密切的政治、经济、社会和文化联系。匈奴、柔然、突厥、回鹘、契丹、蒙古等

① 亦邻真：《中国北方民族与蒙古族族源》，《内蒙古大学学报》1979 年第 3、4 期。

建立的政权，打通了欧亚大陆草原世界，使得各民族之间的经济文化交流更为频繁，更为广泛，其历史不但是中国历史的有机组成部分，并且也成为亚洲史、欧洲史的研究内容。鲜卑、契丹、蒙古等民族更是建立了囊括中国古代北方地区和中原地区的政权，或统治中国古代北方，或实现了全国大一统，直接把游牧和农耕两种文化融汇在一起，你中有我，我中有你，互相认同，在深刻地改变和创造中国历史的同时，也在潜移默化地改变和重塑着自己。

史实证明，在中国历史上的各个时期，都有北方民族程度不同地参与到创造中国多元历史文化的进程之中，印证了中国的历史是由各民族共同创造的发展规律。

## 二

中国古代北方民族史历来备受国内外学术界的重视，论著颇丰。但是，由于研究者所处时代不同，立场、价值观、研究方法等有别，加之资料匮乏，今天看来，有些成果多带有时代的烙印，存在争议而尚未解决甚至难以解决的问题较多，在一些具体问题上形成了许多不同的观点，也构建了某些不同的话语体系。近代以来，由于中国陷入半封建半殖民地社会深渊，国家影响力大幅度降低，历史学研究的环境、条件、人才等均遭受到严重的桎梏与影响，在北方民族史研究领域的话语权逐步弱化。与此形成鲜明对比的是，19 世纪末以来，西方和日本学界对于中国古代北方民族史的研究日趋深入，其理论方法和研究成果迭出，形成了多种话语体系并存的局面。在试图阐释中国古代北方民族历史进程的时候，对国外学界的相关说法予以关注和述评，明确我们的初步认识和看法，是十分必要的。

### （一）西方汉学与“内亚史观”

19 世纪末 20 世纪初，传统汉学在西方逐渐转化为一门独立学科。法国学者沙畹（Édouard Émmannuel Chavannes）将汉文文献与西方实证主义史学相结合，使汉学逐渐发展成为现代化的专门学科。伯希和（Paul Eugène Pelliot）结合文献学与历史比较语言学，发展了历史语言学考证法，沿用了欧洲早期汉学家惯用的“高地亚洲”（la Haute Asie）概念，并将地中海、印度与中国中原地区之间七八百万平方千米的广阔“弓形”地域统称为“中央亚细亚”（Central Asia），认为“中央亚细亚”既是地中海世界、印度与中国中原地区之间的地理屏障，又是这三个文明中心之间的联系纽带，彼此之间联系与影响的程度虽因历史变迁有所差异，但从未间断[①]。

塞诺（Denis Sinor）在“高地亚洲”概念基础上提出了大体相同于中央欧亚（Central Eurasian）的“内亚”（Inner Asia）理论，他将中央欧亚视为一个不同于周边文明板块的独立的文明区域，其中又可以根据自然环境、经济生活和语言文化的差异，划分出若干的亚文化类型。游牧生产生活方式是这些类型中最为成功的一种[②]，而不同的亚文化类型在历史进程中逐渐向趋同性发展。中央欧亚在大多数历史时期都是挑战欧亚各大文明的“蛮族”的活动舞台，“传统文明的承载者与来自内亚的蛮族之间的冲突对抗与交流互动，构成了理解人类历史发展的一条基本主线”[③]。

美国学者傅礼初（Joseph F. Fletcher）是内亚史观的代表人物之一。语言上的优势使他能够打破汉学、阿尔泰学与伊斯兰学之间的藩篱，站在“全史”（Integrative history）的角度来审视内亚在世界历史中的地位和作用，进而总结内亚游牧帝国演变转型的规律性问题。而对20世纪中后期现代社会学、政治学、人类学等社会科学理论的吸收，则进一步促使其从宏观上思考欧亚大陆各地区历史发展的趋同性与合流性问题。他认为，历史现象中存在“关联性”（interconnections）与“延续性”（continuties）现象，而要认识这两种现象，就必须先要对不同地域之间的社会、经济、文化等领域的平行性现象进行研究，考察其内在联系，

① 〔法〕伯希和：《高地亚洲》，耿世民译，《民族史译文集》第6辑，中国社会科学院民族研究所，1978年，第1—3页。

② 〔美〕丹尼斯·塞诺：《论中央欧亚》，《丹尼斯·塞诺内亚研究文选》，中华书局，2006年，第5页。

③ 钟焓：《重释内亚史——以研究方法论的检视为中心》，社会科学文献出版社，2017年，第3页。

归纳出欧亚大陆人类社会的整体发展趋势[①]。

拉铁摩尔（Owen Lattimore）也是20世纪美国著名的内亚史学者，在塞诺提出“内亚”理论之前，拉铁摩尔已在对中国北方田野调查与文献研究的基础上形成了“中国边疆理论”。拉氏关注的“内亚”仅限于当时中国境内的蒙古、东北、新疆、西藏四个地区，并没有后来塞诺所认为的那样广阔。他将中国的这四个边疆地区视作各自具有独立地理环境、社会、经济和政治特征的有机整体，建立了一套历史学与历史地理学、社会生态学相结合的理论体系，用以探究每个边疆地区内部的机制特性，进而考察每个地区与中原地区的关系特征[②]。拉氏认为，特定的地理环境决定了每一边疆地区的经济形态，进而在经济形态上产生出不同的社会与政治形态。

“内亚史观”从北方民族和内陆边疆的视角来审视欧亚大陆历史的变迁与发展，对于习惯了从中原王朝视角看待内陆边疆与北方民族的中国传统史学来说具有启发和借鉴意义，从方法上讲，有助于推动北方民族史研究的发展。但“内亚史观”片面强调内陆亚洲在地理环境、经济生活、政治传统、文化习俗等方面的独特性、差异性和连续性，罔顾中国古代北方地区与中原地区、北方游牧民族与中原农耕民族之间长期密切的政治、经济、文化联系，淡化双方的共同性和相互影响、互相依存、彼此交融的历史事实，忽视北方游牧民族对中原地区的向心力与相互认同的历史事实，刻意构建“内陆亚洲”文化本位和独立的“内亚体系”“内亚传统”，一定程度上存在解构中华民族多元一体民族观和统一多民族国家观的意图。对此，我们应当有清醒认识。在研究中，要把握中国古代北方民族史与所谓“内亚”民族史的本质区别、中国古代北方民族史与中华民族多元一体格局历史发展的内在有机联系和多民族共同创造中国历史的大原则。

---

① Joseph F. Fletcher. Integrative history: parallels and interconnections in the early modern period, 1500-1800 [《全史：论早期近代（1500—1800）的平行化与关联性》]. Studies on Chinese and Islamic Inner Asia. Variorum Ashgate Publishing Limited, 1995, pp.1-35.

② 〔美〕拉铁摩尔著，唐晓峰译：《中国的亚洲内陆边疆》，江苏人民出版社，2010年，《译者的话》第2页。

## （二）日本的“东洋史学”

日本明治维新后，国力迅速增长，在“脱亚入欧”思潮影响下，开始向西方列强学习，走上了对外侵略扩张的道路。为了服务其政治需求，以中国、朝鲜等东亚或东北亚国家的历史、地理、文化等为主要研究对象的所谓“东洋史学”应需而兴，而且，与军事侵略目标相关联，提出了一系列论调，在北方民族史研究领域形成了殖民色彩浓郁的“东洋史学”话语体系。

白鸟库吉等人以兰克学派的实证主义为指导，在研究过程中注重文献考证与实地调查有机结合，形成了“东洋史学东京文献学派”，其学术成果在一定程度上促进了北方民族史研究的进一步深入。然而，为日本帝国主义殖民扩张服务的主要目的，却使其论著体现出了强烈的政治意图和鲜明的殖民主义色彩。

白鸟库吉等人着意构建了“满鲜史观”，提出了“间空地论”与“南北二元对抗论”。“满鲜史观”的本质即“满鲜一体论”。认为“满洲”与朝鲜半岛在历史上种族相同，文化习俗与宗教信仰相近，是一个不同于中国内地的独立的历史地理单位[①]。“间空地”系指三方势力处于均衡态时的缓冲地带，一旦这种均衡态被打破，“间空地”便会被实力相对强大的一方所占据[②]。在“满洲”和朝鲜半岛的历史上曾多次出现过“间空地”，而这些“间空地”实质上是“无主之地”，不属于中国和朝鲜任何一方[③]。可以看出，所谓的“间空地论”实际上是在为日本侵占中国东北和朝鲜半岛提供“历史依据”和“学理依据”。

“南北二元对抗论”的核心含义，则是人为地将中国古代北方游牧民族与中原汉族割裂开来。认为历史上的匈奴、夫余、肃慎、乌桓、鲜

① 〔日〕旗田巍：《滿鮮史の虚像》，《日本人の朝鮮観》，勁草書房，1969年，第138頁；〔日〕稲葉君山：《滿鮮不可分の史的考察》，《支那社会史研究》，大鐙閣，1922年，第299頁。

② 张文静：《〈满洲历史地理〉的学术特征及观点倾向》，《史学集刊》2015年第4期。

③ 〔日〕白鳥庫吉：《白鳥庫吉全集》第十卷，岩波書店，1971年，第152、153頁；〔日〕白鳥庫吉監修，箭内亙、稲葉岩吉、松井等：《滿州歷史地理》第一卷，南滿州鉄道株式会社，1913年，第44、45、81頁。

卑、室韦、柔然、突厥、契丹、蒙古都是与汉族敌对的“外族”或“外国”，整个东亚大陆的历史就是以长城为界的中原汉族与北方民族对抗的历史[①]。这种论调将“汉地”等同于“中国”,刻意突出南北民族间的对抗史，而对各族关系发展中在时间、空间占主要地位的封贡、和亲、互市等和平交流史视若不见。

日本的矢野仁一是“东洋史学京都学派”的代表性人物，主要致力于中国近现代史的研究，是日本中国近现代史研究的重要开创者。在为日本帝国主义侵华提供“理论依据”方面，矢野比白鸟等人更加积极，也走得更远。从 20 世纪 20 年代开始，他先后发表了《支那无国境论》《满蒙藏非支那本来领土论》《支那非国家论》《历史上满洲的支那主权无根据论》《日本在满蒙的正当地位》等一系列文章，公开鼓吹“满蒙非中国论”“长城以北非中国论”“中国非国论”等谬论。在矢野搭建的体系中，中国领土的形成是近代以来列强与清政府交涉的结果，古代中国并没有明确的领土和边境概念，中央政府实际能够控制的领土大多局限在长城以内。矢野的这套理论不仅为日本帝国主义侵华提供了“合理”依据，还妄图解构中国各族人民的国家认同，瓦解抗日斗志，进而达到分裂中国，各个击破的目的，可谓阴毒至极。

20 世纪初期，日本史学界为了配合日本军国主义侵略扩张和殖民目的而形成的赤裸裸的话语表述，虽然已经随着时代变迁、社会进步而寿终正寝，但是其论调的变种仍不绝于世，应该引起学界的重视。

## （三）泛突厥主义

19 世纪后期，为反抗沙皇俄国的民族压迫并与“泛斯拉夫主义”运动相抗衡，“泛突厥主义”思潮在沙俄境内的突厥语族人群中兴起。克里米亚的鞑靼人伊斯梅尔·迦斯普林斯基（Ismail Gasprinskiy）将近代西方历史比较语言学概念中的“阿尔泰语系突厥语族”等同于“突厥民族”，人为创造出了一个在现实世界中并不存在的民族，并试图将沙俄境内的突厥语族人群联合起来。泛突厥主义思潮兴起后，很快传入面临崩溃边

① 〔日〕白鳥庫吉監修，箭内亙、稲葉岩吉、松井等:《滿州歷史地理》第一卷，第 32、189、199、219、220 頁。

缘的奥斯曼帝国。被称为“土耳其泛突厥主义之父”的兹亚·乔加勒普（Ziya Gokalp）设想将亚得里亚海至日本海这片广阔地域上的所有突厥语人群统一起来，建立一个“大图兰”国家，这便是所谓的“大图兰主义”。1923 年，兹亚·乔加勒普的《突厥主义原理》问世，提出了“三步走实现突厥民族政治联合”的主张[①]。

泛突厥主义形成后不久，便与泛伊斯兰主义一道通过俄国鞑靼人和奥斯曼土耳其人传入中国新疆地区，催生出了新疆分裂主义。20 世纪三四十年代，混乱的时局和外部势力的推波助澜使得泛突厥主义和分裂主义思想在新疆地区大行其道，不但产生了《东突厥斯坦历史》这种新疆分裂主义的代表作，还先后出现了“东突厥斯坦伊斯兰共和国”“东突厥斯坦共和国”两个分裂政权。虽然最终都归于失败，但是却扩大了新疆分裂主义的影响。中华人民共和国成立后，泛突厥主义和新疆分裂主义一度得到有效遏制，几乎销声匿迹。但是改革开放后，随着对外联系和交往的日益增多，泛突厥主义和新疆分裂主义再度沉渣泛起，而且呈现出一些新的现象[②]。在“理论”层面，《匈奴简史》《维吾尔人》《维吾尔古代文学史》等一系列宣扬“维吾尔斯坦一贯独立论”的著作陆续出版。在实践层面，“东伊运”“世维会”等恐怖组织先后组建，并在新疆等地制造了多起暴力恐怖事件，对中国国家安全和新疆各族人民的生命财产造成了严重危害。

历史上的“突厥”，主要是指 6—8 世纪活跃在中国古代北方地区的青突厥人，曾以蒙古高原为主要地域建立过东突厥汗国。但随着 745 年东突厥后汗国的灭亡，突厥人在之后的漫长岁月中逐渐与其他民族融合，“突厥”已经成为一个历史名词。9 世纪以后，出现于欧洲、阿拉伯文献中的“Turk”（汉译为“突厥”）实际上泛指阿尔泰语系突厥语族游牧人，并无民族学上的确切含义[③]。泛突厥主义既无历史依据，又无现实基础，其人为制造的所谓“突厥民族”与中国古代北方地区的青突厥人没有任

① 张玉艳：《泛突厥主义在土耳其的由来与发展》，《国际政治研究》2019 年第 5 期。

② 张玉艳：《新疆分裂主义中的突厥因素研究》，兰州大学博士学位论文，2015 年，第 225、226 页。

③ 亦邻真：《成吉思汗与蒙古民族共同体的形成》，《内蒙古大学学报》1962 年第 1 期。

何民族学上的联系和继承关系，维吾尔族祖先回鹘人与突厥人也没有直接历史源流关系。泛突厥主义完全是19世纪末以来俄罗斯、土耳其等国突厥语族人群中的所谓精英分子，基于唯心史观和历史虚无主义、民族沙文主义的痴心妄想，其“大图兰联邦”的诉求更与现代以主权国家为主体的国际社会格格不入，没有任何实现的可能性。泛突厥主义传入中国后，则演变为分裂主义分子用来谋求新疆独立的工具，并于20世纪90年代后呈现出日益极端化、恐怖主义化的特征。对于泛突厥主义及其各类衍生变种的巨大危害，我们务必要认识明确，高度警惕，并做好与其进行长期不懈斗争的准备。

## （四）征服王朝论

1949年，美籍德裔学者魏特夫（Karl August Wittfogel）在与中国学者冯家昇合著的《中国辽代社会史（907—1125）》[History of Chinese Society, Liao（907-1125）] 总述中提出了“征服王朝论”。魏氏将中国历史上的王朝，按照社会文化形态划分为“典型中国朝代”和“征服与渗透王朝”。其中，“典型中国朝代”包括秦、两汉、魏、两晋、南朝、隋、唐、两宋、明。十六国诸政权、北朝、辽、金、元、清则被定性为“征服与渗透王朝”。而“征服与渗透王朝”又可根据其对汉文化的态度归为两类，第一类是以十六国诸王朝、北魏为代表的“渗透王朝”，这类王朝在华北地区通过以半和平的渗透而建立政权①，它们对汉文化的态度倾向于吸收；第二类为辽、金、元、清四个“征服王朝”，这类王朝以征服部分或全部汉族居住地而建立政权，其对汉文化的态度倾向于抵制。在“征服王朝”内部，又因对汉文化抵制程度的强弱再细分为三个类别，其中辽、元为文化抵抗型，金为文化让步型，清则介于二者之间，为文化过渡型②。在论述这些文化关系时，魏氏引入了人类学中的涵化（Acculturation）概念，认为“征服与渗透王朝”与汉地之间

① 郑钦仁、李明仁译著:《征服王朝论文集》(修订版)，稻乡出版社，2002年，第1页。

② 〔美〕魏特夫、冯家昇:《中国辽代社会史（907—1125）总述》，苏国良等译，《征服王朝论文集》(修订版)，第51页。

的文化接触会在各种不同的情况中发生，且其接触的程度（Degree）和强度（Intensity）不相同，只要社会没有实现完全融合，文化差异就会一直存在①。

征服王朝论经由田村实造等人传入日本之后，在日本史学界引起巨大反响，成为日本北亚史学界的主要研究课题。根据研究领域和观点的不同，大致形成了三种不同的概念。第一种以田村实造、护雅夫、吉田顺一等为代表，他们大体上赞同魏氏的理论，认为金、清与辽、元并列，都是征服王朝，但要将征服王朝放在北亚世界历史发展的进程中加以讨论②。北亚世界从游牧社会向农牧社会的体制变化，是游牧社会、国家发展为征服王朝的决定性因素。整个北亚游牧民族史以辽为界，可以划分为游牧国家和征服王朝两个时期，征服王朝是游牧社会、国家发展的一个归结③。由于征服部族的北亚属性，征服王朝在政治、军事、经济、文化等方面均呈现出“二元制”的特性。第二种以村上正二为代表。他认为“具有强烈的游牧民的自觉意识（self-consciousness），在其意识之下征服、并统治农耕社会的游牧民王朝”④，才能称之为“征服王朝”。而北匈奴、柔然等纯粹的游牧国家以及南匈奴、北魏等渗透王朝都不能发展为征服王朝，只有继承了突厥帝国和回鹘帝国基于同一语言文化意识的强烈的民族文化意识和游牧都城文化传统的辽、蒙古帝国、元等才能发展为征服王朝⑤，金、清两个王朝则被排除于征服王朝之外。在征服王朝中，辽朝是二元社会，元朝是更多元的复合社会。第三种的代表人物为岛田正郎。岛田对魏特夫的征服王朝论进行了批判，他认为辽朝不建郊

① 〔美〕魏特夫、冯家昇：《中国辽代社会史（907—1125）总述》，苏国良等译，《征服王朝论文集》（修订版），第 11 页。

② 〔日〕田村实造：《中国征服王朝——总括》，李明仁译，《征服王朝论文集》（修订版），第 74 页。

③ 〔日〕护雅夫：《内陆亚世界的展开·总说》，郑钦仁译，《征服王朝论文集》（修订版），第 169 页。

④ 〔日〕村上正二：《征服王朝》，郑钦仁译，《征服王朝论文集》（修订版），第 114 页。

⑤ 〔日〕村上正二：《征服王朝》，郑钦仁译，《征服王朝论文集》（修订版），第 120 页。

丘，不行郊祀，转而将“祭山仪”[①] 作为国家最重要仪式的做法，是故意对中国王朝政教传统的排斥，故而应当将辽朝置于中国王朝系列之外，视为胡族国家[②]。

魏特夫试图对中国古代史上的王朝类型提出一种“合理”的解释，但其对中国历代王朝的分类明显是基于中原汉族文化立场的，出发点就是狭隘的，有悖于历史和现实的证据事实。在具体划分过程中，片面地夸大了北方民族王朝“渗透”或“征服”的主导性，与其双向涵化的观点自相矛盾[③]。故其结论必然是不科学和不能成立的。在日本，征服王朝论则发展出了新的倾向，日本学者更注重从北亚史的视角观察研究征服王朝，并将征服王朝的出现看作是北亚游牧社会历史发展的必然结果。这实际上人为地割断了历史上北方游牧民族与中原汉族之间的密切互动与联系，夸大了游牧社会和游牧经济在历史变迁中的独立性，是对中国社会多元性和统一多民族国家的国家性质的否定。

## （五）蒙古地区一贯独立论

“蒙古地区一贯独立论”是 20 世纪中后期以来在蒙古国兴起的一种有关北方民族的认识和定位的话语体系。该理论认为，蒙古地区从公元前 3 世纪匈奴兴起时开始，直到 21 世纪的今天，一贯是独立于中国之外的[④]。宣扬蒙古地区一贯独立论的主要著作有《关于匈奴的社会制度问题》《匈奴人的经济、社会、文化和族源》等。一些蒙古国学者为了证明“蒙古地区自古以来便是独立的”观点，错误地将匈奴作为蒙古族的族源，认为匈奴、鲜卑、柔然、蒙古等北方民族从种族到经济文化都是一脉相承的，独立地在蒙古高原先后发展起来的。基于此，他们认为，从匈奴单于国、鲜卑部落军事大联盟、柔然汗国到大蒙古国等北方民族政权都

---

① （元）脱脱等：《辽史》卷四十九《礼志一》，中华书局点校本，1974 年，第 834 页。

② 〔日〕岛田正郎：《征服王朝乎？胡族国家乎？》，李明仁译，《征服王朝论文集》（修订版），第 232—234 页。

③ 李志安：《民族融汇与中国历史发展第二条基本线索论纲》，《史学集刊》2019 年第 1 期。

④ 林幹：《中国古代北方民族史新论》，内蒙古人民出版社，2007 年，第 52 页。

是一贯独立的[①]。

众所周知，蒙古地区在历史上一直是中国的一部分，不同历史时期在蒙古高原上活动的匈奴、鲜卑、柔然、突厥、回鹘、蒙古等都属于中国古代北方民族，这是基本的历史事实。1921 年 7 月，外蒙古在苏俄的支持下事实独立；1946 年 1 月，国民政府承认外蒙古独立，蒙古国从法理上获得了独立地位。可见，蒙古的独立是 20 世纪才发生的事情。不能因为现在的蒙古国是一个独立国家，就认为蒙古地区是一贯独立的，数千年来活动于蒙古高原的北方民族所建立的政权也是一贯独立的。我们采用谭其骧先生确定的以 18 世纪 50 年代至 1840 年期间的清朝版图为历史上的中国范围，出现在漠南漠北的蒙古族及历史上的北方各民族，都是中国古代北方民族，不能因为曾在今天蒙古国之内活动就不算历史上中国的民族。但我们也不反对蒙古国在写他的历史时把这些北方民族写成他的先民[②]。

## （六）“新清史”与“大元史”

20 世纪 90 年代以来，美国史学界兴起了反对“汉族中心论”、强调清朝统治与历代汉族王朝的区别为特征的“新清史”，其代表人物有路康乐（Edward Rhoads）、欧立德（Mark C. Elliott）、柯娇燕（Pamela K. Crossley）、罗友枝（Evelyn Rawski）等。欧立德曾对“新清史”的学术观点进行过总结，认为“新清史”最关键的学术主张有三条：一是清史研究必须重视清朝的“内亚维度”（Inner Asian Dimension），强调清朝统治的内亚性质[③]；二是清史研究必须利用满文、蒙古文、藏文、维吾尔文等非汉文资料，尤其是满文资料；三是清史研究必须要有全球视角，立足于全球史语境。从学术研究方法上来讲，“新清史”提倡的充分利用非汉文资料和全球视角是有利于清史研究发展的。但“新清史”片面强调清朝与蒙古、西藏、新疆等地区文化联系的重要性，有意或无意地忽视

---

① 林幹：《中国古代北方民族史新论》，第 53 页。

② 谭其骧：《历史上的中国和中国历代疆域》，《中国边疆史地研究》1991 年第 1 期。

③ 沈卫荣：《大元史与新清史——以元代和清代西藏和藏传佛教研究为中心》，上海古籍出版社，2019 年，第 214 页。

掩盖满族文化与汉地文化间的密切程度远超前者的历史事实[①]，从而构建清朝“内亚帝国”性质的做法，体现了西方学术界的意识形态偏见和西方的东方主义学术传统的话语霸权。与此同时，日本出现了力图将蒙古族建立的元朝从“古代中国王朝历史”的叙事框架中分离出来，转而把它置于全球史、欧亚史之中，从而形成一种比肩“新清史”的“大元史”叙事模式。元朝和清朝作为中国历史上的正统王朝，其政权和疆域以及多民族的历史文化是由蒙古族、满族、汉族和其他各族人民共同创造的，其统治中国的合法性也受到了当时和后世中国各族人民的普遍认可。因此，将元朝和清朝视为与中国王朝对立的“内亚帝国”缺乏充分的历史依据和法理依据。

通过梳理大略可知，关于19世纪末叶以来北方民族史领域的各种西方话语体系，要么是基于现代西方资产阶级立场和现代民族国家价值取向的认知偏差，要么是为帝国主义侵略中国或者分裂分子割裂中国提供的理论依据。虽然主观动机不同，但二者都是不符合历史事实的错误认识和观点。这些错误认识和观点，对中华民族多元一体的民族观和统一多民族国家的国家观形成了严峻挑战，对我国的民族团结和国家安全可能会产生负面影响，对部分研究北方民族史的学者的理论思维可能会带来一定偏差，对人民群众、高校学生学习和认识中国历史可能会形成一些误导，其危害性不可失防。因此，加强对中国古代北方民族史的全面系统性研究，构建客观科学的话语体系刻不容缓。

## 三

《中国古代北方民族史》（十卷本）研究的历史上的中国疆域范围和北方民族，按照1981年5月谭其骧先生在“中国民族关系史研究学术座谈会”上的讲话内容作为基本原则来把握[②]。即以几千年来历史发展所自然形成的中国为历史上的中国，以18世纪50年代至1840年这段时期的

---

① 李治安：《民族融汇与中国历史发展第二条基本线索论纲》，《史学集刊》2019年第1期。

② 谭其骧：《历史上的中国和中国历代疆域》，《中国边疆史地研究》1991年第1期。

清朝版图作为历史时期的中国范围。在这个范围内活动的匈奴、鲜卑、柔然、突厥、回鹘、契丹等民族，都是中国历史上的北方民族，这些民族建立的政权都是中国历史上的北方民族政权。

这次撰写的十个民族的历史，以中国历史上活动在蒙古高原及其周边地区的匈奴、乌桓、拓跋鲜卑、柔然、突厥、回鹘、黠戛斯、契丹、库莫奚、室韦为研究对象，以族别史体例为整体设计，每个民族自成一卷，史观、体例、内容安排等力求一致。各卷作者按照编写体例和要求，以唯物史观为指导，吸收借鉴前人研究成果，依据文献和考古资料，对诸民族的族名族源、历史变迁、政治制度、生产生活方式、文化习俗、民族关系、最后流向等尽可能作了较为全面的阐述，对一些具体问题作了较为深入的探讨，提出了自己的看法，对北方民族的历史作用、影响和贡献尽量作了客观的评价。各卷或多或少体现出以下特点：①既有相对一致的结构，又根据具体情况谋篇布局，尽可能完整地呈现各自的学术思路与逻辑特点；各族的历史内容既属于全书整体不可或缺的重要部分，又相对独立成书。②尽可能详细占有史料，注意充分辨析史料的史源关系，运用有价值史料进行研究。③各卷根据具体情况，充分结合运用考古资料，以达到用实物资料证史、补史、纠史的作用，突出历史学与考古学的综合研究。④运用古代民族文字史料，如突厥文、回鹘文、契丹文资料等进行研究。⑤利用汉语音韵学、民族史语文学方法进行研究，辨析相关说法。

《中国古代北方民族史》（十卷本）是作为国家社会科学基金重大委托项目“蒙古族源与元朝帝陵综合研究”子课题而开展研究、编写的一套书稿。选取的十个古代北方民族，既有内在的历史联系，又与古代蒙古族存在或近或远、或直接或间接的渊源关系。通过系统论述匈奴等十个北方民族的历史变迁，可以启发与蒙古族族源有关问题的思考，澄清一些错误认识。

长期以来，中外学界针对蒙古族族源开展了广泛研究，形成有匈奴、东胡、鲜卑、敕勒—高车、柔然、突厥、蒙汉同源、吐蕃、室韦、突厥、吐蕃混合、东夷等十余种观点。中国学界主流看法认为，蒙古族祖源东胡，鲜卑—室韦—蒙古有一脉相承的历史渊源。这一学术观点有着更为充分的历史文献学依据和考古学证据。《旧唐书·室韦传》记载有望建河

（即今额尔古纳河及黑龙江）“其河源出突厥东北界俱轮泊，屈曲东流”，“东经蒙兀室韦之北”。《史集》亦载，远古时期蒙古人居住在“额尔古涅·昆”一带。今内蒙古自治区额尔古纳河右岸是蒙古族发祥地。历史文献的相关记载和研究成果显示，室韦和鲜卑译名根据相同，与早期拓跋鲜卑活动地域相同、语言相通、有代表性风俗习惯相近等特征，可证室韦的主要部分应与早期拓跋鲜卑同源。室韦即南北朝时期入据中原的拓跋鲜卑统治者给予鲜卑后裔的新的汉字译写形式。内蒙古自治区呼伦贝尔市陈巴尔虎旗西乌珠尔墓地、海拉尔区谢尔塔拉墓地和陈巴尔虎旗岗嘎墓地，分别代表了7—8世纪、9—10世纪和8—10世纪的室韦遗存[①]。相关考古遗存的发掘和研究，也为蒙古族主体来源于室韦，以及呼伦贝尔是蒙古民族发源地提供了有力佐证。在呼伦贝尔地区系统开展田野考古调查和发掘工作，为蒙古族族源研究提供系列考古实证资料，同时开展历史学、考古学、民族学、人类学、民俗学、语言学等多学科综合研究，推出具有影响力的蒙古族族源研究领域的学术成果，确立内蒙古呼伦贝尔地区作为蒙古族发祥地的重要历史地位，有助于澄清学术界关于蒙古族族源研究的各种说法，推进相关学术研究的进展。

中国古代北方民族的历史绵延数千年，是中国历史的有机组成部分。中国历史不但包括汉族、北方民族建立的内地（中原）王朝史，也包括北方民族建立的政权史。在中国历史的不同时期，生活在不同地区、经济形态有别、风俗习惯有同有异的多民族之间的相互交往、彼此影响、吸收交融从来就没有停止过。北方民族与中原汉族建立起了密切的政治、经济、社会和文化联系，而建立在中原的北族王朝则无不以中原“正统”自居。北方民族史与内地王朝史有机的融合，不断地推动着中国历史的发展进程。中国古代各民族、各地区的历史共同构成了中国历史的有机整体。中华民族的悠久历史和灿烂文化，是包括北方民族在内的中国历史上各个民族交融共进共同创造的。北方民族是中华文明进程的重要参

① 中国社会科学院考古研究所、内蒙古自治区文物考古研究所、北京大学考古文博学院、呼伦贝尔民族博物院呼伦贝尔联合考古队：《内蒙古陈巴尔虎旗岗嘎墓地》，《考古》2015年第7期。

与者和推动者，对中国古代疆域、中西文化交流、中华民族多元一体格局的形成、中国历史文化的发展和进步做出了不可磨灭的贡献。近代以来，汉族和各少数民族的命运共同体更为牢固，共同建立了统一的多民族国家。研究中国古代北方民族史是北方民族历史与考古工作者义不容辞的责任。系统全面研究中国古代北方民族史，清晰梳理其来自哪里去向何方的历史变迁过程，深入探究其政治、经济、社会、文化的内涵及其发展规律，深刻阐释其与中国历史上汉族及其他民族建立的内地王朝政权的关系，充分认识其历史地位、作用与贡献，对深入学习和认识中国史，树立正确的历史观、民族观、国家观，维护民族团结、国家统一局面，铸牢中华民族共同体意识均具有重大的理论和现实意义。

# 前　言

回鹘是中国古代北方民族。回鹘在隋唐之际兴起于漠北，并不断壮大，于8世纪中叶建立了统治大漠南北一个世纪之久的回鹘汗国。9世纪中叶时，回鹘汗国瓦解。其部众或西迁西域、河西走廊，或南迁中原，其余留居蒙古高原。

在9世纪中叶以前，回鹘是活动于蒙古高原上的游牧民族。因其牙帐曾设于漠北鄂尔浑河流域，故被后人称为“漠北回鹘”。回鹘汗国在后世也有“鄂尔浑回鹘汗国”之称，以与回鹘人西迁后所建立诸政权相区别。鄂尔浑河时代结束后，回鹘南迁部众及蒙古高原余部逐渐融入其他民族。西迁的回鹘虽较为繁盛，但与当年游牧在蒙古高原上的漠北回鹘属于不同的历史发展阶段。因为本书是国家社会科学基金重大委托项目“蒙古族源与元朝帝陵综合研究”子课题成果《中国古代北方民族史》中的一本，因此叙述的主要是漠北回鹘人的历史，目的是将上承突厥、下启蒙古的回鹘及其政权的历史文化勾勒出来，以丰富一般读者对于古代游牧民族的历史知识。至于回鹘汗国瓦解后各支回鹘人的发展演变，则以一节的篇幅略作交代。

回鹘自唐代起，在中国历史上产生了巨大影响。一个多世纪以来，国内外许多学者对其历史、文化都展开了深入研究，积累了丰硕的成果，并逐渐形成了一门世界性的学问。这些为今人研究回鹘历史提供了深厚的积淀。特别是古代回鹘又与今天的维吾尔族、裕固族存在族源关系，因此了解和研究古代回鹘历史，不仅是研究中国古代北方民族史所不可或缺的环节，也对了解当代边疆民族问题具有重要的现实意义。

本书在借鉴前人研究成果的基础上，主要利用传统文献，同时参考部分考古资料，以七章的篇幅对回鹘的族名、族源，历史变迁，政治、军事制度，经济生活，回鹘汗国建立后的民族关系，文化习俗诸方面内容进行论述，以求较为全面、系统地反映漠北回鹘的历史。

在本书以前，学术界已有多部回鹘史著作出版。与以往的著作相比，本书一方面借鉴和总结了前贤著作的优点和学术观点，并力图在部分问题有些许认识上的推进；另一方面则考虑到普通读者的阅读习惯，在写作上力图做到简明，并希望读者们通过本书能够在较短时间内系统了解回鹘历史的一些专业知识和学术观点。

作者硕士生、博士生阶段均师承北方民族史名家，以北方民族史为研究领域，博士学位论文题目为《漠北回纥兴起历程若干问题研究》，部分内容与本书有密切关系，其中也浸润着导师及相关老师的研究心得和思考。本书虽然较为全面地论述了回鹘族名族源、历史变迁、政治军事、民族关系、文化习俗等诸方面内容，尽力在一些问题上尝试着提出自己的看法，但限于学力，尚有研究认识不到位的地方，肯定存在缺陷及错误之处，恳请专家学者批评指正。

# 目录

# 第一章　漠北时期回鹘的相关史料及研究概况

回鹘是中国古代北方民族，在汉文史料中也作“回纥”（为了称谓上的统一，除所引用的史料、论文原文外，本书一律使用“回鹘”来称呼其族名）。回鹘于隋唐之际兴起于漠北，建立了统治蒙古高原的强大政权。唐文宗开成五年（840），回鹘汗国在大漠南北的统治瓦解，部众离散，除部分留居漠北外，其余人口或南迁，或西进。经过长期发展演变，回鹘人有的融入其他民族，有的进入今天的新疆、甘肃境内，与当地民族融合，成为维吾尔族、裕固族的先民。在蒙古高原活动时期，是回鹘民族形成与壮大的阶段。这一时期的回鹘，是逐水草而居的游牧民族，与南迁、西迁后的回鹘分属不同的发展阶段。因其牙帐驻牧于漠北色楞格河流域与鄂尔浑河流域，人们把在蒙古高原活动时期的回鹘称为漠北回鹘。漠北回鹘所建立的强大政权，对7—9世纪中国历史产生了深远影响，因而素来为后世研究者所重视。本章主要介绍的，便是记载这段历史的基本史料及相关研究概况。

## 第一节　回鹘资料

关于回鹘的历史，有汉文、古突厥文、粟特文、回鹘文、阿拉伯文等多种文字记载。这些用不同文字写成的史料是人们研究回鹘历史的主要依据。本节将就相关史料进行简要介绍。

### 一、传统汉文文献

在记载回鹘历史的各种文献材料中，以汉文文献数量最多，记录信息最为系统，从而构成了研究回鹘历史的基本史料。

唐代以前，关于回鹘先民历史的记载十分零散稀少。回鹘源出秦汉时期的丁零，《史记·匈奴列传》《汉书·匈奴传》中简略记载了地处匈奴之北的丁零人在西汉时期的活动情况。之后的《三国志》卷30《乌丸鲜卑东夷传》裴松之注引鱼豢《魏略·西戎传》，则介绍了三国时期丁零（在《汉书》《三国志》中写作“丁令”，有时此二书也写作“丁零”）人的大致分布情况。这些史料，为研究者提供了一些关于回鹘族源的历史线索。回鹘先民在南北朝至唐初属于高车、铁勒之一部。而众多铁勒部落，如仆固、同罗、浑、思结、拔野古、契苾、阿布思、骨仑屋骨恐等，在唐代则均融入回鹘。因此，想要了解回鹘历史，必须先知晓高车、铁勒的历史。能够反映这段历史的基本史料有《魏书》《北史》《通典》之《高车传》，以及《北史》《隋书》《通典》之《铁勒传》。《魏书》《北史》《通典》之《高车传》，介绍了南北朝时期高车人的历史概况与风俗习惯，其中涉及回鹘先民袁纥部的活动范围以及一些相关历史事件，是研究早期回鹘历史的主要参考资料。高车人在当时也被北魏人称为敕勒，后敕勒之称又被译写为铁勒。而《北史》《隋书》《通典》之《铁勒传》则简要介绍了隋朝至唐初铁勒的地理分布与历史概况，在内容上可上承《魏书》《北史》《通典》之《高车传》，也是研究回鹘历史的重要资料。

唐代是回鹘形成与发展的关键时期，故记载唐代历史的汉文史料是研究漠北回鹘历史最重要的资料。

在关于唐朝的史料中，第一个为回鹘立有专条的是杜佑的《通典》，见于《通典》卷200《边防十六·北狄七·回纥》。其传文只有约寥寥二百字，简略介绍了隋唐之际回鹘的分布地域、经济情况及反抗突厥人的概况。传文叙事起于隋唐之际，止于唐玄宗开元十五年（727），其间许多重要史事都被忽略。不过《通典》也为薛延陀、仆骨、都波、拔野古、多滥葛、斛薛、阿跌、契苾羽（契苾）等部列有专条。这些传文虽然字数不多，不过由于它们是现存文献中关于以上部落最早的专条，而上述部落后来大多融入回鹘，所以这些记载对于研究回鹘仍有一定参考价值。

《唐会要》卷98《回纥》是关于回鹘历史的一篇重要历史文献。其叙事亦起于隋唐之际，止于唐武宗会昌三年（843）唐朝击溃乌介可汗主力，基本叙述了从回鹘兴起到回鹘汗国灭亡的整个过程。《唐会要》是记录唐朝典章制度的史书，历经三次编修才最终完成。第一次是在唐德宗年间，由苏冕编修，完成40卷，记录了唐高祖至唐德宗九朝典章及相关史事。唐宣宗时，崔铉等对此书进行了续修，撰《续会要》40卷，以增补德宗以后唐朝掌故。北宋初年，王溥续补唐宣宗以后史事，完成了今人所见的百卷本《唐会要》。就《唐会要·回纥》叙事所涉及的时间来看，与苏冕、崔铉等前两次所修内容的叙述范围重合，因此保留了苏冕、崔铉的旧文，是研究唐代回纥宝贵的第一手资料。

《唐会要》之外，另一部重要的史料是后晋刘昫等所编的《旧唐书》卷195《回纥传》。《回纥传》在《旧唐书》当中占据了整整一卷篇幅，扬扬万余言。就内容丰富程度而言，《旧唐书·回纥传》（以下简称“旧传”）远超前书。而且《旧唐书》成书距唐代很近，所依据的材料以当时人可以看到的唐朝国史、实录为主。在唐代一手史料今已大多散佚的情况下，《旧唐书》就成为记载唐代历史的权威资料。故旧传历来被学界视为研究漠北回鹘历史的最基本史料。该传文篇首从回鹘族源开始讲起，此为前书所无。后文一直叙述到回鹘西迁后的庞特勤称汗时期为止。其间回鹘与唐朝交往过程中的历次重要事件，此传皆一一记述，可补《唐会要·回纥》之不足。在某些记载上，旧传与《唐会要·回纥》有所不同，可能是编修时所依据材料不同所致，需要进行比较和辨析。

《旧唐书》之后，又有北宋欧阳修、宋祁等编修的《新唐书》问世。二书优劣是后世史学家热议的话题。《新唐书》也设有《回鹘传》（以下简称“新传”）。与旧传相比，新传体现了“其书事则增于前，其文则省于旧”[①] 的特点。在与旧传篇幅大体相当的情况下，新传对旧传已详的内容加以文字上的精简，而增加了一些不见于旧传的新材料和新说法。例如，对回鹘族源的描述，旧传只说了回鹘曾属于铁勒一部；而新传对北魏以来其族属演变的叙述更加详细、有条理，不仅记载了回鹘隶属高车、铁勒的情况，也对袁纥部及其族名的汉译演变做了简要介绍。显然这些文字是欧阳修等在博览北朝史料后进行了相关考证而写成。又如，回鹘首领菩萨曾为父亲时健俟斤（也作“符健俟斤”）所逐，此事见于新传而

① （宋）欧阳修、宋祁：《新唐书》附录“进唐书表”，中华书局点校本，1975年，第6471页。

为旧传所不载。旧传在列叙回鹘可汗王统时，遗漏了滕里野合俱录毗伽可汗，新传则补之。回鹘西迁以后，新传又记载了不见于旧传的庞特勤、仆固俊与唐朝交聘史事。这类例子尚有多处。据此来看，新传的部分内容有着独立史源。这是因为，《旧唐书》成书于五代战乱之际。彼时南北书籍流通不便，《旧唐书》的编纂者们搜集资料难以全面，尤其是很难看到当时流布于南方地区的唐代文献。而《新唐书》虽成书稍晚于《旧唐书》，但因为北宋实现了对中国的局部统一，为南北文化交流创造了便利条件；加之印刷术的普及，许多唐代书籍文稿得以在当时刊刻出版，从而容易被世人见到，故《新唐书》的编纂者们反而能看到一些前人所未能注意到的史料。另外新传也对以往史书的一些记载进行了分辨取舍。例如，关于回鹘的"九姓""十一都督"的记载，《唐会要·回纥》与旧传有异。新传则依从了旧传说法，并对两书记载差异进行了简要的解释。这表明新传的作者对该问题进行过专门的研究，其结论代表着当时学者的认识水平。总体来看，新传并非对旧传的简单抄录，而是在增加了一些新材料的基础上，对回鹘历史中不少问题进行了考证或推测。不过新传并不能取代旧传。在一些记载上，新传反而不如旧传准确。例如，关于九姓铁勒反抗西突厥泥撅处罗可汗的年代，旧传系年明确，定于隋炀帝大业元年（605），新传则给了一个"大业中"的模糊表述。在交代回鹘汗国灭亡后部众离散情况时，新传说西迁回鹘首领庞特勤"居甘州"。学界对此条记载的可信性存在很大争议。旧传则说庞特勤西迁后盘踞"碛西"（即西域），居甘州者为其后嗣。据现代学者研究，旧传说法可能更准确。而关于当时回鹘在漠北的遗众，旧传只说他们"西向倾心望安西庞勒之到"，新传则说他们"稍归厖（庞）特勒"，不知有何依据。可见新传传文未必全然准确。后人需将旧传、新传互相参照来进行研究。

以上是传统文献中关于回鹘的专传、专条。除专传、专条之外，还有大量散见史料值得重视。

唐代有一部值得注意的史料，是唐武宗时宰相李德裕的奏议文稿集《会昌一品集》（又称《李卫公文集》或《李文饶文集》）。李德裕历仕宪宗以后六朝，担任唐文、武宗两朝宰相，为唐朝后期政坛的重要人物。《会昌一品集》共20卷，其中包括不少经他手处理的唐朝与回鹘关系的文件，还收录了一些唐朝敕封回鹘人的册文诏令，是研究回鹘汗国末期以及回鹘迁徙历史的第一手资料。除此以外，《全唐文》《唐大诏令集》里面也收录了一些唐朝皇帝发给铁勒、回鹘的敕书，均是研究回鹘历史的重要资料。

《资治通鉴》是涉及回鹘历史的又一部重要著作。这部书作为编年体通史，记录了自周威烈王二十三年（前 403）至后周显德六年（959）共 1362 年的历史，其中多有关于北方民族的记载。虽然受体例所限，《资治通鉴》中并没有专门的“回鹘传”，但该书从《晋纪》部分开始，至《唐纪》为止，以编年为次序，陆续记录了从高车袁纥部活动于漠北直到回鹘西迁，近 500 年间回鹘在漠北活动的历史。《资治通鉴》成书尽管稍晚于《旧唐书》与《新唐书》，其《唐纪》部分也多依据《旧唐书》与《新唐书》进行编写，但仍补充了不少新材料。就涉及回鹘的史料而言，《资治通鉴》卷 233“贞元三年九月”条详细记录了唐德宗与宰相李泌关于与回鹘关系的问对内容。这篇文字不见于《旧唐书》，也比《新唐书·回鹘传》所载相关内容更加丰富，应该是司马光等依据唐代遗留下来的一手资料所撰，保留了许多有价值的信息。对于回鹘西迁以后的历史，《资治通鉴》的记录也比《旧唐书》与《新唐书》更为丰富。不仅如此，《资治通鉴》还有两个优点。一是凡所录之事基本皆有编年，系统且有条理，方便了后人研究；二是遇到以前诸书记载存在抵牾的地方，均录入《通鉴考异》，并提出自己的观点，由此保存了不少散佚材料。这些优点在其记载回鹘的文字中有明显体现。例如，关于“回纥”何时改名“回鹘”，《唐会要》《旧唐书》与《新唐书》记载均有不同，俨然三说。《资治通鉴考异》征引《邺侯家传》《北荒君长录》《新唐书》，对这一问题进行了考证，提出了自己的看法。尤其是《邺侯家传》与《北荒君长录》今已散佚，赖有《资治通鉴》，其零星内容才得以保存下来。到宋元之际，史学家胡三省为《资治通鉴》作注，又对书中内容做了考证、解释。后世刊印《通鉴》，往往加入胡注。胡注事实上成为《资治通鉴》的一部分，从而进一步丰富了原书内容。因此，《资治通鉴》虽非一手史料，但它对于回鹘史研究的价值不可低估。

此外，宋初的类书《册府元龟》《太平御览》《太平寰宇记》中，也有关于唐代回鹘的许多散见史料。因其成书距唐代较近，也有很高的参考价值。特别是《册府元龟》，作为北宋四大类书中篇幅最大的一部，关于唐朝历史的记载多达400卷，在卷数上远超《旧唐书》与《新唐书》。因此研究唐代回鹘，《册府元龟》的价值应该得到充分重视。书中关于回鹘的记载，多集中在《将帅部》《外臣部》当中，十分值得去发掘利用。

宋代以后，虽然也有不少著作涉及漠北回鹘历史，如《旧五代史》《新五代史》《文献通考》《宋史》等，但因成书时间较晚，史料价值与前面所列举诸书已不可同日而语，在此不再一一介绍。

## 二、碑铭材料

回鹘汗国建立后，其活动地区有古突厥文、汉文、粟特文三种文字流行。回鹘汗国便用这些文字来刻写可汗们的记功碑，由此留下了一批珍贵的铭文。

目前人们发现的回鹘汗国碑铭，主要有《磨延啜碑》《铁尔浑碑》《铁兹碑》《九姓回鹘可汗碑》《塞福列碑》等。这些石碑均在今蒙古国境内发现，是研究回鹘汗国历史的第一手史料。

《磨延啜碑》，也叫《回纥英武威远毗伽阙可汗碑》，于1909年被芬兰学者G. J. 兰司铁发现于今蒙古国境内的希耐乌苏，故又称《希耐乌苏碑》。碑文用古突厥文写成，现存文字共50行，用回鹘汗国第二代可汗磨延啜（葛勒可汗）的口吻记录了他自己的功绩，故被称为《磨延啜碑》。碑文前10行大致讲述了回鹘人反抗突厥统治的历程。从第12行起，开始讲述磨延啜在位时期的种种事迹。由于缺损严重，现存的碑文叙事并不连贯，但仍然保留了许多关于回鹘汗国前期政治、军事、城市兴建诸方面的信息。《磨延啜碑》被发现后，被G. J. 兰司铁、G. F. 马洛夫、王静如、耿世民等中外学者相继释读与研究过，取得了丰硕的成果。

《铁尔浑碑》，也作《铁尔痕碑》，1957年被蒙古国考古学家道尔吉苏荣发现于蒙古国杭爱山西北的铁尔痕河流域，故名。碑文用古突厥文写成，现存文字30行，是回鹘汗国第三代可汗牟羽可汗在即位前为其父磨延啜所立的记功碑。因该碑晚于《磨延啜碑》被发现，故又被称为《磨延啜第二碑》。虽然叫作“第二碑”，但由于碑文中出现的最晚纪年是蛇年（753），所以一般认为此碑所立的年代要早于《磨延啜碑》（《磨延啜碑》中出现的最晚纪年是“鸡年”，即757年）。由于缺损严重，碑文只有一些片段能够被释读出来。从这些片段来看，其所叙磨延啜功绩与《磨延啜碑》大致相同，但一些细节更加具体，因此可以对《磨延啜碑》进行补充。

《铁兹碑》，由苏联突厥学家克里亚什托尔内于 1976 年在蒙古国库苏古勒省铁兹河上游发现，故名。碑文残存 20 行，用古突厥文写成，是回鹘汗国第三代可汗牟羽可汗的记功碑，故又名《牟羽可汗碑》。碑文残缺严重，各面次序不好确定。从碑文断断续续的词句可以推断，这块碑铭记述了回鹘汗国建立后直至牟羽可汗在位期间的重要史事，并重点记载了牟羽可汗的功绩。

《九姓回鹘可汗碑》，全称《九姓回鹘爱登里罗汨没蜜施合毗伽可汗圣文神武碑》，于 1890 年被俄国探险家雅德林采夫首次发现于今蒙古国境内的哈拉巴喇哈孙遗址。这块碑是回鹘汗国第九任君主保义可汗于唐宪宗元和九年（814）所立。该碑在被发现时已碎裂为八段。碑文用汉文、粟特文、古突厥文三种文字写成。其中汉文部分保存最好，有题首，有正文。碑文标题为《九姓回鹘爱登里罗汨没蜜施合毗伽可汗圣文神武碑并序》。从题首落款来看，汉文碑文由回鹘贵族撰写。其正文部分现存 22 行，历数回鹘自首领护输至保义可汗统治期间，历任回鹘君主的功绩。碑文文笔流畅，显示了回鹘贵族极高的汉文修养。虽然此碑对历代回鹘可汗事迹只叙其功，而对其过失避而不谈，有文过饰非之嫌，但由于叙事系统，碑文中提到的许多事件为中原史料所不载，又为回鹘人自己的手笔，因此是研究回鹘汗国历史宝贵的第一手资料，历来为学界所重视。国内外许多著名学者，如沙畹、伯希和、罗振玉、王国维等均对其进行过研究。《九姓回鹘可汗碑》的粟特文部分与古突厥文部分则因为破损严重，只能释读出一些片段，可用于考订碑文的汉文部分。

《塞福列碑》，于 20 世纪 40 年代末被发现于蒙古国塞福列苏木东南 6 千米处，故名。碑文用古突厥文与粟特文刻写而成，两种文字的碑文各 7 行。其中古突厥文、粟特文部分均有“药罗葛”（回鹘可汗之姓）一词出现，因而此碑被认为与回鹘汗国有关。但因为碑文缺损，其中保存下来的内容并不完整。故而关于回鹘人立此碑的时间与目的，学界素有争议，需要后人做进一步研究。

其他于漠北发现的突厥文碑铭也对后人了解回鹘历史具有很大价值。

例如，后突厥汗国时期所立《雀林碑》《暾欲谷碑》《阙特勤碑》《毗伽可汗碑》，均提及了“九姓乌古斯”。其中《毗伽可汗碑》明确提到了回鹘，《雀林碑》也被研究者认为可能提及了回鹘首领。故这些碑文对于后人研究回鹘与突厥的关系，以及回鹘汗国建立前漠北局势提供了一些一手资料。回鹘汗国灭亡后，黠戛斯人从叶尼塞河流域进入鄂尔浑河流域，也留下了用古突厥文刻写的碑铭，如《苏吉碑》，对于后人了解回鹘汗国灭亡不久之后漠北的情况提供了零星线索。

## 三、其他史料

除了汉文文献，以及唐代突厥人、回鹘人遗留下的碑铭资料外，还有许多其他与漠北回鹘相关的散见史料。下面择其要者，做一番简要介绍。

吐蕃文敦煌遗书《北方若干国君之王统叙记文书》，编号 P. T1283（2）。这篇文献现存 109 行，写于 8—9 世纪，简要记述了回鹘汗国时期漠北诸部（包括室韦、突厥默啜十二部、奚、高丽、蛮子百济、蛮人、鞑子、药罗葛、乌护、契丹、哈喇毗伽尔、契骨、燕然七部落、鞠、斛薛、阿跌、拔悉密、合都葛、仆骨、葛逻禄三部、曷剌、古禄赫连啜二部、允禄、兀惕哈达力等）的情况。

《塔米姆·伊本·巴赫尔的回鹘游记》。阿拉伯人塔米姆·伊本·巴赫尔在 821 年前后曾前往回鹘汗国，并将其见闻写成游记，记录了沿途所见回鹘汗国的风土人情。原书已经散佚。但早期的阿拉伯学者在他们的地理学著作中对此游记多有引用（如伊本·胡尔达兹比赫的《道里邦国志》，伊本·法齐赫的《诸国志》等），因而保留了若干片段。20 世纪上半叶英国学者米诺尔斯基又将这些片段从阿拉伯文献中整理出来，并译成英文，加以注释。此游记是研究漠北回鹘的重要参考文献。

《亦都护高昌王世勋碑》。这是元代文士虞集奉元文宗诏命，为元代回鹘亦都护高昌王家族所撰写的记功碑。碑文用汉文、回鹘文两种文字写成。其中有专门记载回鹘的族源传说，以及漠北时期回鹘汗国相关历史传说的文字。

《世界征服者史》。13 世纪波斯历史学家阿老丁·阿塔蔑力克·志费尼著。这部书主要记述的是蒙古帝国前四汗时期的历史，但也有大量篇幅介绍中亚和今天新疆地区的历史。书中第一部分第五至七章都记载的是回鹘历史。其第七章“亦都护和畏吾儿地的起源——据他们自己的说法”则直接记载了关于回鹘族源的相关传说，是研究回鹘族源问题的重要史料。

《史集》。这是14世纪初伊尔汗国宰相拉施特·哀丁·法兹勒阿拉赫奉命主编的一部世界史著作，因史料价值很高，在史学界一直享有盛誉。此书第一部分第一卷中详细记载了许多游牧部落的起源和分支情况，其中就包括回鹘起源的历史，是研究回鹘族源的重要文献。但是拉施特把分布在从东北亚至东欧广大地域间的各个游牧民族——不论他们是操突厥语、蒙古语还是通古斯语，都统统划入“突厥人”的范畴，说他们全部都是回鹘传说中的英雄人物乌古思可汗的后裔，由此误导了不少后世学者，这是《史集》的不足之处。

## 第二节 研究概况

国内外学界对于回鹘历史的研究已历多年。从19世纪末开始，中外学界在回鹘史研究领域逐渐取得了大量成果，并在20世纪形成了一门世界性的学问。下面将就国内外学界对于漠北回鹘历史的研究情况分别做一番简要介绍。

### 一、中国学者对于回鹘历史的研究

古代中国学者在他们的著作中，对回鹘历史的探讨较为零散，对漠北回鹘历史的研究已显滥觞。19世纪后半叶，当时的中国学者，如李光庭、洪钧等人，以研究西北史地为着眼点，触及了回鹘族源问题，虽有认识上的错误，但应当被视为近代国内回鹘史研究的开端。20世纪上半叶，国内回鹘史研究尚处于“拓荒期”。王国维、邝平章、王桐龄等学者均对回鹘历史进行了研究，涉及回鹘族源、民族关系、域外研究介绍及相关史料整理等方面的问题①。

中华人民共和国建立后，中国国内对于回鹘史研究取得了长足的进

① 王国维：《九姓回鹘可汗碑跋》，《观堂集林》卷20，中华书局，1959年；邝平章：《唐代公主和亲考》，《史学年报》第2期，1935年；王桐龄：《汉唐之和亲政策》，《史学年报》第1期，1929年，等等。

步，产生了大量学术成果。

关于回鹘史的著作如下：

20 世纪 50 年代，国家在全国范围内开展少数民族历史与现状的调查工作，并组织人力编写了一批少数民族史志。著名民族史专家冯家昇、程溯洛、穆广文就是在这一时期编著了《维吾尔族史料简编》[①] 一书。此书不仅辑录了相关史料，而且结合国内外相关研究，对于许多关于维吾尔族历史的重要问题提出见解，具有很高的学术价值，实为一部维吾尔族通史著作。全书共九章，第一、二章介绍了漠北回鹘历史，第三至五章叙述了回鹘从 9 世纪中叶西迁至 13 世纪前的历史情况；第六至九章则是 13—16 世纪的维吾尔族历史。《维吾尔族史料简编》在国内外均产生了巨大影响，至今仍是关于回鹘史研究的一部权威著作。

由于国家重视少数民族历史研究，当时国内出版的几部中国通史著作中也均设有专门叙述回鹘历史的章节。例如，范文澜主编的《中国通史简编》（修订本[②] 第三编第二册）第五章“回纥国（647—846）”中，就专门叙述了唐代回鹘的历史变迁与经济文化情况。值得注意的是，这部书对漠北回鹘汗国起讫年代的界定，定为 647—846 年。唐太宗贞观二十一年（647）是唐朝在铁勒诸部当中正式设立六府七州，开始对漠北实行羁縻统治的年份。回鹘首领吐迷度在这一年被授予“瀚海都督”的官职，并在部落内私称可汗。故《中国通史简编》以这一年为回鹘正式建立政权之年。两个世纪以后，回鹘汗国牙帐被黠戛斯人攻破，部众流散。其中一支回鹘残余势力来到阴山一带，首领为乌介可汗。唐武宗会昌六年（846）乌介可汗被杀。因乌介以回鹘汗国正统自居，所以《中国通史简编》便以乌介可汗败亡之年为回鹘汗国灭亡的年限。这种年限划分对后来影响很大。国内学界也曾就回鹘汗国起止年份进行过激烈讨论。一些学者认为吐迷度虽私称可汗，但受唐朝羁縻统治，此时的回鹘并不属于独立政权，因而不同意这种年限划分。

上文所提到的《维吾尔族史料简编》就提出了另一种回鹘汗国起讫年限划分标准。该书把回鹘汗国的建立年代定为骨力裴罗称汗、并得到

---

① 冯家昇、程溯洛、穆广文编著：《维吾尔族史料简编》，民族出版社，1958 年。

② 范文澜：《中国通史简编》（修订本第三编第二册），人民出版社，1965 年。

唐朝承认的唐玄宗天宝三年（744），而把黠戛斯人攻破回鹘汗国牙帐的唐武宗开成五年（840）定为漠北回鹘汗国的灭亡之年，成为与《中国通史简编》相对立的代表性观点。最终《维吾尔族史料简编》的观点占据上风，成为国内学界通行的说法。

台湾学者李符桐于1963年出版了《回鹘史》①，对回鹘历史进行了系统梳理。这也是台湾地区第一部回鹘史专著。另一位台湾学者刘义棠在1975年出版了《维吾尔研究》②。这部书结合西方学者的研究成果，对于古代维吾尔族的历史进行了多项专题研究。其中对于回鹘的族名与族源问题、历史源流、可汗世系、西迁情况、回鹘与唐朝的和亲、绢马贸易、回鹘宗教信仰等问题均做了系统论述，其中不乏精辟的见解，是20世纪70年代中国学者研究回鹘史的一部重要著作。

改革开放后，国内回鹘史研究十分繁荣，于八九十年代产生了与漠北回鹘史相关的许多力作。例如，新疆社会科学院民族研究所编写的《新疆简史》（第一册）③，刘志霄的《维吾尔族历史》（上编）④，程溯洛参与编写的《维吾尔族简史》⑤，林幹、高自厚的《回纥史》⑥等。这些书籍都是关于维吾尔族的通史著作，其中皆有专门章节论述漠北回纥的历史，代表了这一时期国内回鹘史研究的水平。

林幹在20世纪80年代编了一部《突厥与回纥历史论文选集（1919—1981）》⑦，收录了1919—1981年国内外学者关于突厥、回纥历史研究的论文41篇，另对74篇未收录的论文撰写了内容提要。主编者林幹还在卷首撰写了《近六十余年来（1919—1981）国内研究突厥与回纥的回顾》，其中介绍了截至80年代初国内突厥、回鹘史研究的概况。因而这部论文集可以被视为对20世纪80年代以前国内回鹘史研究的一部总结性成果。

---

① 李符桐：《回鹘史》，文风出版社，1963年。

② 刘义棠：《维吾尔研究》，正中书局，1975年。

③ 新疆社会科学院民族研究所：《新疆简史》（第一册），新疆人民出版社，1980年。

④ 刘志霄：《维吾尔族历史》（上编），民族出版社，1985年。

⑤ 《维吾尔族简史》编写组：《维吾尔族简史》，新疆人民出版社，1991年。

⑥ 林幹、高自厚：《回纥史》，内蒙古人民出版社，1994年。

⑦ 林幹编：《突厥与回纥历史论文选集（1919—1981）》，中华书局，1987年。

刘美崧在1989年出版了著作《两唐书回纥传回鹘传疏证》[①]。这部书旁征博引，引述国内外学者研究成果对两唐书回纥传、回鹘传内容进行了详尽的汇注，也是一部关于国内外漠北回鹘史研究的总结性著作。

20世纪90年代国内还出版了一部专门研究漠北回鹘史的专著，即杨圣敏的《回纥史》[②]。这部著作对回鹘族源问题着墨很多。尤其是在论述回鹘的构成时，其充分吸收了国外回鹘学的最新研究成果，摒弃了传统的回鹘由“内九族”“外九部”构成的说法，这是与以往回鹘史著作显著不同的特点，是当时国内回鹘史研究领域所取得的一项观点上的突破。

2000年以后，国内回鹘史研究进一步繁荣。关于漠北回鹘，有影响力的专著有薛宗正的《回纥史初探》[③]。这部书对回鹘史事考订详备，并吸收了许多20世纪90年代以来新的学术观点，是一部很见功力的研究性著作。

1949年之后，论述漠北回鹘历史的论文汗牛充栋，难以详举，相关研究论文主要集中在对如下几个问题的研究上，在此仅简要列举：

回鹘的族源、族名问题。涉及族名探讨的论文主要有：王日蔚《维吾尔（缠回）民族名称演变考》[④]，刘美崧《回纥更名回鹘考》[⑤]，杨圣敏《试论回纥宗教思想的演变与改宗摩尼教》[⑥]，李树辉《回纥的构成及其发展（上）——乌古斯和回鹘系列研究之四》[⑦]等。根据这些研究成果可以看出，学界一般认为回鹘是Uyghur一词的音译，意思是“联合”。也有学者沿用英国学者的说法，认为回鹘族名源于蒙古语族，是“森林民”的意思。台湾学者刘义棠认为，汉文史料中的乌揭、乌护、韦纥、回纥、回鹘以及漠北突厥文碑铭中的Oguz（乌古斯）、Ugur（乌护），尽管词意

---

① 刘美崧：《两唐书回纥传回鹘传疏证》，中央民族学院出版社，1988年。

② 杨圣敏：《回纥史》，吉林教育出版社，1991年，广西师范大学出版社，2008年再版。

③ 薛宗正：《回纥史初探》，甘肃人民出版社，2012年。

④ 王日蔚：《维吾尔（缠回）民族名称演变考》，《西北民族宗教史料文摘》，甘肃省图书馆，1985年。

⑤ 刘美崧：《回纥更名回鹘考》，《江西师院学报（哲学社会科学版）》1980年第1期。

⑥ 杨圣敏：《试论回纥宗教思想的演变与改宗摩尼教》，《西北史地》1985年第3期。

⑦ 李树辉：《回纥的构成及其发展（上）——乌古斯和回鹘研究系列之四》，《喀什师范学院学报》2000年第4期。

有别，但其本音就是Uyghur。杨圣敏则提出Uyghur的汉译“回鹘”可能与其祖先的猛禽图腾崇拜有关。关于族源问题，长期以来，国内外学者对于回鹘族源存在诸多分歧，有匈奴、丁零、铁勒、突厥、鲜卑诸说。目前主流观点是回鹘源于铁勒，再往前，则可以追溯到丁零乃至商周时期的鬼方、狄。这方面的研究论文有：周伟洲《也谈新疆维吾尔族族源问题》，阿合买提江·艾海提《维吾尔族族源新探》，杨圣敏《回纥人的种族特征试析——兼评维吾尔族与其先民回纥之区别》等。

回鹘与周边政权、民族关系是学界关注的重点，成果也最为丰富，主要涉及如下几个问题。

唐朝与回鹘绢马贸易问题。绢马贸易表面看虽然是商业问题，但实则是唐朝怀柔回鹘的手段。相关研究论文有：林幹《试论回纥史中的若干问题》①，札奇斯钦《对“回鹘马”问题的一个看法》②，刘正江《回鹘与唐的马绢贸易及其实质》③，丁君涛《唐与回纥绢马贸易中马价争议的原因探析》④等。

唐朝与回鹘和亲问题。最早研究该问题的是邝平章。他在民国时期就发表了《唐代公主和亲考》，其中涉及唐与回鹘的和亲问题。其他主要研究论文还有：任崇岳、罗贤佑《试论唐代的和亲政策》⑤，周佳荣《唐代“和亲”考略》⑥，范香立、张金铣《唐与回鹘和亲原因解析》⑦等。

回鹘助唐朝平定安史之乱问题。相关论文有：刘戈《试论回纥可汗顿莫贺达干》⑧，杨博文《试论回纥与唐朝关系的几个问题——和刘戈同

① 林幹：《试论回纥史中的若干问题》，《突厥与回纥历史论文选集（1919—1981）》。

② 札奇斯钦：《对“回鹘马”问题的一个看法》，《食货月刊》1971年第1期。

③ 刘正江：《回鹘与唐的马绢贸易及其实质》，《黑龙江民族丛刊》2011年第2期。

④ 丁君涛：《唐与回纥绢马贸易中马价争议的原因探析》，《唐山学院学报》2017年第5期。

⑤ 任崇岳、罗贤佑：《试论唐代的和亲政策》，《中央民族学院学报》1981年第1期。

⑥ 周佳荣：《唐代“和亲”考略》，《陕西师范大学学报（哲学社会科学版）》2000年第1期。

⑦ 范香立、张金铣：《唐与回鹘和亲原因解析》，《民族史研究》2014年第2期。

⑧ 刘戈：《试论回纥可汗顿莫贺达干》，《西域史论丛》（第2辑），新疆人民出版社，1985年。

志商榷》[1]，李丽杰《回鹘助唐平安史之乱述论》[2]，董文阳《借兵平寇的得与失——简论回纥助唐平定安史叛乱》[3]等。从其他方面研究回鹘与唐朝交往关系的论文还有许多，如程溯洛《释汉文〈九姓回鹘毗伽可汗碑〉中有关回鹘和唐朝的关系》[4]，《回纥的兴起及其和唐朝的关系》[5]，秦卫星《关于漠北回鹘汗国早期历史中的两个问题》[6]，均探讨了唐朝与回鹘交往中两者是否处于对等关系等问题。此外，还有关于漠北回鹘与其他民族关系的研究成果。例如，孟凡人《唐代回鹘控制北庭的过程》[7]，王洁、杨富学《突厥碑铭所见黠戛斯与突厥、回鹘关系考》[8]，杨铭《唐代吐蕃与突厥、回纥关系述略》[9]，彭建英《漠北回鹘汗国境内的粟特人——以粟特人与回鹘互动关系为中心》[10]等。

文化、经济、社会生活方面的研究论文有：何应中《试论公元七—十世纪回纥的社会制度》[11]，邢友德、周泮池《略论回纥》[12]，樊保良《回

---

① 杨博文：《试论回纥与唐朝关系的几个问题——和刘戈同志商榷》，《上海师范大学学报》1986年第4期。

② 李丽杰：《回鹘助唐平安史之乱述论》，《贵州师范大学学报（社会科学版）》2002年第6期。

③ 董文阳：《借兵平寇的得与失——简论回纥助唐平定安史叛乱》，《阴山学刊》2015年第5期。

④ 程溯洛：《释汉文〈九姓回鹘毗伽可汗碑〉中有关回鹘和唐朝的关系》，《中央民族学院学报》1978年第2期。

⑤ 程溯洛：《回纥的兴起及其和唐朝的关系》，《历史教学》1979年第7期。

⑥ 秦卫星：《关于漠北回鹘汗国早期历史中的两个问题》，《新疆大学学报（哲学社会科学版）》1988年第3期。

⑦ 孟凡人：《唐代回鹘控制北庭的过程》，《新疆社会科学》1983年第3期。

⑧ 王洁、杨富学：《突厥碑铭所见黠戛斯与突厥、回鹘关系考》，《内蒙古社会科学（汉文版）》2009年第1期。

⑨ 杨铭：《唐代吐蕃与突厥、回纥关系述略》，《西南民族大学学报（人文社科版）》2005年第6期。

⑩ 彭建英：《漠北回鹘汗国境内的粟特人——以粟特人与回鹘互动关系为中心》，《中国边疆史地研究》2016年第4期。

⑪ 何应中：《试论公元七—十世纪回纥的社会制度》，《广西师范学院学报》1959年第1期。

⑫ 邢友德、周泮池：《略论回纥》，《河北师范学院学报》1979年第4期。

鹘与丝绸之路》[①]，陈俊谋《试论回鹘路的开通及其对回鹘的影响》[②]，《顿莫贺与摩尼教》[③]，宋晓东、王宗磊《回鹘西迁前经济生活探析》[④]，尼扎吉·喀迪尔《试论摩尼教传入鄂尔浑回鹘的时间和原因》[⑤]，王小甫《回鹘改宗摩尼教新探》[⑥]，杨富学《关于回鹘摩尼教史的几个问题》[⑦]，《回鹘社会文化发展逆演进现象考析》[⑧]，王金保《论漠北回鹘汗国的城市兴建与半定居生活》[⑨]等。这些论文分别对回鹘的社会结构、宗教、文化、经济诸方面进行了探讨。

回鹘政治史方面的研究论文有：尚衍斌《漠北回鹘汗国政治体制初探》[⑩]，薛宗正《北回鹘汗国末世政治史考索》[⑪]，肖爱民《试析回纥汗位的继承制度》[⑫]，等等。这些研究涉及回鹘的具体政治事件、官制、君主继承制度诸方面。

对漠北回鹘传统汉文史料进行梳理考释也是回鹘史研究的一个重要方面。1919年，王国维发表了《九姓回鹘可汗碑跋》。这是20世纪国内学界最早涉及漠北回鹘历史的力作。该文考证了19世纪末被俄国人雅德

---

① 樊保良：《回鹘与丝绸之路》，《兰州大学学报（社会科学版）》1985年第4期。

② 陈俊谋：《试论回鹘路的开通及其对回鹘的影响》，《中央民族学院学报》1987年第2期。

③ 陈俊谋：《顿莫贺与摩尼教》，《新疆社会科学》1985年第6期。

④ 宋晓东、王宗磊：《回鹘西迁前经济生活探析》，《石河子大学学报（哲学社会科学版）》2007年第4期。

⑤ 尼扎吉·喀迪尔：《试论摩尼教传入鄂尔浑回鹘的时间和原因》，《喀什师范学院学报》2010年第2期。

⑥ 王小甫：《回鹘改宗摩尼教新探》，《北京大学学报（哲学社会科学版）》2010年第4期。

⑦ 杨富学：《关于回鹘摩尼教史的几个问题》，《世界宗教研究》2007年第1期。

⑧ 杨富学：《回鹘社会文化发展逆演进现象考析》，《暨南学报（哲学社会科学版）》2015年第4期。

⑨ 王金保：《论漠北回鹘汗国的城市兴建与半定居生活》，《敦煌学辑刊》2015年第4期。

⑩ 尚衍斌：《漠北回鹘汗国政治体制初探》，《西北民族研究》1995年第1期。

⑪ 薛宗正：《北回鹘汗国末世政治史考索》，《喀什师范学院学报》1995年第1期。

⑫ 肖爱民：《试析回纥汗位的继承制度》，《朔方论丛》（第二辑），内蒙古大学出版社，2012年。

林采夫发现的《九姓回鹘可汗碑》的来历、作者及碑文所涉及的回鹘官职、史事。80年代以后，刘戈《汉文高昌回鹘史料述要》①，林梅村、陈凌、王海城《九姓回鹘可汗碑研究》②，李娟《漠北回鹘碑铭与汉文回鹘史料比较考证》③，李树辉《〈唐会要·葛逻禄国〉疏证辨误》④，杨富学《大唐西市博物馆藏〈回鹘米副侯墓志〉考释》⑤等成果问世。这些文章对于研究漠北回鹘历史有着重要的参考价值。

与回鹘相关史料的整理、考释相关的是对古突厥语言文字的研究。突厥语言文字研究素来是国内外突厥学研究的侧重点。在20世纪的研究历程中，中国学者筚路蓝缕，将古突厥文碑铭、《突厥语大辞典》及《福乐智慧》等珍贵史料陆续译为汉文，从而把国内回鹘史研究推向了新的高度。20世纪50年代，国内著名突厥语专家耿世民教授开始把古代突厥文碑铭直接从原文译成汉文，自此中国古代突厥语文学研究取得重大突破。此后国内培养了不少古突厥语专家，相关研究薪火相传。近年来关于突厥文的研究论文也不断推陈出新，对以往的一些翻译做出了修订，并出版专著多部⑥。虽然这些研究并不能简单归属于纯粹的历史学范畴，但对于推动回鹘史发展是有直接助益的。近年来，这一研究课题依然是学界研究热点，在已有成就的基础上，产生了一定数量的研究成果，叶尼塞河流域发现的碑铭、俄属阿尔泰地区发现的碑铭均也在我国首次刊布。

考古学方面，数十年来考古学家在蒙古高原与新疆地区零星发现了

---

① 刘戈：《汉文高昌回鹘史料述要》，《喀什师范学院学报》1994年第3期。

② 林梅村、陈凌、王海城：《九姓回鹘可汗碑研究》，《欧亚学刊》（第一辑），中华书局，1999年。

③ 李娟：《漠北回鹘碑铭与汉文回鹘史料比较考证》，《西北民族大学学报（哲学社会科学版）》2013年第5期。

④ 李树辉：《〈唐会要·葛逻禄国〉疏证辨误》，《中国藏学》2013年第2期。

⑤ 杨富学：《大唐西市博物馆藏〈回鹘米副侯墓志〉考释》，《民族研究》2015年第2期。

⑥ 芮传明：《古突厥碑铭研究》，上海古籍出版社，1998年；芮传明：《古突厥碑铭研究》（增订本），商务印书馆，2017年；艾尔肯·阿热孜、艾尔汗·阿伊登：《古突厥文碑铭》，新疆人民出版社，2014年。

一些漠北回鹘汗国时期的文物。不过由于古代蒙古高原民族构成复杂，习俗多样且混杂，加之历史上回鹘汗国对突厥汗国存在文化继承，故蒙古高原上的突厥汗国时期遗址、遗迹、墓葬与回鹘汗国时期遗存时常难以明确区别。更兼史料匮乏和种种条件限制，国内学界对古代回鹘人在漠北地区的活动情况在认识上缺乏清晰的线索。这一切导致中国在蒙古高原回鹘考古学研究领域尚存在许多空白。因此在2006年，经国家文物局与内蒙古自治区文物局批准，内蒙古自治区文物考古研究所派出专家与蒙古国相关部门展开合作，组成中蒙联合考古队，对位于今蒙古国后杭爱省浩腾特苏木乌兰朝鲁巴戈地区的乌布尔哈布其勒三号四方形遗址进行了考古发掘，并取得重大发现。考古队确定了四方形遗址实为回鹘汗国时期集祭祀与墓葬功能于一体的回鹘贵族或可汗的大型陵墓群，从而极大填补了中国在回鹘考古学文化研究领域的空白，也为史学界研究回鹘历史提供了一批宝贵的考古资料。

## 二、国外学界的主要研究成果

18世纪上半叶，西方学者在研究中国古代北方游牧民族历史时，即已开始触及古代回鹘的历史，但尚未能解决回鹘的语言、族属等基本问题。19世纪末20世纪初，敦煌吐鲁番文书与漠北突厥文碑铭相继被发现。西方人以“探险”“考察”为名，深入中国西北与蒙古高原地区，盗走大量珍贵文物。其中便有许多与回鹘相关的文献。这些文物流入欧洲后，极大地激发了西方学界的研究热情，也迅速推动了西方人对古代回鹘的研究。这一时期，除涌现出大量回鹘语言文字研究和敦煌吐鲁番回鹘文书方面的成果外，也诞生了许多研究漠北回鹘的历史学著作和论文。

俄国历来是欧洲东方学研究的重镇。俄国学者在回鹘史研究领域也取得了许多重要突破。1828年，俄国东方学家尼基塔·雅科夫列维奇·俾丘林发表了《蒙古札记》，最早指出维吾尔即古代汉文史料提到的“回鹘”。另一位俄国东方学家格里戈里耶夫则在1863年发表的《没有刊布的玛雅兰纳赫尔回鹘领主的钱币》一文中，首次把喀喇汗王朝与回鹘联系起来，这一观点对后世研究影响深远①。此后百余年间，不论是沙俄

① 转引自刘戈、郭平梁：《回鹘史指南》，新疆人民出版社，1995年，第133、134页。

时期，还是在苏联时代，俄国在回鹘语言文字，以及敦煌吐鲁番回鹘文书研究等领域均成就瞩目。限于主题与篇幅，在此便不做一一介绍。

法国是欧洲东方学研究的另一重镇。法国著名东方学家埃玛纽埃尔－爱德华·沙畹在1903年发表了巨著《西突厥史料》。这本书以古代中国历史文献资料为基础，结合罗马、阿拉伯相关文献资料与突厥文碑铭，辑录和考订了与西突厥相关的史料，并对西突厥政治、历史、地理情况进行了研究。其中有关于曾经臣服于西突厥汗国的民族或国家的相关内容，便涉及铁勒与回鹘的历史。例如，在书中第三篇第一节“北方民族”中，首先就对《旧唐书·回纥传》唐朝天宝年间以前的部分进行了内容辑录与注释。此书有冯承钧汉译本①。沙畹的学生伯希和同样是一位东方学大师。沙畹与伯希和曾合撰论文《中国发现的一部摩尼教经典》，将吐鲁番出土的摩尼教文献与中国传统史料互相补正，勾勒出了摩尼教在中国传播的历史。冯承钧曾将此文翻译成书，定名为《摩尼教流行中国考》②。这本书大部分内容是在论述回鹘的摩尼教，其中涉及摩尼教传入漠北的过程与摩尼教在回鹘汗国的重要地位等内容，是研究漠北回鹘宗教信仰问题的经典著作。法国另一位东方学家哈密顿在漠北回鹘历史研究方面同样成就突出。他在《九姓乌古斯和十姓回鹘考》③中探讨了回鹘的族源与形成问题，就“九姓乌古斯”与回鹘的关系进行了深入探讨。法国学者路易·巴赞的博士学位论文《古代和中世纪的突厥历法》也是一部在国际上颇有影响力的著作。其中第四章根据漠北突厥文碑铭论述了漠北回鹘的历法，是回鹘历法方面的重要研究成果。这篇论文被耿昇翻译成汉文，并取名《古突厥社会的历史纪年》④。

欧洲其他国家也在回鹘语言与文献整理方面取得了许多成果。在漠

---

① 〔法〕沙畹著，冯承钧译：《西突厥史料》，商务印书馆，1935年；中华书局，1958年。

② 〔法〕沙畹、伯希和撰，冯承钧译：《摩尼教流行中国考》，商务印书馆，1931年。

③ 〔法〕哈密顿：《九姓乌古斯和十姓回鹘考》，耿昇译，《敦煌学辑刊》1983年第4期；哈密顿：《九姓乌古斯和十姓回鹘考（续）》，耿昇译，《敦煌学辑刊》1984年第1期。

④ 〔法〕路易·巴赞著，耿昇译：《古突厥社会的历史纪年》，中国藏学出版社，2014年。

北回鹘史方面，值得注意的是英国伊朗学家米诺尔斯基的研究。米诺尔斯基在研究波斯史地、文化和古文献的同时，也兼治伊斯兰史和东方学。他曾将阿拉伯文献《世界境域志》与《马卫集论中国、突厥和印度》翻译成英文，并做了注释。这两种文献当中都有关于回鹘的内容。米尔诺斯基在注释中所做的考证，旁征博引，发现和阐明了许多问题。

日本素来是海外研究中国史的重镇。与西方相比，日本的回鹘研究主要偏重于史学。20 世纪以来，日本学者在回鹘史研究领域成绩瞩目，产生了一大批重要成果。

20 世纪初，日本人大谷光瑞率领考察队深入中国西北，搜罗了大量吐鲁番回鹘文书，并带回日本。这直接推动了日本回鹘史研究的发展。在 40 年代以前的日本学者中，研究漠北回鹘历史成就最高者当为羽田亨。他于 20 世纪初发表的《九姓回鹘与九姓乌古斯》(《东洋学报》9 卷 1 号，1919 年）及中期发表的《唐代回鹘研究》(《羽田博士史学论文集（上)》，同朋舍，1958 年）等论文，均是漠北回鹘史研究方面的力作。在学界影响巨大的“内九族、外九部”之说便出自羽田氏。40—60 年代，日本回鹘史研究进入了新的阶段，新一代学者崭露头角，如松田寿男、江上波夫、内田吟风、羽田明、佐口透、护雅夫、山田信夫、安部健夫等，均是这一时期日本的成名学者。护雅夫是一位研究中国西北边疆民族史的名家。护雅夫关于漠北回鹘的著述有《九姓回鹘可汗系谱——漠北时代回鹘史备忘录》(《东洋学报》33 卷 3、4 期，1951 年）《回鹘始祖传说》(《游牧民族研究》，1955 年)，都是涉及漠北回鹘历史的重要论文。佐口透则对《旧唐书 · 回纥传》《新唐书 · 回鹘传》做了详细的汇注，其中为《旧唐书 · 回纥传》作注 362 条，为《新唐书 · 回鹘传》作注 95 条[①]，代表了当时日本对《旧唐书》《新唐书》中回鹘史料整理汇注的水平。其他研究成果还有田坂兴道的《回鹘反摩尼教的运动》(《东洋学报》11 卷 1 期，1940 年)、《关于漠北时代的回鹘诸城堡》(《蒙古学报》2 期，1941 年），松田寿男的《绢马贸易备忘录》(《历史学研究》6 卷 2 期，1936 年)、《关于绢马贸易的史料》(《游牧社会史研究》1

① 〔日〕佐口透:《〈旧唐书 · 回纥传〉笺注》《〈新唐书 · 回鹘传〉笺注》，余大钧译，《北方民族史与蒙古史译文集》，云南人民出版社，2003 年，第 168—190 页。

期，1959 年），山田信夫的《九世纪回鹘流亡移民的崩溃》(《史窗》，第 42 卷，1985 年）等。值得一提的是安部健夫于 1965 年出版的《西回鹘国史的研究》[①] 一书。安部健夫是日本治回鹘史与清史的名家，师从羽田亨。这部著作是在他 1928 年完成的论文《回鹘五城考》的基础上扩写而成的。这部书因吸收了大量当时最新的研究成果而享誉于世。在书中，安部健夫把漠北回鹘汗国称为“东回鹘”，而把西迁至别失八里（北庭）一带的回鹘称为“西回鹘”。虽然书中主要讲的是西迁回鹘的历史，但也谈到了回鹘族源与回鹘在漠北活动的历史。书中对漠北回鹘汗国经略西域的历史进行了详尽的论述，对于研究回鹘汗国具有很高的学术价值。20 世纪 70 年代以后，日本又出现了许多研究回鹘史的新秀，如森安孝夫、梅村坦、百济康义、小田寿典等。他们在敦煌吐鲁番回鹘文献研究方面成果丰硕，构成了日本回鹘史研究领域的第三代学者。森安孝夫是其中的佼佼者，他的《究竟是回鹘还是吐蕃在公元 789—792 年间夺据了别失八里？》[②]（此文是他在 1973 年发表的论文《回鹘与吐蕃的北庭争夺战及其后西域的形势》的基础上，增补新材料而写成的）等文章，在学术界产生较大影响，也是研究回鹘吐蕃关系史的重要学术文献。

① 〔日〕安部健夫著，宋肃瀛、刘美崧、徐伯夫译：《西回鹘国史的研究》，新疆人民出版社，1985 年。

② 〔日〕森安孝夫：《究竟是回鹘还是吐蕃在公元 789—792 年间夺据了别失八里？》，罗贤佑译，《民族译丛》1982 年第 3 期。

# 第二章　回鹘的族名、族源

回鹘源出南北朝时期的高车袁纥部，其远祖还可以进一步追溯到赤狄、丁零。回鹘兴起于隋唐之际，被中原人称为“回纥”。至唐朝中叶时，回鹘可汗将“回纥”之名改为“回鹘”，并一直沿用至13世纪。由于史料记载缺失，关于回鹘族名的含义、回鹘民族形成过程中人群的构成，至今尚有争议。学界对这些问题进行了大量研究，得出了许多有益的结论。

## 第一节　回鹘的族名与祖先传说

目前，学界对回鹘族名的含义有多种解释。由于人们普遍认为古代回鹘人的语言属于阿尔泰语系突厥语族，与古突厥语相近，故后世学者多以古突厥语来解释回鹘族名。其中《史集》提出的“联合”“协助”说影响最大。而关于回鹘族名汉译的变化时间，学者也存在争议。回鹘的祖先传说则是反映回鹘族源问题的重要材料。本节将对这些问题做一番简要介绍。

### 一、族名的含义及汉译变化

“回鹘”是古代回鹘人的自称。回鹘人《九姓回鹘可汗碑》用汉文所刻碑文中，称自己为“九姓回鹘”。根据回鹘汗国碑铭《磨延啜碑》，“回鹘”（回纥）在回鹘人的语言中读作Uyghur，与现在“维吾尔”一词的发音基本相同。

作为族名，Uyghur一词出现甚早。据成书于6世纪的《魏书》记载，高车人当中有部落名为“袁纥”。一般认为，这是已知汉文文献中对

Uyghur 一词的最早音译[①]。而袁纥便是回鹘人的直系祖先。此后，Uyghur 在各个历史时期的汉文史料中有着不同的音译。

隋初，中原人将 Uyghur 译写为韦纥。隋炀帝大业年间（605—618），以韦纥部为首的九姓铁勒联盟开始在漠北形成，中原人又将这一时期的 Uyghur 音译为“回纥”。“回纥”之名从此见于汉文史书，并取代了之前的“韦纥”一词[②]。

“回纥”之名被沿用至唐朝中叶时，又发生了新的情况。据《旧唐书》卷 195《回纥传》载，唐宪宗元和四年（809），回鹘汗国保义可汗遣使要求唐朝将他们的族名汉译由“回纥”改为“回鹘”，取“回旋轻捷如鹘”之意。从此“回纥”“回鹘”两名并见于汉文史料。

“纥”“鹘”二字虽然在现代汉语中读音差异很大，但这两个字在唐代汉语中却均为匣母，没韵，读作“ɣuət”。由此可知，回鹘人之所以选定“回鹘”作为新的族名汉译，不仅是因为“回鹘”二字在汉语中有“回旋轻捷如鹘”的字面意思，而且兼顾了新旧译名读音一致性问题。古代汉人有用入声字来音译带“r”之类收声音节的他族语言的习惯，因而选用入声字“纥”来音译 Uyghur 的后半部分。回鹘人显然是知晓汉人这一文法习惯的，所以选用同样是入声字且发音相同的“鹘”来替代“纥”。从中可以看出当时回鹘高层汉文修养之高。

可是，对于“回纥”改译名为“回鹘”的时间，其他史料有着与《旧唐书》完全不同的记载。司马光《资治通鉴考异》征引唐代文献《邺侯家传》《北荒君长录》以及宋人编修的《新唐书·回鹘传》诸书后认

---

① 日本学者藤田丰八、荷兰学者底哥柔提（J. J. M. DE Groot）等则认为《史记》中的呼揭、《汉书》中的乌揭、《三国志》中的呼得可能是 Uighur 更早的音译（参见刘义棠:《维吾尔研究》，第 20 页）。倘若这一观点成立，则意味着回鹘部落早在汉代就已形成，其族称 Uighur 在当时已被中原人知晓。

② 在南北朝至唐代的中古汉语中，“袁”“韦”都是云母（喻三）字，“回”为匣母字。根据王力的拟音系统，云母与匣母在当时皆发“ɣ”音。也就是说，“袁”“韦”“回”三个字的声母在古代曾是相同的。南北朝时“袁”的拟音为“ɣĭwɐn”，隋唐时“韦”的拟音为“ɣĭwəi”，“回”的拟音为“ɣuɐi”。正是因为这三个字的字音在古时非常接近，故而从南北朝至隋唐时期，两三百年间古人对 Uyghur 的译写用字便由“袁纥”渐变为“韦纥”，并最终被“回纥”所替代。

为，回鹘改名应在唐德宗贞元四年（788）[①]，当时回鹘的统治者顿莫贺可汗（天亲可汗）借请求与唐朝和亲的机会，于贞元四年向唐廷提出了将“回纥”改译“回鹘”的要求。不过关于回鹘可汗上表请改“回纥”为“回鹘”的具体月份，《资治通鉴考异》与《邺侯家传》也有分歧。《邺侯家传》记为“贞元四年七月”。司马光则认为回鹘的请婚使者十月方至长安，故把时间定为“贞元四年十月”。司马光的说法为冯家昇、程溯洛、穆广文编著的《维吾尔族史料简编》所采纳，在学界影响很大。

唐朝崔铉的《续会要》则认为，在天亲可汗请求和亲的第二年，即贞元五年（789）七月唐朝的和亲队伍正式抵达回纥汗廷后，回鹘人才正式向唐朝提出改名要求。由于《续会要》是唐朝人自己编写的第一手史料，故翦伯赞主编的《中国史纲要》（第二册）[②] 即采纳了贞元五年改名说。

这三种说法何者为是，学界存在激烈争议。许多学者坚持《旧唐书》说法。如曾有观点尖锐指出，唐人李繁的《邺侯家传》内容多有不实，而稍晚的崔铉《续会要》未必有可靠的第一手资料作为依据。其“贞元五年”改名说，不过是崔铉在《邺侯家传》所主张的“贞元四年七月”说基础上，妄改“贞元四年”为“贞元五年”而成；至于《新唐书》《资治通鉴》成书较晚，沿袭了唐人旧谬；所以宜坚持《旧唐书》“元和四年”改名说[③]。

2013 年，在陕西省西安市唐长安城明德门附近的唐墓出土了一方唐代墓志。该墓志由墓盖、墓志两部分组成。墓盖上有“故回鹘葛啜王子墓志”字样，墓志正文汉文部分标题为：“故回鹘葛啜王子守左领军卫将军墓志并序。”[④] 这方墓志刻写于唐德宗贞元十二年（796），可见贞元十二年以前，“回纥”之名已改为“回鹘”。这从侧面证明了唐人所提出的贞元四年或贞元五年回鹘改名说未必是虚妄之言。揆情度理，即使回鹘是

① （宋）司马光编著，（元）胡三省音注：《资治通鉴》卷 233《唐纪四十九》德宗贞元四年，中华书局点校本，1956 年，第 7515 页。

② 翦伯赞主编：《中国史纲要》（第二册），人民出版社，1979 年。

③ 宋肃瀛：《回纥改名“回鹘”的史籍与事实考》，《民族研究》1995 年第 6 期。

④ 杨富学：《大唐西市博物馆藏〈回鹘米副侯墓志〉考释》，《民族研究》2015 年第 2 期。

在贞元四年十月提出了改译名的要求，但从唐德宗决定接受回鹘人的意见，到正式下诏废止“回纥”旧译并遣使知会回鹘，其流程也完全有可能需要到贞元五年才能完成。所以我们认为《续会要》的贞元五年说应该更为准确。

840 年漠北回鹘汗国灭亡后，其西迁部众的后裔继续沿用回鹘族名。13 世纪 70 年代至清初，其族名汉译由“回鹘”变为“畏兀儿”“畏吾儿”“畏兀”“伟兀”“委兀”“伟吾尔”“乌鸽”“卫兀”“外五”等。清代则称其为“回部”“缠回”“威吾尔”“畏兀儿”等。1934 年，新疆省政府发布《新疆省政府令改缠回名称为维吾尔布告》，规定将新疆境内的回部族名汉译改为“维吾尔”，取“保护自己民族”“维护你我”“保护国家”之意，沿用至今①。

“回鹘”（Uyghur）作为族名的含义，历来存在不同的解释。其汉文译名“回鹘”，据《旧唐书·回纥传》，乃取“回旋轻捷如鹘”之意。杨圣敏在《试论回纥宗教思想的演变与改宗摩尼教》一文中认为，回鹘的先民丁零，在先秦时被称为“狄”，狄人以翟鸟（一种善飞的黄色猎鹰）为图腾，回鹘人要求把族名的汉译改为有“回旋轻捷如鹘”之意的“回鹘”，可能是基于对祖先翟鸟图腾的遥远记忆②。

不过，“回旋轻捷如鹘”只是回鹘族名汉译的字面意思，并非 Uyghur 一词在回鹘语中的本意。

至于 Uyghur 的含义，成书于 11 世纪的《突厥语大词典》中说，亚历山大大帝东征时，路经 Uyghur 人居住的地区。亚历山大惊异于当地人高超的射箭技术，认为任何野兽都逃不过他们的射击，他们完全可以靠打猎为生，而无求于人。于是亚历山大将这些人居住地称为 Khuxkhur，意为“自食其力”，Khuxkhur 后来就演变为 Uyghur，此后长期流传下来。这种说法把回鹘与亚历山大大帝附会在一起，未必可信，故学界采信此说者较少。17 世纪波斯史学家哈布尔·哈齐·把秃儿汗在他的著作《突厥世系》中则称“回鹘”在突厥语中是“依附”或“沾住”之意。此外，还有人认为“回鹘”（Uyghur）可能是蒙古语族中与之读音相近的

---

① 刘义棠：《维吾尔研究》，第 40、41 页。

② 杨圣敏：《试论回纥宗教思想的演变与改宗摩尼教》，《西北史地》1985 年第 3 期。

"Oyqur"一词的转写，意为"森林民"，如英国 G. Glauson《十三世纪前突厥语词源学字典》①。

关于"回鹘"的含义，目前被学界广为接受的说法，是由 14 世纪波斯史学家、伊尔汗国宰相拉施特在其所编纂的《史集》中提出的。《史集》第 1 卷第 1 编中记载了当时中亚地区流传的乌古斯可汗的传说，其中便涉及了回鹘的族名问题。书中说，在古时候塔拉斯和合里－赛兰一带有一个部落，其首领名叫的卜·牙忽亦。的卜·牙忽亦的孙子乌古斯因信仰问题与父亲和叔父们发生了战争。一部分亲族站在乌古斯这边，乌古斯赐予了他们"畏吾儿"（回鹘）的称号。这个词来自突厥语，即"他和我们合并，并协助我们"之意②，由此解释了回鹘族名的含义。另外，拉施特在《史集》第 1 卷第 3 编"畏兀儿部落"中，又重提乌古斯可汗的传说，说乌古斯在打败父亲、叔父们后，在庆功宴上，赐予了归附于他的部众"畏兀儿"（回鹘）的称号，"畏兀儿"在突厥语中是"联合""协助"的意思③。在没有更多的材料被发现以前，我们姑且继续沿用拉施特的说法。回鹘人以此为族名，可能正是对自己祖先不断联合诸部，最终壮大为由"十姓回纥（回鹘）"与"九姓乌古斯"组成的强大部落集团这一段历史过程的反映。

## 二、祖先神话传说

关于回鹘祖先的神话传说，主要有乌古斯可汗传说与卜古可汗传说。这些传说见于元代汉文文献、13 世纪以来流传于中亚与中国新疆地区的一些史诗写本以及波斯历史学家的著作中。

《乌古斯可汗的传说》是一部流传在民间的英雄史诗，讲述了回鹘祖先乌古斯可汗的传奇故事④。这部史诗的脚本大约在 8 世纪就已产生，在口头流传过程中情节不断丰富，至 13 世纪形成书面文本。

史诗的主人公乌古斯可汗在出生后四十天就成长为人，相貌奇异，天资不凡。乌古斯敬畏上天，与两位神女先后生下了坤汗（太阳汗）、爱

① 转引自刘义堂：《维吾尔研究》，第 10—16 页。

② 〔波斯〕拉施特主编，余大均、周建奇译：《史集》第 1 卷第 1 分册第 1 编，商务印书馆，1983 年，第 136 页。

③ 《史集》第 1 卷第 1 分册第 3 编，第 239 页。

④ 耿世民译：《乌古斯可汗的传说》，新疆人民出版社，1980 年。

汗（月亮汗）、余勒都思汗（星星汗）、阔克汗（天汗）、塔格汗（山汗）、鼎革斯汗（海洋汗）六个儿子。乌古斯因替百姓做了许多好事而被人们推举为可汗。随后，乌古斯可汗带领民众四处征伐，向东方迫使阿勒通汗臣服，向西打败罗马皇帝，之后征服女真、印度、叙利亚、唐古特、巴尔汗等国家和民族。不过这样的事迹与各国历史记载不符。所以史诗的主人公乌古斯可汗显然只是一个虚构人物。至于乌古斯可汗是否有具体历史原型，目前没有定论。人们根据传说所能确定的唯一一点是，“乌古斯”应当是与“回鹘”关系密切的一个概念。

13 世纪以后，《乌古斯可汗的传说》在流传过程中又发生了一些变化。《史集》所记载的乌古斯可汗传说就经过了明显加工。例如，在原先的《乌古斯可汗传说》中，乌古斯可汗是一位敬拜上天的萨满教信仰者，但拉施特笔下的乌古斯可汗却是位穆斯林，并因捍卫伊斯兰信仰而与笃信佛教的父亲和叔父们发生战争。又如，原来的《乌古斯可汗传说》只提到乌古斯可汗是回鹘人，拉施特却将乌古斯可汗的家族谱系与所有突厥语民族，甚至蒙古人联系在了一起。如此一来，乌古斯可汗就成为突厥语族诸民族与蒙古人的共同祖先。拉施特如此书写历史，一方面是因为乌古斯可汗的传说在中亚流传过程中，渐渐融入伊斯兰教的成分，拉施特本身就是位虔诚的穆斯林，故而也乐意把伊斯兰教的成分保存在乌古斯可汗的传说中。其中关于乌古斯可汗与其佛教徒亲属进行过战争的记载，或许是在影射信仰伊斯兰教的喀喇汗王朝[①]与信仰佛教的高昌回鹘间的战争。另一方面则由于拉施特供职于伊尔汗国宫廷，为蒙古统治者效力。当时统治中亚、西亚地区的蒙古贵族已经逐渐突厥化，吸收和借鉴了突厥语诸民族的文化。基于粉饰蒙古贵族对中亚突厥语民族统治合法性的政治目的，《史集》中便专门记载了这段虚构的突厥人与蒙古人的共同祖先记忆。完成于 1663 年的著名著作《突厥世系》也因袭了拉施特关于乌古斯可汗的这种记载。

回鹘的另一个祖先传说是卜古可汗的事迹。记录了 13 世纪高昌回鹘

① 喀喇汗王朝，也被后世学者称为“黑汗王朝”，是回鹘西迁后出现在中亚和中国新疆地区的古代政权。其民族构成非常复杂。但种种证据表明，喀喇汗王朝的统治部落样磨人当出自回鹘。参见王小甫：《从回鹘西迁到黑汗王朝》，《新疆社会科学研究》1984 年第 14 期。

首领巴而术阿而忒的斤及其子孙事迹的元代《亦都护高昌王世勋碑》对卜古可汗的传说记载如下：

> 盖畏吾儿之地有和林山，二水出焉，曰秃忽刺，曰薛灵哥。一夕，有天光降于树，在两河之间，国人即而候之，树生瘿，若人妊身然，自是光恒见者，越九月又十日，而瘿裂，得婴儿五，收养之，其最穉者曰兀单卜古可罕，既壮遂有其民人土田，而为之君长。传四十余君，凡五百二十载，是为阿力祕畢立哥亦都护可汗，其国主号也，数与唐人相攻战，久之乃议和亲，以息民而罢兵，于是唐以金莲公主妻可汗之子葛励的斤，居和林，别力跛力答，言其常所居山也①。

碑文中的“秃忽刺”水即土拉河，“薛灵哥”水即色楞格河。按这则传说，回鹘祖先共兄弟五人，生于蒙古高原上土拉河与色楞格河之间大树的树瘤中。其中最小的名叫兀单卜古可汗，简称卜古可汗或不可汗。他创立了回鹘人最早的国家。“卜古”在突厥语中有“树瘿”之意，所以也有学者把卜古可汗称为“树瘿可汗”。突厥语中，把“神圣”一词与包括树瘿在内的一切肿块都称为Bogo，因此，极有可能正是因为回鹘人将祖先视为圣人，回鹘又有崇拜树木的传统，所以逐渐演变出了这则回鹘祖先生于树瘿的传说②。

传说中的这位卜古可汗，在历史上是否真有其人？其历史原型是谁？目前学界并无定论。一般认为，卜古可汗就是元代欧阳玄所撰《高昌偰氏家传》中提到的回鹘先祖“普鞠可汗”。可是对于这位“普鞠可汗”，欧阳玄仅是一笔带过，未做介绍。元代黄缙《辽阳等处行中书省左丞相亦辇真公神道碑》中也简略记载了回鹘祖先生于树瘿的传说。该碑文提到，卜古可汗兄弟五人中有四人在出生后夭折，只有卜古可汗活了下来。因为出生神异，当地国王将女儿嫁给了卜古可汗，并把王位让出，高昌回鹘王统即源出于此。一些学者据此认为，传说中的“卜古可汗”

① 董文弼：《亦都护高昌王世勋碑复原并校记》，《文物》1964年第2期。

② 钱伯泉：《畏兀儿人的族源传说研究》，《喀什师范学院学报》2005年第1期。

即高昌回鹘始祖仆固俊，“卜古”乃“仆固”的对音[①]。

但与此不同的观点有很多。13世纪波斯史学家志费尼在《世界征服者史》中提到，在他生活的年代（13世纪），曾有卜古汗就是古代波斯传说中的人物阿甫剌西牙卜（Afrasiyab）的说法。瑞典著名东方学家多桑曾推测，卜古可汗是建立回鹘汗国的骨力裴罗。德国探险家阿尔伯特·冯·勒柯克认为，卜古可汗乃是将摩尼教引入回鹘的牟羽可汗。勒柯克的依据有二：一是卜古（Boquq）与牟羽（Bögü）在读音上近似（在古回鹘语中，b、m相通，g、y相通）；二是有一份在吐鲁番出土的摩尼教文献残片记载说，卜古可汗曾要求高昌的摩尼教慕阇（摩尼教首脑称号）派遣三位摩尼教高僧传教，这与历史上牟羽可汗引入摩尼教高僧的事迹相仿，故而可以推定他就是牟羽可汗。日本学者安部健夫则将《九姓回鹘可汗碑》中第13行“□汗宰衡之时，与诸相殊异，为降诞之际，祯祥奇特”一语与卜古可汗的传说联系起来，认为卜古可汗乃是怀信可汗。中国学者王静如在《突厥文回纥英武威远毗伽可汗碑译释》一文中推测，卜古可汗即回鹘首领菩萨。还有学者认为，既然《亦都护高昌王世勋碑》提到卜古可汗身后五百二十年，有“阿力�毕立哥亦都护可汗”即位，而其子“葛励的斤”与唐朝和亲，娶“金莲公主”为妻；那么这位“葛励的斤”显然就是回鹘历史上第一位与唐朝和亲的君主葛勒可汗，其父“阿力祕毕立哥亦都护可汗”便是建立回鹘汗国的骨力裴罗。而从骨力裴罗建立回鹘汗国往前追溯五百二十年，相当于中原的三国时代，彼时回鹘尚不见于史书记载，因此卜古可汗无史可考，只是传说中人物[②]。以上种种，可谓说法纷繁，莫衷一是。

志费尼所著的《世界征服者史》一书中也有卜古可汗的传说[③]，比《亦都护高昌王世勋碑》记载更加详细，并存在若干细节差异。志费尼提到，传说在秃忽剌河与薛灵哥河间，有两棵分别名为合木阑术

① 田卫疆：《“卜古可汗传说”史实解析——一把打开高昌回鹘史研究之门的钥匙》，《民族研究》2000年第3期。

② 钱伯泉：《畏兀儿人的族源传说研究》，《喀什师范学院学报》2005年第1期。

③〔伊朗〕志费尼著，何高济译，翁独健校订：《世界征服者史》，内蒙古人民出版社，1980年，第62—70页。

（Qamlanchu）与脱思（Toz）的大树。两树间有土丘，每夜受光芒照射。最后土丘裂开，有五个孩子生于其中。五子分别名叫孙忽儿的斤（Sonqur tegin）、火秃儿的斤（Qutur tegin）、脱克勒的斤（Tükel tegin）、斡儿的斤（Qr tegin）、不可的斤（Buqu tegin）。风吹在五子身上，他们就变得强壮起来，可以行走。五子被附近部落收养，懂事后拜合木阑术与脱思两棵大树为父母，加以崇拜。后来年纪最小的不可的斤因为生性聪慧，被部落民众拥立为汗，即不可汗（卜古可汗）。此后有一位少女样貌的神仙在夜间来见不可汗，告诉他将来会肩负统治世界的使命。于是不可汗指挥四位兄长东征西讨，征服了整个东方。后来不可汗又得一梦，见一白衣男子送给了他一块象征统治西方的宝玉。醒来后不可汗用了十二年征服了西方之地，建立了八拉沙衮（即后来的喀拉汗王朝首都）、别失八里（即后来高昌回鹘的政治中心）等城。

在志费尼这个版本的卜古可汗传说中，五子生于土丘中，而不是树瘿中。这可能是因为古代回鹘人视土丘为大地的肿块，也称为Bogo，故而跟树瘿混为一谈，于是衍生出了回鹘祖先生于树间土丘中与生于树瘿中这两个不同版本的传说[①]。志费尼还提到："畏兀儿人认为他们世代繁衍，始于斡儿寒（即鄂尔浑）河畔……畏兀儿人则在斡儿寒河岸形成两支。当他们人数增多时，他们效仿别的部落，从众人当中推选一人为首领，向他表示臣服。这样一直过了五百年，才出现不可汗。"这则记载明确指出回鹘先民分为两支，从而透露了关于回鹘族源的某些关键信息。

《史集》在题为"畏兀儿部落"的篇章中，也有一则相关传说[②]。"畏兀儿部落"中说，在古时候回鹘人居住地，有一个地方有十条河（这十条河被称为温－斡尔寒，指鄂尔浑河的十条支流），还有一个地方有九条河。住在十条河沿岸的回鹘人称"温（On）－畏兀儿（回鹘）"，住在九河沿岸的回鹘人称"脱忽思（Tuguz）－畏吾儿（回鹘）"，他们共同组成了回鹘人。最初回鹘人并没有统一的首领，于是全体回鹘人经过商议，选举出了两位首领，一位名叫"忙古台"，被授予"亦勒－亦勒迪必儿"（Ail-

① 钱伯泉：《畏兀儿人的族源传说研究》，《喀什师范学院学报》2005年第1期。

② 《史集》第1卷第1分册第3编，第239—246页。

Ailtibir)[①]的称号；另一位姓名不详，被授予的称号为“古勒－亦儿勤”（Kūl-Airkin）[②]。他们的氏族（兀鲁黑）统治了回鹘百年之久。

“忙古台”是一个蒙古式的名字。《史集》的作者拉施特彼时在伊尔汗国的宫廷中效力。因而他基于某种原因拿蒙古人的名字附会到回鹘人的祖先传说中不足为奇。根据一些学者的研究，“忙古”即“蒙哥”的异译，在蒙古语中意为“神圣”“长生”，“台”则是蒙古语中表示人性的助词。蒙古语“忙古”一词在突厥语中应读作Bogo，即“卜古”。所以拉施特所说的这位“忙古台”，应当就是卜古可汗[③]。只不过，在拉施特的笔下，卜古可汗褪去了神话色彩，没有了神异的出生传说，也没有做到可汗，而仅是拥有“颉利发”称号的部落联盟首领。

值得注意的是，《磨延啜碑》北面第三行有“十姓回纥”（On Uyghur）与“九姓乌古斯”（Toquz Oghuz）两个词作为族群名称出现。碑文未解释“十姓回纥”与“九姓乌古斯”究竟指何人，但拉施特所说的住在十条河流岸边的“温（On，即“十”的意思）－畏兀儿（回鹘）”与住在九河沿岸的“脱忽思（Tuguz，即“九”的意思）－畏吾儿（回鹘）”却恰好可以与这两个词对应起来。而拉施特的记载又与志费尼关于回鹘先民分布为两支的说法暗合。基于这些证据，我们可以确定回鹘是由“十姓回纥”与“九姓乌古斯”两大集团所构成的。

由于在拉施特的记载中，温（On）－畏兀儿由十六个部落组成，而并非十个部落，所以“十姓回纥”的“十”应当得名于他们所驻牧的地区有十条河流。“十姓”泛指十条河流域间的诸多部落。相应的，“九姓乌古斯”也非实指某九个部落。“九姓”得名于他们所生活的九河沿岸地区。在生活于蒙古高原上的阿尔泰语系诸民族中，“九”是吉祥之数，代

---

① 现代学者们认为Ail是Il的波斯语变音，意思是国家。Ailtibir应当作Iltaber，即汉文史料中所记载突厥、回鹘汗国的高官称号“颉利发”。两词连用，应当是国王、大首领之意。

② 一般认为，“Kūl”即古代突厥、回鹘贵族尊号汉译里常见的“阙”，意为“大”“总”。“Ailkin”为“Ilkin”的波斯语音变，汉译为“俟斤”。在突厥、回鹘官号里，“俟斤”比“颉利发”地位要低，可见“古勒－亦儿勤”在这里应是副首领之意。

③ 钱伯泉：《畏吾儿人的族族源传说研究》，《喀什师范学院学报》2005年第1期。

表“整数”，含有“众多”的意思。所以“九姓”其实就是“诸姓”的意思，泛指许多部落[①]。

“十姓回纥”“九姓乌古斯”两个词并不见于汉文史料记载。而就已知的突厥、回鹘汗国时期碑铭来看，“十姓回纥”仅在《磨延啜碑》中出现过。这个“十姓回纥”究竟由哪些人组成，由于史料失载，至今难有定论。而“九姓乌古斯”在突厥、回鹘汗国时期的碑铭中有多处记载。一般认为，“九姓乌古斯”就是汉文史料中频频提到的“九姓铁勒”。

所谓“九姓铁勒”，指的是隋唐时期漠北铁勒人为反抗突厥人统治而形成的部落联盟。其“九姓”之意，如前文所述，泛指众多部落。回鹘部也属于九姓铁勒联盟的成员。至于《磨延啜碑》中提及的“十姓回纥”，很可能是早期回鹘部的别称。所以“十姓回纥”最初应属于“九姓乌古斯”一部。只是在回鹘汗国建立后，“十姓回纥”作为统治部族，地位特殊，遂在回鹘的文献记载中被单独析出，成为与“九姓乌古斯”并列的概念。伴随着九姓铁勒诸部融入回鹘，无论“十姓回纥”，还是“九姓乌古斯”，对外均称“九姓回鹘”，从而正式形成了回鹘民族。因之，回鹘可汗也被中原史家称为“九姓可汗”[②]。

囿于“九姓”之名，汉文史料把“九姓回鹘”之“九姓”解释为铁勒人当中九个确指的部落。《唐会要》载：“其九姓，一曰回纥，二曰仆固，三曰浑，四曰拔曳固，五曰同罗，六曰思结，七曰契苾。以上七姓部，自国初以来，著在史传。八曰阿布思，九曰骨仑屋骨恐。此二姓天宝后始与七姓齐列。”[③]然而《旧唐书》所记载的“九姓”却是：“一曰药罗葛，即可汗之姓；二曰胡咄葛；三曰咄罗勿；四曰貊歌息讫；五曰阿勿嘀；六曰葛萨；七曰斛嗢素；八曰药勿葛；九曰奚耶勿。”[④]两部史书所说的“九姓”部落完全不同。面对这种记载矛盾的情况，日本学者羽田

① 杨圣敏：《回纥史》，广西师范大学出版社，2008 年，第 23—26 页。

② （宋）王溥：《唐会要》卷 98《回纥》，中华书局，1955 年，第 1743 页。

③ 《唐会要》卷 98《回纥》，第 1744 页。

④ （后晋）刘昫等：《旧唐书》卷 195《回纥传》，中华书局点校本，1975 年，第 5198 页。

亨提出了回鹘由“内九族”“外九部”组成的假说[①]。根据羽田亨的观点，“内九族”即《旧唐书》所说的药罗葛、胡咄葛、咄罗勿、貊歌息讫、阿勿嘀、葛萨、斛嗢素、药勿葛、奚耶勿，乃是组成回鹘（回纥）本部的九个氏族，属于回鹘最核心的人群。“内九族”所组成的回鹘部，又与仆固、浑、拔曳固、同罗、思结、契苾、阿布思、骨仑屋骨恐这八个铁勒部落共同组成了九姓回鹘部落联盟，此即《唐会要》所说之“九姓”及《磨延啜碑》所说的“九姓乌古斯”。他们可以被称为“外九姓”或“外九部”，属于广义上的回鹘人。

羽田亨提出的这种说法，调和了《唐会要》与《旧唐书》记载的矛盾之处，也可以嵌合《磨延啜碑》关于“十姓回纥”“九姓乌古斯”的记载（一些学者认为，回鹘汗国建立前后，可能又有某个氏族加入“内九姓”，合为“十姓回纥”），故而影响很大。20世纪50年代，冯家昇、程溯洛、穆广文编著的《维吾尔族史料简编》便采纳了这一观点。但反对这种说法的学者也有很多。一些研究认为，回鹘诸部可能并无内、外之分[②]。事实究竟如何，向来聚讼纷纭，迄无定论，尚需人们进一步研究。

其实“内九族”也好，“外九部”也罢，无疑都是唐朝人在不同时期所了解到的构成回鹘的几个代表性部落。《唐会要》中涉及德宗朝以前史事的部分因成书年代较早，[③]故其所列“九姓”（即羽田氏所称的“外九部”）实际上就是唐朝初年已被中原人熟知的九姓铁勒联盟中的九个著名部落。其中回鹘、仆固、浑、拔曳固、同罗、思结、契苾七部，“自国初以来，著在史传”[④]。而稍晚出现的阿不思部（实为思结别部），在唐玄宗天宝年间也已见于史书记载。回鹘一统漠北后，九姓铁勒大多成为回鹘

① 转引自〔日〕片山章雄：《关于Toquz Oγuz和“九姓”的若干问题》，邢玉林、刘世哲译，《民族译丛》1986年第5期。

② 〔日〕片山章雄：《关于Toquz Oγuz和“九姓”的若干问题》，邢玉林、刘世哲译，《民族译丛》1986年第5期。

③ 《唐会要》是王溥在苏冕《会要》、崔铉《续会要》基础上修成。故《唐会要》虽然成书于宋初，但关于回鹘的记载，其文本来源却是《会要》和《续会要》。

④ 《唐会要》卷98《回纥》，第1744页。

王族药罗葛氏臣属。故回鹘可汗“兼九姓之号”。

然而从初唐至中唐，经过一百多年的发展，回鹘内部的构成情况难免发生变化。苏冕在修《会要》时，因不了解回鹘实情而将这些“自国初以来，著在史传”的旧资料不加修订地录入书中，致使其所记载的“九姓”与天宝以后回鹘内部的实际情况发生脱节。

《旧唐书》则无此弊。后晋史官在编撰《旧唐书》时，由于搜集了大量中晚唐史料，所以《旧唐书》所记“九姓”，当为中唐以后才渐为唐朝人所知的回鹘九个重要部落，资料更新。这便是《唐会要》与《旧唐书》关于“九姓”记载存在差异的原因。

据成书于8—9世纪的吐蕃文献《北方若干国君之王统叙记文书》[①]记载，当时漠北有回鹘可汗所统领的“九部落联盟”，族姓为“药罗葛”。可见，“药罗葛”不仅是“回鹘可汗之姓”，而且也可以作为可汗所统领之“九部落联盟”的名号。“药罗葛”本身或即为一大部落或部落联盟，而并非是羽田亨所猜测的构成回鹘部落的一个“氏族”。《北方若干国君之王统叙记文书》又载，当时漠北还有一个名为“合都葛”的部落。此部落可能即《旧唐书》所列“九姓”中的“胡咄葛”。《北方若干国君之王统叙记文书》中的这些记载，与《旧唐书》有相合之处，可互为佐证，足见《旧唐书》关于“九姓”的记载要比《唐会要》更符合实际情况。

不过《旧唐书》对“九姓”的记载，也并非全然准确。其误就在于把“九姓”框定为九个部落，因而漏掉了其他“九姓”部落。例如，仆骨（仆固）、浑、同罗等部，在8世纪以后的汉文史料中仍有零星记载。特别是仆骨部，因与王族药罗葛氏累代联姻（牟羽可汗、忠贞可汗皆曾娶仆骨氏之女为妻），直至回鹘西迁，其仍是活跃在回鹘政治舞台上的重要势力。如此重要的部落，自然是“九姓回鹘”的组成部分。但《旧唐书》却未将其列入回鹘所统领之“九姓”，而是把该部列入《铁勒传》中。这可能因仆骨部历经分化组合，与回鹘结合更加紧密，加之草原民族有尚“九”之俗，故在所统治部落数量增加后，回鹘人对外不再将其作

---

① 王尧、陈践译注：《北方若干国君之王统叙记文书》，《敦煌吐蕃文献选》，四川民族出版社，1983年，第159—172页。

为一个单独部落列出[①]。《旧唐书》的作者误认为“九姓”只能有九个部落。既然“九姓”为药罗葛、胡咄葛、咄罗勿、貊歌息讫、阿勿嘀、葛萨、斛嗢素、药勿葛、奚耶勿，那么仆骨部便不能再列入“九姓”之数，因而忽略之。其他几部，可能也基于同样的原因没有被《旧唐书》列入“九姓”。

以上便是回鹘的祖先传说以及由传说所引发的对于回鹘民族人群构成的探讨。这些祖先传说，演绎的成分较大，史实部分相对笼统、模糊，对于人们研究回鹘族源问题主要起旁证和参考作用。要想弄清回鹘先世的历史，还需要结合对回鹘历史记载相对系统的汉文史料来进行考察。

## 第二节　回鹘先世溯源

回鹘先世最早可以追溯到商、周时期的鬼方，也称狄、翟或狄历。据《魏书·高车传》《北史·高车传》《新唐书·回鹘传》的记载，狄的一部分后裔形成了丁零人（狄历即丁零）。居住在蒙古高原上的丁零，在南北朝时也被称为高车，隋朝时又被称为铁勒。高车、铁勒人当中的袁纥部（隋朝时被称为韦纥）就是回鹘的先民。

### 一、狄、丁零与高车、铁勒

鬼方是商、周时居于西北的部落。由于与中原毗邻而居，鬼方与中原地区的华夏文明曾进行过长时间的接触和交往。甲骨卜辞、金文与传统文献中均有关于商、周王朝与鬼方作战的记录。周朝人也把鬼方称为翟或狄。周王室及北方许多诸侯国不仅与群狄进行过战争，也进行过结盟和联姻。被认为是狄人文化遗存的早期阶段（前 2000—前 500）鄂尔

---

① 《北方若干国君之王统叙记文书》中说在回鹘可汗的“九姓部落联盟”中，其门上均树有“九面幡标”（《敦煌吐蕃文献选》，第 162 页）。《突厥语大辞典》收录了 Toquz Tuqloq qan（有九面旗帜的可汗）一词，解释说：“无论国王统下的领地如何增多，其品衔如何升高，他的旗帜数不得超过九面。因为数字九被认为是吉祥的。”（麻赫默德·喀什噶里编，突厥语大辞典课题组译：《突厥语大词典》（第三卷），民族出版社，2004 年，第 124 页）。根据这些资料可知，回鹘可汗以九面幡标（旗帜）来象征“九姓”，不论所统治部落数量有多少，一律不增益九姓旗帜。相应的，回鹘在对外宣称自己所统属的部落名称时，很可能也只会列举其九，许多与回鹘融合程度较深的部落或力量微小的部落，均以“药罗葛”之名代之。

多斯青铜文化，其器物带有明显的中原风格，表明了当时狄人与中原文化交往之密切。

随着人口增长，狄人分布范围不断扩大。在辗转迁徙的过程中，狄人也分成了不同的部落集团。在周朝时，已有白狄、赤狄、长狄之分。迁徙的狄人一部分向东进入河北、山西北部，之后进一步南下深入中原地区，与各诸侯国杂处，逐渐与华夏融合，成为汉族先民之一。另一部分则向北迁徙，他们中的一部分留居在阴山一带，后来成为匈奴的一部分；还有一些人继续北上，抵达了漠北和南西伯利亚一带。

苏联考古学家在分布于南西伯利亚、鄂毕河上游、贝加尔湖地区、米努辛斯克盆地及阿尔泰和哈萨克斯坦部分地区的卡拉苏克文化遗址中发现了大量带有中国上古风格的陶器、青铜器等器物，其中不少与狄人的鄂尔多斯青铜器完全相同。在卡拉苏克文化墓葬中出土的人骨，带有明显的蒙古人种华北类型特征，而与创立了阿凡纳谢沃文化与安德罗诺沃文化的南西伯利亚原住民在外表上有所不同①。所以，卡拉苏克文化可能就是北迁至当地的狄人与当地原住民融合后建立的。

南北朝时期的汉文文献对这支北迁狄人的后裔有较为明确的认识。例如，《魏书·高车传》载："高车，盖古赤狄之余种也，初号为狄历，北方以为敕勒，诸夏以为高车、丁零。"②据此可知，北迁的狄人乃是赤狄的一支，其后裔就是汉代所说的"丁零"人，以及南北朝时期的高车人。

丁零亦作丁令、丁灵、钉灵。他们的语言属于阿尔泰语系突厥语族。现存史料中，最早记载丁零人事迹的是《史记·匈奴列传》。按照司马迁的描述，丁零人在匈奴之北，大约在前 3 世纪驻牧于"北海"（今贝加尔湖）一带，其活动范围大致在贝加尔湖以南，土拉河以北。丁零曾被匈奴冒顿单于所征服。其后的《汉书》也对丁零有零星记载。历史上，丁零并不甘于臣服匈奴，而是屡屡侵逼匈奴北疆。以至于苏武被匈奴人安排到"北海"牧羊时，其羊群就曾遭到丁零人的盗掠。汉和帝永元三年（91），盘踞漠北的北匈奴被东汉击破，被迫向西迁徙，漠北空虚。丁零

① 〔苏联〕C. B. 吉谢列夫著，王博译：《南西伯利亚古代史》（上册），新疆人民出版社，2014 年，第 57、58 页。

② （北齐）魏收：《魏书》卷 103《高车传》，中华书局点校本，1974 年，第 2307 页。

趁机扩大活动范围。一部分丁零人生活在鄂毕河上游的库兹涅茨盆地、叶尼塞河上游的米努辛斯克盆地和阿尔泰山区，被称为西部丁零；另一部分丁零人则活动于贝加尔湖周围及其以南的广大蒙古高原之上，被称为东部丁零。回鹘的先民便源自东部丁零的一部分①。还有一些丁零人则向南进入河西走廊，并在魏晋南北朝时入塞，逐渐融合于中原人当中。

散布在蒙古高原上的那部分丁零人，“俗多乘高轮车”②，以制作高轮大车著称，因此在南北朝时期被北魏人称为“高车丁零”，并以“高车”之简称而名著于史籍。自高车丁零人被简称为“高车”后，北魏人虽然还在使用“丁零”一词，但往往专指魏晋时期入塞的那一部分丁零人，并不包括居于塞外的高车丁零。高车人的“丁零”古称渐渐被北魏人隐而不用，取而代之的是丁零的另外一种音译“敕勒”。此后，“高车”“敕勒”并见于文献，都是北魏对蒙古高原上丁零人的称谓。

北魏之后，“高车”“敕勒”两个称谓在文献记载中渐渐减少，取而代之的是“铁勒”（也作“特勒”）。按照现在学界的基本意见，丁零、敕勒、铁勒为同名异译③，一脉相承。根据文献记载，回鹘人的祖先便属于高车、铁勒。例如，《旧唐书·回纥传》载：“回纥，其先匈奴之裔也，在后魏时，号铁勒部落。其众微小，其俗骁强，依托高车，臣属突厥，近谓之特勒。”④《新唐书·回鹘传》载：“回纥，其先匈奴也，俗多乘高轮车，元魏时亦号高车部，或曰敕勒，讹为铁勒。”⑤

---

① 杨圣敏：《回纥史》，第12、13页。

② 《新唐书》卷217上《回鹘传上》，第6111页。

③ “丁零”在古汉语中读作 $t^{h}ie\eta$ $lie\eta$，与“铁勒”“特勒”的古音相近。故学者们认为“丁零”即“铁勒”。而“敕勒”在北魏时音似“特勒”，也与“铁勒”古音相近。清代学者钱大昕在《十架斋养新录》中曾说：“古人读敕如忒。”按照王力的拟音系统，“敕”在上古汉语中的读音为“$t^{h}\breve{i}\partial k$”，与中古汉语中的“铁”（$t^{h}iet$）、“特”（dək）二字读音相仿，且均为入声字。但是到了隋唐时期，“敕”字的声母发生改变，由透母变成了彻母，其读音已不能再用于音译敕勒族名。人们便换用“铁勒”“特勒”来取代旧译。唐代以后，人们已不知晓“敕勒”曾与“铁勒”“特勒”读音相近，故宋人编修的《新唐书·回鹘传》中有“或曰敕勒，讹为铁勒”之语，把“铁勒”当成了“敕勒”的讹写。

④ 《旧唐书》卷195《回纥传》，第5195页。

⑤ 《新唐书》卷217上《回鹘传上》，第6111页。

《旧唐书》《新唐书》都指出了回鹘与高车、铁勒的渊源关系，但是将回鹘祖先追溯到匈奴是不正确的。《旧唐书》《新唐书》之所以将高车、铁勒、回鹘的祖先记载为匈奴，与丁零曾在前3世纪末被匈奴冒顿单于征服有关。在古代蒙古高原，弱部臣服于强部后，往往会因归附强部而被冠以强部族号。例如，1世纪，漠北匈奴式微，鲜卑崛起。于是原先自称匈奴的塞北诸部在转而归顺鲜卑后，皆“自号鲜卑”①，成为鲜卑的组成部分。又如，在蒙古民族形成的过程中，“由于成吉思汗及其宗族的兴衰，由于他们是蒙古人，于是各有名字和专称的（各种）突厥部落，如札剌亦儿、塔塔尔、斡亦剌惕、汪古惕、客列亦惕、乃蛮、唐兀惕等，为了自我吹嘘起见，都自称是蒙古人”②，等等，不一而足。丁零被匈奴统治，故而被视为匈奴属部。但政治上役属于匈奴，不等于与匈奴是同一“民族”。后世的一些中原史家对此没有详辨，而是用了“匈奴之裔”这个模糊的表述，从而把丁零对匈奴在政治上的附属关系与族属关系混同起来，这是需要纠正的。

隋朝时铁勒人的部落数量极多，地域分布广大。《隋书·铁勒传》中所列举的铁勒部落多达40个，回鹘（当时译作韦纥）便是众多铁勒部落中的一个。

6世纪中叶，一个以阿史那氏为核心的铁勒部落迅速崛起，建立了强大的政权，并统一了蒙古高原，包括回鹘在内的众多铁勒部落都成为它的属部。中原人根据西域粟特商人或漠北柔然人传入内地的见闻，把这个君临蒙古高原的阿史那姓部落及其建立的政权称为“突厥”，并认为是“兜鍪”（即战盔）的意思③。

① （宋）范晔撰、（唐）李贤等注：《后汉书》卷90《乌桓鲜卑列传》，中华书局点校本，1965年，第2986页。

② 《史集》第1卷第1分册第1编，第116页。

③ 《隋书》《北史》皆说突厥世居“金山之阳”，因金山（今阿尔泰山）形似兜鍪，而当地语言又管兜鍪叫作“突厥”，故阿史那部以“突厥”为族号。这是古代中原史家的认识。根据8世纪的突厥文碑铭，突厥人自称Türk。当代学者们多数认为Türk其实是铁勒的另一种音译。不过，在古代汉文史籍中，铁勒泛指欧亚大陆上语言属于突厥语族的人群，突厥则是用来专指建立突厥汗国的那一部分铁勒人，以及他们所建立的突厥汗国。

在突厥兴起之前，统治蒙古高原的是柔然汗国。546年，铁勒诸部联兵反抗柔然的统治。在这次战争中，原本隔岸观火的突厥酋长土门可汗（又称伊利可汗）却趁诸部不备，半路邀击，大破铁勒，并征服了他们。突厥依托从铁勒强征来的物资人力，四处征伐，控制了北方草原地区。因此《北史·铁勒传》说："自突厥有国，东西征讨，皆资其（铁勒）用，以制北荒。"① 突厥的霸业，是建立在剥削铁勒人力和财物的基础上的。因之，突厥贵族与治下的铁勒部落渐渐积累了很深的矛盾。隋文帝在开皇三年（583）讨伐突厥的檄文中称："（突厥）世行暴虐，家法残忍……部落之下，尽异纯民，千种万类，仇敌怨偶，泣血拊心，衔悲积恨。"② 这便反映了突厥贵族与治下铁勒诸部的矛盾。分布在色楞格河与土拉河流域的许多铁勒部落结成联盟，不断反抗突厥的统治。突厥人把漠北这些不服从统治的铁勒部落统称为"九姓乌古斯"（Toquz Oghuz，也翻译作"九姓乌护"），即汉文史料中的"九姓铁勒"③。九姓铁勒联盟，主要包括回鹘、仆固、同罗、拔野古（又作拔曳固）、思结、覆罗等部落。回鹘兴起后，蒙古高原上的大多数铁勒诸部渐渐融合于回鹘，人们便使用"九姓回鹘"一名替代了"九姓铁勒"。于是8世纪中叶以后，"铁勒"名号遂不见于历史记载。

## 二、回鹘先民袁纥部的活动

回鹘源自高车、铁勒，并不意味着回鹘完全等同于高车、铁勒。事实上，回鹘的先民只是高车、铁勒诸部中的一支。据《魏书》载，在南北朝时期的高车人当中，有六个强大部落，即狄氏、袁纥氏、斛律氏、解批氏、护骨氏、异奇斤氏④。《新唐书·回鹘传》说："袁纥者，亦曰乌护，曰乌纥，至隋曰韦纥。……大业中……韦纥乃并仆骨、同罗、拔野

① （唐）李延寿：《北史》卷99《铁勒传》，中华书局点校本，1974年，第3303页。

② （唐）魏徵、令狐德棻：《隋书》卷84《突厥传》，中华书局点校本，1973年，第1866、1867页。

③ 杨圣敏认为，土拉河的名称，在突厥语中有"九"的意思。"九姓乌古斯"或"九姓铁勒"之所以被称为"九姓"，可能与他们当中不少部落驻牧于土拉河流域有关。杨圣敏：《回纥史》，第24页。

④ 《魏书》卷103《高车传》，第2307页。

古叛去，自为俟斤，称回纥。”[①] 据此可知，回鹘先民就是南北朝时高车人当中的袁纥氏（部）。

北魏道武帝登国五年（390），北魏与高车发生战争。高车虽然部落众多，分布广泛，但没有统一的政权，力量分散，很容易被外敌各个击破。在这次战争中，袁纥部遭到了北魏人的袭击。史载：“（登国五年春三月）帝西征，次鹿浑海，袭高车袁纥部，大破之，虏获生口、马牛羊二十余万。”[②] 是为袁纥部第一次出现在历史记载中。从这则记载来看，当时的袁纥部就活动在鹿浑海附近，即今蒙古国鄂尔浑河上游的色楞格河流域。而北魏能从袁纥部那里虏获如此之多的人口、牲畜，证明袁纥部当时的确是一个很强大的部落。

北魏道武帝天兴六年（403），北魏派将领伊谓率两万骑兵击破袁纥与乌频[③] 的联军。就这样，袁纥作为北魏政权武功煊赫的注脚而被中原统治者又一次载入史册。在此之后，袁纥一度被北魏征服，与许多被征服的高车部落一样，被迁徙到漠南地区[④]。当时北魏在北方边境地区设置了若干军镇以捍御边疆。历年来归附的高车各部均受到北魏各个军镇的监视和管制，被分而治之。北魏人称呼这些高车人为“敕勒”，并以安置地域加以分别。比如，被迁居至长城附近的高车人，以武周塞（今山西省左云县南）为界，以西的部分称为西部敕勒，以东的称为东部敕勒，而

① 《新唐书》卷 217 上《回鹘传上》，第 6111 页。

② 《魏书》卷 2《太祖本纪》，第 23 页。

③ 此处依据中华书局 1974 年点校本《魏书》卷 103《高车传》：“伊谓帅二万骑北袭高车余种袁纥、乌频，破之。”这句话在中华书局 1974 年点校本《北史》卷 98《高车传》作：“伊谓帅二万骑北袭高车余种袁纥乌，频破之。”周伟洲认为，无论《魏书》《北史》，“乌”字后面皆脱一“纥”字，原文应作：“北袭高车余种袁纥、乌纥，频破之。”（周伟洲：《敕勒与柔然》，上海人民出版社，1983 年，第 22 页）。钱伯泉则认为，“乌频”实为“乌顾”之误写，“乌顾”即“护骨”（钱伯泉：《维吾尔族的族源及其发祥地问题研究》，《新疆社会科学》2010 年第 4 期）。学界认为，“乌纥”“护骨”可能都是“乌古斯”的另外一种音译。唐代回鹘由“十姓回纥”“九姓乌古斯”两大集团构成。根据周、钱二学者对于“北袭高车余种袁纥、乌频，破之”的见解，则南北朝时期已有“十姓回纥”“九姓乌古斯”两大集团的雏形。

④ 将历年战争中所征服的高车部落分别安置在漠南直至长城附近，是北魏的传统做法。为此，北魏专门设立了高车中郎将一职来管理被征服的高车人。

依漠南而居的就被称为北部敕勒。有时北魏也用军镇名称来称呼其所管辖的敕勒人，如高平镇敕勒、连川敕勒等。

北魏统治者向高车人每年征收畜牧产品，数量之巨，甚至使北魏“国家马及牛、羊遂至于贱，毡皮委积”[①]，因而给高车人民带来了沉重负担。不仅如此，北魏还从高车人当中征兵作战。北魏孝文帝太和二十二年（498），北魏朝廷准备大举进攻南齐，命令高车发兵从征。高车人常年受北魏横征暴敛，积怨已久。此番孝文帝又从高车诸部大举征兵，终于引爆了高车人的不满情绪。高车诸部拒绝南征，奉袁纥部树者为主，发动了反抗北魏的起义。北魏发兵镇压，却战败而归，讨伐行动草草收场。树者率领部众返回漠北故地，归附了北魏的宿敌柔然汗国。但是树者旋即不堪忍受柔然人统治，表示愿意再次臣服北魏，并率部南归。北魏统治者鉴于之前征讨失败，也决定对起事的高车诸部采取招抚策略，于是双方让步，战事结束。

树者起义之后直至隋初，袁纥部的活动都不见于历史记载。不过高车人反抗北魏的暴动一直史不绝书，并非只有树者所领导的这一次起义。树者降魏后的数十年间，不断有高车部落趁机摆脱北魏统治，迁回漠北[②]。自树者南返后，袁纥部的部众应当是再次借助某次暴动的机会，脱离了北魏，重回漠北，从而与中原失去了联系，所以才会在汉文文献记载中一度消失。但袁纥部这次返回漠北的时间已经难以考订。

袁纥部再次见于文献，是在《隋书·铁勒传》中。《隋书》将“敕勒”写作为“铁勒”。在《隋书·铁勒传》所罗列的铁勒诸部名称中，有“韦纥”之名，这便是“袁纥”的另外一种音译。关于这点，前已有述。

除韦纥以外，据史书记载，在南北朝至隋代的焉耆以北诸地，还驻牧着名为乌护的部落。乌护又作乌讙、乌鹘、乌纥。《唐会要》卷100《结骨国》认为：“乌护则乌纥也，后为回鹘。”《新唐书·回鹘传》也称：“袁纥者，亦曰乌护，曰乌纥，至隋曰韦纥。”[③] 按照这些说法，乌护

---

① 《魏书》卷103《高车传》，第2309页。

② 段连勤：《丁零、高车与铁勒》，广西师范大学出版社，2006年，第248—253页。

③ 《新唐书》卷217上《回鹘传上》，第6111页。

就是隋代的韦纥，二者均是“袁纥”的同名异译。但是在《隋书·铁勒传》中，乌护、韦纥却被作为两个部落并列。而且乌护在隋代仍驻牧于今新疆天山一带，与韦纥所在的漠北地区相距遥远，因此有观点认为，乌护与韦纥在南北朝至隋初时，是“同时并存，既非一名，且非同族”[①]的关系。韦纥即高车六部中的袁纥氏，而乌护则是高车六部之一的“护骨氏”[②]。

既然如此，那么为什么有的史书会说乌护就是韦纥呢？其中一种解释是，乌纥、韦纥其实本为一族，由于种种原因而分据两地。《隋书》因居住地不同而将它们视为二部，把在漠北驻牧者称作韦纥，在天山附近驻牧者称作乌护，但实际上乌护、韦纥不过是同名异译罢了，故《唐会要》《新唐书》才说乌护就是袁纥、韦纥或回纥[③]。

还有一种观点得到了更多学者的认同，认为所谓“乌护”可能是西域以西的人们对于当时汉籍史书中所说“铁勒”的另一种称呼[④]，即突厥文碑铭中的 Oghuz（乌古斯）。中原史家在修《唐会要》与《新唐书》时，不明就里，将“乌护（铁勒）”与“回纥”混为一谈了。

不管韦纥与乌护在隋代是不是一部，但二者均属于铁勒一支确是毋庸置疑的。且汉文史料每提及九姓铁勒，突厥文碑铭每提及九姓乌古斯（九姓乌护），所指必包括回鹘。到了唐代，九姓铁勒（乌古斯）各部逐渐融于回鹘（韦纥）。因之，中原史家才会留下“袁纥者，亦曰乌护，曰乌纥，至隋曰韦纥”的说法。

① 王静如：《回纥毗伽可汗碑译释》，《辅仁学志》第 7 卷第 1、2 合刊，1938 年。

② 钱伯泉：《乌揭——阿尔泰历史和草原丝路的早期主人》，《西域研究》2000 年第 4 期。

③ 刘义棠：《维吾尔研究》，第 26 页。

④ 田卫疆：《回纥与漠北草原诸族关系初探》，《民族研究》2006 年第 4 期。

# 第三章　回鹘的历史变迁

高车袁纥部在摆脱北魏控制、返回漠北后，又先后受到柔然、突厥统治，陷入了1个多世纪的沉寂。直至隋唐之际，其后裔回鹘再度兴起于漠北。回鹘先是与仆骨、浑、拔野古、同罗、思结等部结成“九姓铁勒”联盟，共同反抗突厥人的统治。后来又历经百年曲折发展，终于在8世纪中叶统一蒙古高原，建立了强盛一时的回鹘汗国。回鹘汗国立国近百年，对8—9世纪中国历史产生了深远影响。840年，回鹘汗国崩溃。回鹘部众四散迁徙，或进入中原，或进入西域与河西走廊地区，继续书写新一阶段的历史篇章。

## 第一节　回鹘初兴

回鹘在隋朝初年活动于色楞格（Selenga）河流域。他们在反抗突厥人的战争中不断发展壮大。在东突厥汗国灭亡后，回鹘又与唐朝结盟，打败薛延陀人，一度成为漠北第一强部。此后回鹘先是经历了唐朝半个世纪的羁縻统治，在遭到后突厥汗国攻击后，又历经数十年曲折发展，为后来建立回鹘汗国积淀了力量。

### 一、回鹘在漠北崭露头角以及与突厥、薛延陀的较量

回鹘第一位有史可考的首领是时健俟斤。他的在位时间，据台湾学者李符桐考证，是605—610年[①]。从时健俟斤开始，史书中关于回鹘历史的记载开始明晰起来。

当时回鹘部活动于娑陵水（又作仙娥河，即今蒙古国色楞格河）流域，与其他铁勒部落一同受突厥汗国统治。突厥统治者把他们称为

---

① 李符桐：《回鹘史》，第34页。

“黑民”（Qara budun），视为低贱的仆从。突厥在沙钵略可汗在位期间（581—587年）陷入长期内战，并分裂为东、西两部分。铁勒各部苦于被突厥贵族混战所裹挟，不断谋求摆脱突厥统治。

隋炀帝大业元年（605），西突厥的泥撅处罗可汗征服漠北，对铁勒各部课以重税，却又忌惮铁勒强部薛延陀，于是坑杀铁勒酋长数百人，以弱其势。此举激起铁勒人反抗。铁勒契苾部与薛延陀部脱离泥撅处罗可汗，在车师前部（今新疆吐鲁番市交河故城）建立契苾－薛延陀汗国。回鹘的时健俟斤也借机联合色楞格河与土拉河流域的仆骨、浑、拔野古、同罗、思结等部一同反叛突厥，组成了松散的九姓铁勒联盟。各部的酋长都自号为俟斤（首领称号）。

数年之后，突厥复盛。漠北九姓铁勒联盟被迫归顺东突厥始毕可汗。契苾－薛延陀汗国则被西突厥统叶护可汗吞灭，部众离散。七万户薛延陀人在首领夷男率领下迁往漠北土拉河流域，暂时臣服于东突厥[①]。

夷男的迁入对漠北局势产生了巨大影响。据《隋书·铁勒传》载，薛延陀迁入前，漠北地区的铁勒部落主要有仆骨、同罗、回鹘（韦纥）、拔也古、覆罗、蒙陈、吐如纥、斯结、浑、斛薛等。这些部落加起来“胜兵可二万”。古代游牧民族战时全民皆兵。所谓“胜兵”，指部落中可以征召作战的成年男丁。而拥有七万户人口的薛延陀，在加盟九姓铁勒后，使得联盟军力增加了三倍以上，从而改变了九姓铁勒与东突厥汗国在漠北的力量对比。

此时回鹘首领时健俟斤已死，继位的是他的儿子菩萨。菩萨因精于射猎和战阵而受到部众佩服。他在时健俟斤生前曾遭其驱逐，原因不明。时健俟斤死后，菩萨被部众迎回担任首领。他每次临阵必身先士卒，常能以少胜多。其母乌罗浑负责处理部落中争讼之事，公平严明，也深孚众望。回鹘部正是在菩萨在位期间，迎来了崛起的契机。菩萨采取了与夷男结盟的策略，与之形成互为唇齿的关系，与夷男一道将实力冠绝漠北诸部的薛延陀推上了九姓铁勒联盟领导者的地位。夷男也投桃报李，

---

① 薛延陀人在漠北与西域皆有分布。追随夷男东迁者为西域的薛延陀人。关于夷男东迁的时间。两唐书记为贞观二年（628）。《通鉴考异》对此提出质疑。刘美崧先生在《通鉴考异》基础上考证后认为：夷男东迁当在武德九年（626）以前（刘美崧：《两唐书回纥传回鹘传疏证》，第106、107页）。此处从其说。

给予回鹘以联盟第二部落的地位。

夷男成为九姓铁勒联盟首领后，利用铁勒人对颉利可汗的不满情绪，起兵反抗突厥[①]。颉利可汗派儿子欲谷设[②]率兵讨伐。菩萨领五千回鹘骑兵迎战，击溃欲谷设大军于马鬣山。菩萨追击欲谷设至天山（即郁督军山，也作于都斤山，今蒙古国杭爱山），沿途俘虏大量人畜，使回鹘部得到极大补充，变成了"胜兵五万，人口十万人"[③]，实力接近薛延陀的强大部落。与欲谷设分统铁勒的突厥拓设阿史那社尔闻讯救援欲谷设，结果遭夷男邀击，大败。至此，东突厥对漠北的控制基本瓦解。以薛延陀为首的九姓铁勒控制了漠北地区。

在东突厥汗国的南方，是立国不久的唐朝。贞观元年（627），颉利可汗率军入侵唐朝。刚即位的唐太宗被迫在渭水便桥与突厥订立城下之盟。唐太宗对此深以为耻，一直为消灭东突厥汗国做着精心准备。当唐太宗得知铁勒人重创东突厥汗国后，遂于贞观二年（628）十一月，秘遣游击将军乔师望出使漠北，与九姓铁勒建立了联系，目的在于与铁勒人建立反突厥同盟。唐太宗册封夷男为真珠毗伽可汗，赐以鼓纛，承认他对九姓铁勒的统治。夷男欣然接受封号，与唐朝结盟，并设牙帐于郁督军山，建立了薛延陀汗国。而身为回鹘首领的菩萨则被夷男封为活（也作胡禄，意思为"大"）颉利发[④]，取代其原有称号俟斤，以示回鹘地位高于其他铁勒部落。这一时期，菩萨率回鹘部众自色楞格河南迁，在独乐水（今蒙古国土拉河）上建立牙帐，控制了郁督军山西北的色楞格河、鄂尔浑河及土拉河流域大片地区。

此时东突厥遭受天灾打击，内部矛盾也更加剧烈。几位重要的统兵贵族均叛离了颉利可汗。唐太宗认为灭亡东突厥的时机已到，便于贞观三年（629）十一月发兵征伐颉利可汗。九姓铁勒也在漠北响应唐军。次

---

① 铁勒人此次反抗的年代，《旧唐书·突厥传》记载为唐太宗贞观元年（627），《旧唐书·阿史那社尔传》则记为唐高祖武德九年（626）。

② 据《旧唐书》载，欲谷设是颉利可汗的儿子，《资治通鉴》则记其为颉利可汗"兄子"。"设"是突厥官职，又译作杀、察、煞、失等，是可以专制一方、统领别部兵马的高官。欲谷设与另一位拓设当时都是突厥派来管理铁勒诸部的长官。

③ 《旧唐书》卷 195《回纥传》，第 5195 页。

④ 俟斤、颉利发都是突厥汗国官号，后者要比前者地位更高。

年（630）三月，唐军俘获颉利可汗，东突厥汗国灭亡。其部众被唐朝迁徙到长城以南安置。

失去了共同敌人，薛延陀与唐朝、回鹘间的关系旋即发生微妙变化。一方面，薛延陀大肆吞并东突厥汗国故地，在漠北独大，引发了唐太宗“以其强盛，恐为后患”①的忧惧心理；另一方面，夷男在九姓铁勒中的重要支持者——回鹘首领菩萨去世，继任者吐迷度不甘心永远臣服夷男，暗中策划取而代之。

矛盾首先在唐朝与薛延陀之间爆发。贞观十三年（639），唐太宗下令册封亲唐的原东突厥汗国贵族阿史那思摩为可汗，使其率领十余万东突厥降众北返漠南复国，并遣使薛延陀，要求其将漠南之地让予阿史那思摩，与突厥人以碛（今蒙古高原大沙漠）为界，意在制衡薛延陀。夷男对此大为不满。贞观十五年（641），他趁唐太宗东巡洛阳准备封禅泰山之际，大举进攻驻牧于白道川的阿史那思摩部众。孰料唐太宗早有防备，分兵五路迎敌，大败薛延陀。次年（642），夷男为缓和关系，遣使向唐朝求婚。唐太宗起初答应和亲，但他很快察觉到九姓铁勒内部貌合神离，于是基于“今吾绝其婚，杀其礼，杂姓知我弃之，不日将瓜剖之矣”②的考虑，于贞观十七年（643）公然撕毁婚约，向铁勒诸部释放唐朝不再支持薛延陀的信号。

贞观十九年（645），夷男病死，其子拔灼杀兄自立，是为颉利俱利薛沙多弥可汗。多弥可汗靠武力夺权，统治根基并不稳固。他上台后一方面用高压政策维持统治，一方面发动与唐朝的战争，试图以战功树威。结果，多弥可汗滥杀立威的做法激化了与九姓铁勒的矛盾，对唐战争也不顺利。在即位的当年，多弥可汗入侵朔方失利，次年（646）正月，又败绩于夏州，国内骚然。

回鹘首领吐迷度看到薛延陀与诸部离心，便趁多弥可汗兵败夏州之际，联合仆骨、同罗等部起兵反叛。唐太宗也于同年发兵漠北。得知唐军来攻，薛延陀人大乱。控制不住局面的多弥可汗想投奔云中的阿史德时健部落，结果被回鹘半路邀击，兵败被杀。吐迷度戮其宗族，并占据

① 《旧唐书》卷199下《铁勒传》，第5344页。

② 《资治通鉴》卷197《唐纪十三》太宗贞观十七年，第6202页。

了薛延陀牙帐所在的郁督军山。

多弥可汗败亡后，夷男的侄子咄磨支被部众拥立为汗，率众西迁。咄磨支搜罗了七万多薛延陀余众，又得到由梯真达官与阿波达官所率的另外两支薛延陀残余势力的效忠，感到实力有所恢复，便想返回郁督军山故地。他遣使面见唐太宗，希望以去可汗号、对唐称臣为代价，换取唐朝对他返回郁督军山的许可。吐迷度听闻此事，针锋相对，请求唐朝制止薛延陀东返。

起初唐太宗同意薛延陀重返郁督军山，但是朝议却担心此举是放虎归山，于是唐太宗改变主意，派大将李勣带兵前往漠北，与回鹘联兵，相机行事。未几，唐太宗又向李勣下达了剿灭咄磨支的命令。在唐朝与回鹘联军打击下，咄磨支兵败被擒，余部被陆续招降。薛延陀汗国至此灭亡，而回鹘成为漠北第一强部。

## 二、吐迷度依附于唐朝

薛延陀汗国灭亡后，吐迷度虽欲取而代之，但形势并不允许他这样做。在与薛延陀的战争中，唐军深入漠北，将唐朝的势力伸展到了鄂尔浑河流域。羽翼未丰的吐迷度尚无力将唐朝逐出漠北。另外，彼时还有一支东突厥残余势力盘踞于金山，其首领是出身突厥王族的阿史那斛勃。东突厥败亡时，阿史那斛勃收拢残部，建牙于金山之北，自立为乙注车鼻可汗，与薛延陀对峙。薛延陀败亡后，乙注车鼻可汗虽假意向唐朝称臣，却不断扩充实力，隐隐有染指漠北之意，对回鹘与唐朝均构成了潜在威胁。面对这种情形，吐迷度只能选择依附于强大的唐朝，引而不发，静观时局。

贞观二十年（646）八月，回鹘与拔野古、同罗、仆骨、多滥葛、思结、阿跌、契苾、跌结、浑、斛薛共十一部一同遣使向唐朝贡。唐太宗亲至灵州（治所在今宁夏回族自治区灵武市境内）接见了他们。唐太宗赐予各部贵族数千人以都督、刺史、长史、司马等官衔。十二月，吐迷度又与铁勒各部首领亲至唐都长安朝觐。唐太宗热情地对他们表示：你们来归附我，就好比鼠儿得到了巢穴，鱼儿得到了水。不知我们这个巢、这汪水能否容纳你们。如果容纳不下，我就将巢扩大，将水弄得更深来容纳你们！我作为全天下的共主，要为所有的人谋求生存，而不论他是华夏还是夷狄；不安定的，我将使他得到安定；不快乐的，我将让他得到快乐！[1] 随后，唐太宗每隔五天就召见他们一次，并赐予大量财物。在唐朝的热情款待下，前来朝觐的铁勒首领们宴饮了一个多月，到贞观二十一年（647）正月才离开长安。

一番怀柔，使各部首领感受到极大的尊重。他们纷纷表示愿意在大漠南北专门开辟一条驿道，用于沟通唐朝，方便朝见“天至尊”（铁勒人对唐太宗的敬称）。此后，驿路很快开通，沿途设置驿站 68 处，“各有马及酒肉以供过使”[2]，加强了蒙古高原与内地的联系。铁勒归附标志着大漠南北尽入唐朝版图。当时草原各部承认唐朝的天下共主地位，称呼唐太宗为“天可汗”（可汗即皇帝，古代游牧民族有给可汗尊号加“天”字以示尊贵的习惯），这条驿路也就被草原人民命名为“参天可汗道”，成为中国古代民族交往历史上的一段佳话。

由于有薛延陀与唐朝为敌的前车之鉴，唐太宗决定放弃在铁勒诸部中扶植亲唐政权统治漠北的做法，改为对铁勒诸部实施更为严密的羁縻统治。也是在贞观二十一（647）年正月，唐朝在漠北正式设立六府七州以进行管理。漠北较大的部落皆被置为羁縻府州。

六府是：①回鹘部设为瀚海都督府（今蒙古国朱尔马台河畔），②多览部为燕然都督府（今蒙古国乌兰巴托附近），③仆骨（仆固）部为金微都督府（今蒙古国布尔金山脉一带），④拔野古部为幽陵都督府（今内蒙古自治区呼伦贝尔湖一带），⑤同罗部为龟林都督府（今蒙古国通格勒河流域），⑥思结为卢山都督府（今蒙古国肯特省）。七州是：①浑部为皋兰州，（一说漠北南部，一说今甘肃省河西走廊楚浑山一带），②斛萨（薛）部为高阙州（今内蒙古杭棉后旗），③阿跌部为鸡田州（今宁夏回族自治区灵武市境内），④契苾部为榆溪州（今内蒙古自治区乌拉特后旗），⑤跌结部为鸡鹿州（鸡鹿塞以北至高阙州），⑥阿布思部为蹛林州（今甘肃省秦安县东北），⑦白霫部为寘颜州（今内蒙古自治区呼伦贝尔湖东、大兴安岭西侧；图一）。

---

① 《册府元龟》卷 170《卷一百七十帝王部・来远》：“‘汝来归我，领得安存，犹如鼠之得窟、鱼之得水。不知夫我窟及水能容汝否？纵令不能容受，我必为汝大作窟、深作水，以容受汝等。’又云：‘苍蝇之飞，不过一二尺，及附骥尾日行千里。’‘还如骥之受蝇，随其远近，不劳蝇身自然远去。’”

② 《资治通鉴》卷 198《唐纪十四》太宗贞观二十一年，第 6245 页。

图一　蒙古国乌布尔哈布其勒 3 号遗址出土回鹘龙头装饰残片
（〔蒙古〕阿・奥其尔、策・奥德巴特尔、巴・昂哈巴雅尔、勒・额尔敦宝力道：《蒙古国发现的古代回鹘陵墓》，孟繁敏、杨富学译，《西夏研究》2020 年第 2 期，图 7）

各都督府长官为都督，各州长官称刺史。都督和刺史由铁勒诸部酋长世袭担任，依旧俗治理本部。这些羁縻府州不需要将户籍上报户部，也不承担赋税，只需定期向唐朝朝贡，战时履行派兵从征的义务即可，拥有很大的自主权。是年夏四月，唐朝在故单于台（今内蒙古自治区杭棉后旗乌加河北岸）设置燕然都护府总管以上六府七州，节制各羁縻府州兵马，管理朝贡事宜。这一措施加强了唐朝对九姓铁勒的控制，也由此进入了唐朝对漠北进行羁縻统治的时期。

吐迷度则被唐太宗授予了怀化大将军、瀚海都督的官衔，其手下的贵族们也皆被封赐官爵。不过他对这种情况并不满意。因为唐朝在漠北众建都督府，使几个铁勒强部首领获得了与吐迷度相同的地位，分化了回鹘与他们的联盟。吐迷度并不愿居于人下。中原史家特地记载了他在占据薛延陀牙帐故地之后，一面接受唐朝封号，一面“自称可汗，署官号皆如突厥故事”[①]的史实，暗示了他对唐朝的不臣之心。不仅如此，吐迷度还允许侄子乌纥及手下贵族俱罗勃娶了乙注车鼻可汗的女儿。由此，吐迷度与乙注车鼻可汗形成了既相互防备，又存在联姻的微妙关系。

但一年以后的贞观二十二年（648），乌纥与吐迷度之妻私通事发，引发叔侄矛盾。于是乌纥与俱罗勃合谋，偷袭并杀掉了吐迷度，并计划归附乙注车鼻可汗。面对这一突发事件，唐朝燕然副都护元礼臣假意向

① 《旧唐书》卷 195《回纥传》，第 5196 页。

乌纥示好，表示要奏请朝廷册封其为回鹘新首领。乌纥轻信其言，“轻骑至礼臣所，跪拜致谢”[①]，结果被事先埋伏好的唐兵杀死。同党俱罗勃也在朝觐唐太宗期间遭到扣押。就这样，唐朝迅速控制住了回鹘的内乱局面。唐太宗挑选了吐迷度的儿子、亲唐派贵族婆闰继承回鹘首领职位，拜为左骁卫大将军、大俟利发、瀚海都督。由此，回鹘进入了一段十分亲附唐朝的时期。

## 三、婆闰与比粟毒对唐朝的不同态度

婆闰即位后，积极为唐朝效力，履行“助国征伐”使命。贞观二十三年（649），唐朝发动平定乙注车鼻可汗之役，婆闰主动派兵从征。唐军于次年俘虏乙注车鼻可汗，扫清了东突厥汗国最后一支残余势力。

此后，婆闰又多次助唐出征西突厥。第一次是在唐高宗永徽二年（651）。是年，原西突厥贵族、唐朝瑶池都督阿史那贺鲁反叛，自立为沙钵罗可汗。唐朝派兵讨伐贺鲁。婆闰主动请缨，率倾国之兵从征，帮助唐朝收复了北庭（治所在今新疆吉木萨尔北破城子）。

永徽六年（655），贺鲁再次袭击唐朝边境。唐朝出兵抵御，回鹘亦发兵助战。次年（656），“（高宗）诏程知节、苏定方等领兵并回纥大破贺鲁于阴山，再破于牙山”[②]。唐高宗显庆二年（657），唐朝为了彻底消灭贺鲁，以苏定方为主帅，分南北两路进兵，再征西突厥。婆闰率回鹘兵随北路唐军从征。北路唐军在曳咥河（今额尔齐斯河）击破贺鲁军主力，贺鲁率残部逃走。苏定方命萧嗣业、婆闰追击。当时天降大雪，回鹘与唐军冒雪急进至贺鲁在金山一带的牙帐，发动突然袭击。贺鲁本以为唐军难以在大风雪中行军，毫无防备。眼见唐军突至，西突厥营寨立刻大乱，数万人被俘。贺鲁本人率少数亲随辗转逃亡，在石国（今乌兹别克斯坦共和国塔什干地区）的苏咄城被唐军擒获。至此，西突厥汗国灭亡。婆闰因功在显庆三年（658）被加封为左卫大将军。

婆闰不仅参加征讨西突厥的战争，还于唐高宗永徽六年（655）、龙

① 《旧唐书》卷195《回纥传》，第5197页。

② （宋）王钦若编著：《册府元龟》卷973《外臣部·征讨》，中华书局，2003年，第11575页。

朔元年（661）两次随唐军从征高句丽。龙朔元年（661），婆闰一直打到高句丽王城平壤，再立大功，但他也在这一年去世。婆闰一生亲附唐朝，回鹘也成为捍卫唐朝在漠北地区统治的支柱性力量。

婆闰死后，比粟毒[①]执掌回鹘大权。比粟毒不似婆闰那般亲唐。他杀掉了唐朝派来的敕使，又裹挟同罗、仆骨等部对唐朝边塞发动了一次袭击。比粟毒反唐的原因史无明载，可能是此前唐朝屡次从回鹘征兵，从而引发回鹘人不满所致。须知当时回鹘不过“胜兵五万，人口十万人”，而仅仅是永徽二年（651）唐朝第一次征讨贺鲁之役，唐朝便“取回纥五万骑”[②]，回鹘精壮几乎倾国而出。此后回鹘又屡屡为唐朝出征，承受了沉重的兵役负担，自然会对唐朝的开边政策产生厌恶。于是回鹘内部反唐势力利用这种不满情绪，拥护比粟毒掌权，借机兴风作浪。

比粟毒叛乱后，唐朝以左武卫大将军郑仁泰为铁勒道行军大总管，燕然都护刘审礼、左武卫将军薛仁贵为副，率师征讨。龙朔二年（662）初，薛仁贵率唐军前锋与比粟毒策动的九姓铁勒联军战于天山。铁勒联军号称有十多万人。交战当天，他们派了数十个骑兵在阵前向唐军挑战，薛仁贵连射三箭，三名铁勒人应声倒地。铁勒军大为惊骇。他们本不是真心追随比粟毒叛唐，不过被裹挟而来，见薛仁贵神勇，便纷纷下马投降，唐军遂大获全胜。士兵们高歌“将军三箭定天山，战士长歌入汉关”[③]来庆祝胜利。这就是历史上著名的“薛仁贵三箭定天山”的典故。薛仁贵获胜后，却担心铁勒降众一旦放归，日后会继续与唐朝为敌，下令将他们全部坑杀，引发九姓铁勒的仇恨。而主帅郑仁泰见副将薛仁贵出尽风头，自己却未有较大斩获，于是下令对已经表示归降的铁勒诸部

---

① 《册府元龟》卷967《外臣部·继袭》载：“婆闰死，侄比粟毒主领回纥。”1975年中华书局标点本《旧唐书·回纥传》也记载：“侄比粟毒主领回纥。”卷末校勘记则说，残宋本、闻本、殿本、局本、广本等诸版本《旧唐书·回纥传》均作：“妹比粟毒。”中华书局本据《册府元龟》《通鉴考异》，改“妹”为“侄”。而且关于比粟毒是否为婆闰的继承者，史书中也有不同说法，司马光《通鉴考异》说：“回纥酋长比粟毒，《新书传》云婆闰卒，子比栗嗣，今从旧传。”《唐会要》卷98《回纥》与《新唐书》卷217《回鹘传》则说继承婆闰之位的是其子比栗。此处依从《旧唐书》说法。

② 《旧唐书》卷195《回纥传》，第5197页。

③ 《旧唐书》卷83《薛仁贵传》，第2781页。

继续追击，“掠其家以赏军”[1]。

面对郑、薛二人的残暴行径，铁勒诸部消遁远走，继续抵抗唐军。郑仁泰亲率一万四千骑兵追击铁勒人。唐军穿过大戈壁，深入仙娥河（色楞格河）流域，军粮耗尽却不见敌军踪影，只得退兵。唐军在撤军路上又遇到大风雪，士兵冻饿而死无数，只有郑仁泰与八百残兵活着回到塞内。

此战唐军徒劳无功。郑仁泰以损失大军、薛仁贵以坑杀俘虏等罪名遭到弹劾。之后，唐朝改变策略，决定派在铁勒人当中享有崇高威望的老将契苾何力（出身铁勒契苾部）率军安抚九姓铁勒。契苾何力不负众望，最终使九姓铁勒放弃敌对态度，重新归附唐朝。至于引发战争的比粟毒，则不再见于史书记载。日本学者羽田亨认为比粟毒一直在位至唐高宗永隆元年（680）[2]，此后由独解支继任回鹘首领[3]。

比粟毒叛乱被平息后，唐朝重新调整了漠北的行政区划。龙朔三年（663），唐朝将燕然都护府改名为瀚海都护府（唐朝在永徽元年也曾设立过一个瀚海都护府，这个机构此次被南迁至云中地区，更名为云中都护府），在回鹘部境内建天山县为治所，以加大对其控制的力度。此时回鹘的活动中心主要在色楞格河及土拉河一带，瀚海都护府治所应该就在那里。这次行政区划调整后，漠北安定了数十年，直至后突厥汗国兴起。

## 四、回鹘南迁唐境

唐高宗仪凤四年（679），漠南突厥各部贵族发动叛乱。唐军几经征战，才于永隆二年（681）把叛军镇压下去。但叛乱的余焰并没有被扑灭。叛军余部阿史那骨咄禄在兵败后退到总材山（在阴山一带）中蛰伏待机。唐高宗永淳元年（682），骨咄禄占据了黑沙城（其地说法不一，一说在今内蒙古自治区呼和浩特市北，一说在今内蒙古自治区白云鄂博境内，一说在今内蒙古自治区达茂旗境内），在此建牙帐，重建突厥政权，

---

① 《资治通鉴》卷 200《唐纪十六》高宗龙朔二年，第 6328 页。

② 刘美崧：《两唐书回纥传回鹘传疏证》，中央民族学院出版社，1988 年，第 22 页。

③ 薛宗正认为，在比粟毒与独解支之间，回鹘应该还有一位首领，即《唐会要》《新唐书·回鹘传》所提到的婆闰之子比粟（薛宗正：《回纥史初探》，第 50—52、66、67 页），可备一说。

后世学者称其为后突厥汗国或突厥第二汗国。

后突厥汗国的兴起，引起了回鹘的警觉。后突厥汗国《磩欲谷碑》有这样一段铭文："探子的话是这样：在九姓乌古斯人民之上有了可汗。据说，他们往唐朝派遣了 Quni 将军，往契丹派去了同罗司马，带去了这样的话：有少数突厥人正在游动，其可汗是勇敢的，其顾问是英明的。如他们两人存在，（南边）他们将把你唐人杀死，东边他们将把契丹人杀死，（北边）他们将把我乌古斯人杀死。唐人，你们从南袭击！契丹人，你们从东袭击！我则从北袭击！不要让突厥 Sir 人民的地方存有君主。如有可能，让我们消灭他们！"①回鹘在吐迷度时代，其首领已私称可汗，并且是九姓铁勒中的第一强部。所以碑文中所说的"九姓乌古斯人民之上的可汗"，无疑是指回鹘首领。根据碑文，回鹘人由于担心后突厥汗国会重新进攻漠北，欲联合唐朝、契丹共同剿杀后突厥。但这一情报被突厥人截获。骨咄禄在谋主磩欲谷建议下，趁回鹘、唐朝、契丹尚未协同行动，先发制人，于郁督军山大破回鹘，从而粉碎了回鹘人三方合兵围剿的计划，时间大约在永淳元年（682）②。

此时又值漠北旱灾。"九姓中遭大旱，经今三年矣。埜皆赤地，少有生草"③，九姓铁勒人畜损失惨重。内外交困下，唐朝在漠北的羁縻统治崩溃。同罗、仆骨部怨恨十年前唐朝镇压比粟毒之乱时的滥杀，投靠后突厥汗国。多滥葛部分裂为二，一部分忠于唐朝，另一部分则依附突厥。回鹘首领独解支则坚持联合唐朝对抗突厥，结果遭到同罗、仆骨的攻击。唐朝派出两路大军驰援回鹘。一路出居延海（今内蒙古自治区额济纳旗北部）至漠北；另一路是左金吾将军田扬名所率领的西突厥部落兵马，他们从金山经西道进入回鹘。但是田扬名部在击败同罗、仆骨的同时，贪图劫掠，也袭击了回鹘。回鹘此时正是唐朝维持在漠北统治的支柱性力量，结果被唐军自己击破，实属自毁长城。

事后唐朝虽然以"妄破回纥之罪"④罢免田扬名以安抚回鹘，但漠

---

① 耿世民：《古代突厥文碑铭研究》，中央民族大学出版社，2005 年，第 97、98 页。

② 薛宗正：《回纥史初探》，第 67 页。

③ （唐）陈子昂：《为乔补阙论突厥表》，《全唐文》卷 209，中华书局，1983 年，第 2118 页。

④ （唐）陈子昂：《上西蕃边州安危事（三条）》，《全唐文》卷 211，第 2140 页。

北乱局已无法控制。突厥人趁机大举北侵。唐朝安北都护府在漠北无法立足，遂南迁居延的同城（今内蒙古自治区额济纳旗境内）。回鹘首领独解支也独木难支，便率领回鹘、契苾、思结、浑四部中忠于唐朝的人马随安北都护府一同南迁居延[①]。而留在漠北的九姓铁勒皆被后突厥汗国征服。

回鹘部众虽然并未全部追随独解支南下，但南下居延的四部人众也有约一万帐[②]。故独解支依然是回鹘人当中实力最强的领袖。武则天长寿二年（693），独解支率领四部人马来到甘凉一带。武则天将四部安置在赤水军（今甘肃省武威市境内），作为助守河西的边防力量，受凉州都督节制。四部首领仍领原有的都督官号。武则天证圣元年（695），独解支死，其子伏帝匐继立[③]，被册封为瀚海都督兼赤水军使，主领赤水军四部。此后，这支回鹘人在甘凉驻留了数十年之久。

唐玄宗开元三年（715），因后突厥汗国默啜可汗为政残暴昏聩，加之受唐朝策反，漠北九姓铁勒纷纷反叛突厥，并于次年击杀默啜可汗。但唐朝未能乘机消灭后突厥汗国。突厥人获得了喘息之机。骨咄禄之子默棘连夺取了突厥汗位，称毗伽可汗。毗伽可汗先是平息内讧，继而发兵镇压了九姓铁勒的反叛。九姓铁勒兵败后，又有许多部落南下归附唐朝，其中有回鹘、同罗、霫、拔野固、仆固（仆骨）五部。这五部被唐朝安置在大武军（今山西省朔州市境内）北部。两年后的开元六年（718），五部又被迁至横野军（今山西省灵丘县）安置。需要说明的是，横野军五部中的回鹘是由回鹘别部首领移健颉利发所率领的回鹘分支力量，与赤水军四部中的回鹘并非同一群人。二十多年前独解支率四部南

---

① 艾冲：《论唐代铁勒回纥部的三次内迁》，《唐史论丛》（第 15 辑），陕西师范大学出版社，2012 年。

② 艾冲：《论唐代铁勒回纥部的三次内迁》，《唐史论丛》（第 15 辑）。

③ 此处依据《册府元龟》卷 967《外臣部・继袭》中的说法：“永隆中，独解支；证圣（证圣年号只使用了一年）中伏帝匐。”关于回鹘早期数位首领的在位时间，史书记载十分模糊，《旧唐书》卷 195《回纥传》作：“永隆中独解支，嗣圣中伏帝匐。开元中承宗、伏帝难，并继为酋长。”按“嗣圣”是唐中宗年号，而《册府元龟》《新唐书》《资治通鉴》均记载独解支死于唐玄宗开元三年（715），在唐中宗时尚未去世。《旧唐书》此记载与诸书矛盾，似有误，而应以《册府元龟》等书所记载为是。

下时，部分回鹘人并没有追随独解支，而是归附后突厥汗国。此番反抗突厥失败后，这些遗留漠北的回鹘人中便有一部分跟随移健颉利发南下，汇成了横野军五部中的回鹘。

经历了两次南迁，开元初年的回鹘在地域上应主要分为三支：一部分仍残留漠北，一部分在赤水军，一部分在横野军。在各支回鹘当中，赤水军回鹘由于是首领家族药罗葛氏所在，具备政治上的正统性，更兼其首领伏帝匐可以节制甘凉一带的铁勒诸部，在各支回鹘中实力最强，因而对后来历史产生的影响也最大。

## 五、回鹘人陆续返回漠北

后突厥汗国毗伽可汗为阻止铁勒人归降唐朝，大力策反已经降唐的铁勒部落北返。唐玄宗开元八年（720），被安置在受降城（在内蒙古河套平原北岸）一带的仆固、跌跌（也作阿跌）二部首领被突厥引诱，图谋叛唐，事泄被杀，部众也惨遭唐军屠戮。临近的横野军五部闻讯大为惊恐。唐朝虽对他们进行了安抚，但是开元十一年（723）后，横野军五部不见于史书记载。有学者推测，可能此时横野军五部已经北返复归突厥[①]。

至于各支回鹘中实力最强的赤水军回鹘，其流向最终影响了回鹘民族的历史走向。赤水军四部长期为唐朝助守河西，颇有军功，但也与一些唐朝河西军将积累了矛盾，最终酿成剧变。事情始末如下。

开元九年（721），唐将王君㚟担任河西陇右节度使、判凉州都督事。王君㚟是瓜州常乐（今甘肃省瓜州县）人，以“骁勇善骑射”[②]而名冠河西诸军。但是王君㚟在没发迹的时候，曾为赤水军四部所轻慢，故而与四部素有私怨。此番王君㚟出任河西节度使，便成了赤水军四部的顶头上司。回鹘首领伏帝匐已于两年前（719）过世，这时统领赤水军四部的是伏帝匐之子承宗。以承宗为首的赤水军四部贵族均对王君㚟担任河西节度使感到不满，“耻在其麾下”[③]，不肯服从调度。开元十五年（727），

① 薛宗正：《回纥史初探》，第 104 页。

② 《旧唐书》卷 103《王君㚟传》，第 3191 页。

③ 《册府元龟》卷 446《将帅部·生事》，第 5296 页。

面对承宗等的不合作态度，王君㚟动用律法惩罚四部。承宗等派人到朝廷申辩。王君㚟闻讯，听从判官宋贞计策，亦上书唐玄宗，告“回纥部落难制、潜有叛谋”[①]，欲置承宗等于死地。

实际上，承宗等虽对王君㚟不满，却并没有反叛唐朝的心思。但时值吐蕃入侵凉州，河西军务需要素有名将之称的王君㚟主持。唐玄宗基于对凉州战事的考虑，便采纳了王君㚟的诬告，把赤水军四部首领全部治罪。承宗被流放瀼州（今广西壮族自治区上思县）而死，其余三部首领也皆被流放西南边远之地。

赤水军四部对于唐朝的这一判决大为愤怒。承宗被流放后，回鹘首领虽为伏帝难，但四部贵族大都聚集在承宗的族子、时任瀚海都督府司马的护输周围，想寻机找王君㚟报仇。开元十五年（727）闰九月，吐蕃密派使者联络后突厥汗国，途经凉州时，遭到王君㚟亲率的少量精骑袭击。护输等闻讯，趁机在王君㚟归来必经的甘州城南巩笔驿设下伏兵，把王君㚟本人、判官宋贞及随行亲兵一并杀死。事后护输联合吐蕃反唐，阻断了河西走廊。唐朝发兵征讨护输。护输不敌，便率四部返回漠北，“退保乌德健山”[②]，归降了突厥人。从此，大部分回鹘人回归漠北[③]。

护输北返，九姓铁勒重新汇聚漠北。昔年回鹘居于赤水军与横野军时，曾与契苾、思结、浑、同罗、拔野固、仆固等部长期杂处。这些部落与回鹘共同南迁，又共同重返漠北，多年来患难与共，彼此间联系必然变得更加紧密。《唐会要》所列九姓铁勒，上述七部皆在其中，即为明证。且《唐会要》《旧唐书》《新唐书》皆称回鹘可汗“兼九姓之号”，表

---

① 《旧唐书》卷 103《王君㚟传》，第 3191 页。

② 《旧唐书》卷 195《回纥传》，第 5198 页。

③ 1987 年陕西省西安市出土了题为《大唐故回纥府君墓志》的墓志（师小群、王建荣：《西安出土回纥琼、李忠义墓志》，《文博》1990 年第 1 期）。墓主人名为“回纥琼”，是“卑粟”（即比粟或比粟毒）曾孙、独解支之孙，于唐肃宗上元元年（760）卒于长安。他生前拥有瀚海都督的官衔。由此可知，护输叛唐后，药罗葛氏发生了分裂。河西地区的回鹘人并没有全部北返。一部分药罗葛氏贵族坚持率部驻留甘凉，为唐朝效命，其首仍称瀚海都督。回纥琼就是甘凉回鹘的某一任首领。关于这支回鹘人的事迹，史料失载。估计他们后来融入了甘州回鹘当中。

明这些部落北返后，重新合流为以回鹘为首的紧密联盟。待后来回鹘汗国建立，他们便融入回鹘，成为回鹘民族的组成部分。

# 第二节 回鹘汗国兴衰

744 年，回鹘首领骨力裴罗称汗，并得到唐朝承认，标志着回鹘汗国正式建立。回鹘汗国控制了西起金山、东至大兴安岭的整个蒙古高原，成为 8—9 世纪中国境内一个强大的民族政权。其兴衰过程既极大影响了当时的历史，又深刻反映了那个时代的民族关系。

## 一、汗国建立

在回鹘汗国建立过程中，护输是一个关键性人物。汗国虽然并非护输亲手建立，但他却为回鹘的崛起积攒了力量。回鹘人刻写的《九姓回鹘可汗碑》记事便起于护输，说他“袭国于北方之隅，建都于嗢昆之野，以明智治国，积有岁年”[①]。“嗢昆”即嗢昆水，今鄂尔浑河。根据碑文，护输从甘凉北返后，在鄂尔浑河流域建立了牙帐。护输的苦心经营，为回鹘汗国的建立创造了条件。

开元二十二年（734），后突厥汗国毗伽可汗被大臣毒杀，导致政局长期动荡。特别是在开元二十九年（741），一年内突厥换了四个可汗，汗国陷入全面混乱。就在突厥因内讧而衰败之际，受其统治的回鹘、葛逻禄、拔悉密三部却日渐强大。各方势力消长之下，漠北政局已到了剧变前夕。此时护输已经去世，首领之位由其子骨力裴罗继承，史书中也

① 参见程溯洛：《释汉文〈九姓回鹘毗伽可汗碑〉中有关回鹘和唐朝的关系》中相关录文（林幹：《突厥与回纥史》，第 439 页）。《九姓回鹘可汗碑》汉文部分，自清末以来，有多个拓本和整理版本。不同的整理版本内容完整度有所差异，行数计算方式也不尽一致（有的版本把碑文题跋部分也算作行数，有的版本则从正文计算行数）。程溯洛在文中依据日本学者羽田亨所录《九姓回鹘可汗碑》汉文部分及中央民族大学所藏碑文拓片对碑文进行了整理，是目前较好的《九姓回鹘可汗碑》汉文整理版本。该整理版本碑文全文附录于林幹：《突厥与回纥史》，第 439—441 页。本书所引《九姓回鹘可汗碑》碑文皆依据这一版本。

称骨力裴罗为逸标苾。建立回鹘汗国的伟业由他来完成。

唐玄宗察觉到漠北局势暗流涌动，便命左羽林将军孙老奴前往漠北，联络回鹘、葛逻禄、拔悉密等部，共同对付突厥。次年（742），回鹘、葛逻禄、拔悉密一同反叛后突厥汗国，攻杀其可汗阿史那骨咄。突厥余众拥立乌苏米施可汗以延续政权。与之相对，回鹘、葛逻禄、拔悉密三部立拔悉密首领阿史那施为颉跌伊施可汗（阿史那施出身突厥王族阿史那氏，拥有较强的政治象征意义，故三部要立他作可汗）。阿史那施封回鹘首领骨力裴罗为左叶护（叶护为突厥高官称号，地位仅次于可汗），统领东方；封葛逻禄首领大毗伽都督为右叶护，统领西方。因此，史书也把回鹘汗国建立前的骨力裴罗称为逸标苾叶护。

天宝三年（744），回鹘、葛逻禄、拔悉密联兵再攻后突厥。乌苏米施可汗被骨力裴罗之子磨延啜斩杀。突厥残部虽拥立乌苏米施可汗之弟为白眉可汗，但已不足以对三部形成威胁。失去了共同的敌人，三部便因争夺胜利果实而祸起萧墙。起初是回鹘、葛逻禄不再甘于臣服阿史那施。于是就在攻杀突厥乌苏米施可汗的同年，骨力裴罗与葛逻禄人联合，击破拔悉密部。阿史那施走投无路，最后投降了唐朝[①]。逐走阿史那施后，骨力裴罗在鄂尔浑河流域的乌德健山（即郁督军山）建立牙帐，自立为骨咄禄毗伽阙可汗（意为雄健骁武睿智英毅可汗）。这标志着回鹘汗国正式建立。因其牙帐在鄂尔浑河流域，故而后世将这个政权称为漠北回鹘汗国或鄂尔浑回鹘汗国。

次年（745），骨力裴罗攻杀白眉可汗，后突厥汗国彻底灭亡。同年，他又与旧日盟友葛逻禄人反目，并于天宝五年（746）将三姓葛逻禄逐往“十箭之地”（天山以北广大地区）。三部间的内讧最终以回鹘人获胜而告终。战争中被征服的拔悉密人与一部分葛逻禄人被骨力裴罗编为二“客部”，设立两名都督分别统辖。每次出征，回鹘人便以这两个“客部”为前锋。至此，骨力裴罗大致统一了漠北地区。

---

① 关于阿史那施的下落，《旧唐书·回纥传》无载，《资治通鉴》“天宝三载”条中说他被回鹘、葛逻禄人的联军杀死，《唐会要·葛逻禄国》《新唐书·拔悉密传》则皆说阿史那施逃往唐朝的北庭都护府。今从《唐会要》。

此时的回鹘已发展为统辖十一个大部落[①]、若干小部落的庞然大物，与一百年前的吐迷度时代已不可同日而语。其麾下九姓铁勒各部，也按照草原上千百年来的传统，皆以统治者的族号自称，从此对外皆称“九姓回鹘”。于是“回鹘”一词替代了“铁勒”，回鹘民族基本形成。

唐朝面对回鹘在蒙古高原上难以撼动的霸主地位，顺水推舟，承认了骨力裴罗的可汗称号，于天宝三年（744）册封其为骨咄禄毗伽阙怀仁可汗，以此维持对回鹘名义上的羁縻。而骨力裴罗也乐意与唐朝维持友好局面，以借助唐朝的声威来巩固他对漠北地区的统治。他在攻杀白眉可汗后，主动将其首级献与唐朝，唐朝则授予骨力裴罗左骁员外大将军的加衔。双方借此巩固了联盟关系，从而为后来回鹘与唐之间的百年友好奠定了基调。

## 二、骨力裴罗之后药罗葛氏诸汗统治下的回鹘汗国

唐玄宗天宝六年（747），骨力裴罗去世。其子磨延啜即位，尊号为“登里啰没蜜施颉翳德蜜施毗伽可汗”（意为天生的、建国的英明可汗），也称葛勒可汗（“葛勒”即“喀喇”，意为“广大”）。

据《磨延啜碑》记载，葛勒可汗即位时，蒙古高原上仍有许多部落不肯臣服回鹘，而已归附的一些部落则发动了叛乱。于是葛勒可汗继续征战，以完成其父骨力裴罗的未竟之业。天宝六年至九年（747—750年），葛勒可汗先后打败了色楞格河周边的“八姓乌古斯”（Sekiz Oghuz）与“九姓鞑靼”（Toquz Tatar），又征服了剑河边的鞠部。天宝九年（750），葛勒可汗远征黠戛斯，并打击与之结盟的葛逻禄，以及叛乱的拔悉密人。天宝十三年（754），葛勒可汗战胜金山一带的葛逻禄吨毗伽叶护，将其逐往天山北部的七河流域，使回鹘汗国的边界拓展至金山以南，毗邻唐朝北庭都护府。唐肃宗乾元元年（758），葛勒可汗再败黠戛斯，把汗国的疆域扩展至剑河流域。经过葛勒可汗的征战，回鹘汗国拓地日广，疆土“东际室韦，西抵金山，南跨大漠，尽有突厥故地”[②]，成

① 《唐会要》卷98《回纥》载：“回纥叶护逸标苾……自立为九姓可汗，由是至今兼九姓之号……有十一都督，九姓部落。一部落置一都督，于本族中选有人望者为之。破拔悉密及葛逻禄，皆收一部落，各置都督一人。”

② 《资治通鉴》卷215《唐纪三十一》玄宗天宝四年，第6863页。

为中国历史上又一个统治整个蒙古高原的北方民族政权。

葛勒可汗在位期间，将主要精力用于经营漠北，巩固汗国统治，对唐奉行友好政策。唐朝发生安史之乱后，葛勒可汗三次派兵帮助唐朝与安史叛军作战。凭借帮助唐朝平定安史之乱的战功，葛勒可汗在执政晚期，要求与唐朝进行绢马贸易。回鹘从中获利巨大，由此推动了自身商业发展。这一时期的回鹘安定强大，创造出了丰富的物质文明。繁荣之下，城市也在这一时期在漠北出现。唐肃宗至德二年（757），葛勒可汗命令草原上的汉人工匠与粟特工匠在色楞格河流域建立了一座名为“富贵城”的城市。该城也是目前已知第一座由回鹘汗国修建的城市。此外，回鹘人还在叶尼塞河流域修建了大量城堡用以防御黠戛斯人。兴建城市是回鹘汗国不同于以往一些草原文明的特点，一方面既反映了回鹘汗国的安定强大，另一方面也是回鹘人积极吸纳唐文化及粟特文化的结果。

唐肃宗乾元二年（759），葛勒可汗去世，幼子移地健即位，是为牟羽可汗（意为睿智、贤明可汗）。牟羽可汗的尊号全称为“爱登里逻汨没蜜施颉咄登蜜施合俱录毗伽可汗”（意为月天生成为幸福治理邦国英武睿圣天智可汗），在史书中也简称为登里可汗（即天可汗）。

牟羽可汗在位期间，回鹘通过与唐朝进行绢马贸易及平定安史之乱过程中在内地的掳掠获得巨额财富，经济进一步繁荣，国力臻于极盛。回鹘贵族奢华之风也渐渐兴起。史载“登里可汗（牟羽可汗）始自尊大，筑宫殿以居，妇人有粉黛文绣之饰”[①]。贵族奢侈的生活需要有发达的商业支持。当时回鹘汗国境内的商业主要由粟特人垄断。粟特人通过在中原与西域之间倒卖丝绸和马匹为回鹘贵族积累了财富，换来了奢侈品，故颇受回鹘高层赏识。牟羽可汗在位期间，粟特人极受重用，往往被授予达干、梅录、将军、司马等官职，开始掌握回鹘汗国的军政大权。摩尼教是粟特人的主要信仰之一。由于他们掌握了回鹘汗国的经济命脉与部分军政大权，所以摩尼教在回鹘的影响越来越大。这使得牟羽可汗不得不考虑对摩尼教采取重视态度。在助唐平定安史之乱过程中，牟羽可汗将洛阳的摩尼教高僧带回漠北，并正式下令尊摩尼教为国教，原本信奉萨满教的回鹘人在牟羽可汗的倡导下陆续皈依了摩尼教。

---

① 《资治通鉴》卷226《唐纪四十二》德宗建中元年，第7282页。

牟羽可汗大兴奢侈之风，使回鹘逐渐丧失了“众志专一，劲健无敌”[①]的古朴风俗。而他重用粟特人，崇信摩尼教，实际上是压制回鹘贵族、巩固王权的手段。此举引发了贵族们的不满。唐代宗大历十四年（779），唐代宗新死，牟羽可汗受手下粟特大臣怂恿，欲趁机攻唐。牟羽可汗的从兄、宰相顿莫贺达干[②]表示反对。顿莫贺从昔日唐朝对回鹘恩义以及南征当中将要遇到的许多困难两方面痛陈利害，劝牟羽可汗放弃南侵。但这些意见均未被牟羽可汗采纳。于是顿莫贺愤而发动政变，击杀牟羽可汗，并清洗了牟羽可汗的两千多名粟特亲信。

顿莫贺自立为合骨咄禄毗伽可汗，对内抑制粟特人及摩尼教，对外修好与唐朝的关系。顿莫贺上台后面临着严峻的内外局势。在回鹘内部，掌握着回鹘汗国经济命脉的粟特人及摩尼教势力勾结成强大的反对力量，使政局动荡不安。汗国东部的一些回鹘贵族脱离顿莫贺可汗统治，与唐朝叛乱藩镇朱滔相勾结，互为唇齿，割据一方。内乱还导致库莫奚、室韦等民族一度摆脱了回鹘汗国控制，甚至出现了回鹘使团遭到奚人与室韦人截杀的事件[③]。在西边，虽然回鹘逐渐控制了原属唐朝的北庭都护府之地，但却开始面临吐蕃的军事压力。顿莫贺之所以重新执行对唐友好政策，正是为了求得强大外援。唐德宗建中元年（780），顿莫贺派手下酋长建达干朝见唐德宗。唐德宗册封顿莫贺为武义成功可汗，以示笼络。唐德宗贞元三年（787）八月，顿莫贺再遣使向唐朝贡方物，趁机提出和亲请求。贞元四年（788），唐德宗命咸安公主出嫁回鹘可汗，并再次册命顿莫贺为汨咄禄长寿天亲毗伽可汗（简称天亲可汗），巩固了双方的联盟关系。

贞元五年（789），顿莫贺去世，其子多逻斯立，回鹘国人称其为“泮官特勒”。唐朝拜其为爱登里逻汨没蜜施俱录毗伽忠贞可汗（简称忠贞可汗）。此时回鹘已不及先前强盛。忠贞可汗执政伊始，就面临着来自吐蕃的巨大威胁。

吐蕃成为回鹘外患，缘于双方对于安西（天山南路、葱岭以东地

---

① 《资治通鉴》卷226《唐纪四十二》德宗建中元年，第7282页。

② “达干”是其官衔，“顿莫贺”是修饰官衔、表示身份的尊称，非其本名。其真名已不见于历史记载。

③ 《资治通鉴》卷233《唐纪四十九》德宗贞元四年，第7514、7515页。

区）、北庭（治所在庭州，又名别失八里，在今新疆天山北麓吉木萨尔县护堡子，是控制天山北路的战略要地）地区的争夺。忠贞可汗继位当年的十二月，吐蕃即联合葛逻禄、白服突厥、黠戛斯入侵了属于回鹘势力范围的北庭都护府。当时回鹘汗国主少国疑，大权集中在大相颉于迦斯（按回鹘官制，汗廷有九位宰相辅佐可汗，大相为群相之首，颉于迦斯是回鹘高级贵族的常见封号，并非真名）之手。颉于迦斯曾历侍葛勒、牟羽、顿莫贺、忠贞四朝可汗，资历深厚，是回鹘的一代权臣。得到吐蕃入侵北庭的消息，他立即亲率大军前往增援。大约也是同时，回鹘派出了另一支军队北征黠戛斯，以求打破被吐蕃和黠戛斯两面夹击的局面。这支军队由次相骨咄禄率领。激战当中，骨咄禄亲手射杀黠戛斯可汗①。黠戛斯余众被迫归降，其继任首领被回鹘授予了“毗伽顿颉斤”的官号②。

就在军队离朝远征之时，回鹘宫廷顿起政变。贞元六年（790）三月，忠贞可汗被自己的妻子和弟弟合谋毒死，在位仅四个月。忠贞可汗之弟在弑兄后自立为汗。一个月后，回鹘次相骨咄禄北征凯旋。他再次发动政变，杀死了篡位者，拥立忠贞可汗年仅十六七岁的儿子阿啜为可汗③。

回鹘宫廷迭遭变乱，与吐蕃的战事也十分不顺。六月间，吐蕃攻陷北庭都护府。颉于迦斯大败而归，率兵东返回鹘牙帐。两个月前次相骨咄禄拥立阿啜可汗时并没有知会颉于迦斯。因此，骨咄禄十分担心跋扈

---

① 《九姓回鹘可汗碑》第12行载：“（骨咄禄）自幼英雄智勇，神武威力，一发便中。坚昆（黠戛斯）可汗，应弦殂落。”

② 《新唐书》卷217《黠戛斯传》，第6149页。

③ 《册府元龟》卷663《奉使部·羁留》，第7937页。《资治通鉴》卷233则说阿啜即位时年仅15岁。需要说明的是，现存史料并未记载扶立阿啜可汗次相之姓名。但是结合各种线索来看，该次相应当就是骨咄禄，即后来的怀信可汗（薛宗正：《回纥史初探》，第264—267页）。学界也有观点认为大相颉于迦斯才是后来的怀信可汗。不过这种说法也缺乏明确的史料依据，并且疑点重重：其一，颉于迦斯屡败于吐蕃，折损了回鹘主力，必然导致自身威望大减，又凭何会被国人推举为汗？其二，若颉于迦斯就是怀信可汗，那他又是基于何种原因要在兵败后出尔反尔，杀死自己的盟友杨袭古？其“颉于迦斯”之名又为何在杨袭古被杀后在历史记载中消失？故此说显然不及前说合理。由于史料记载匮乏，回鹘历史常有失载不明处。此处我们只能采信较为合理的骨咄禄（怀信可汗）以次相身份扶立阿啜可汗的说法。

的颉于迦斯会怪罪自己擅自废立，于是与阿啜可汗安排了一番对策。

颉于迦斯率军抵达回鹘牙帐附近时，骨咄禄携阿啜可汗亲自出迎。按照提前设计好的流程，先是骨咄禄拜伏在颉于迦斯面前，陈述拥立阿啜可汗的缘由经过，并将唐朝封赠给忠贞可汗的印信（忠贞可汗即位之初，唐朝按惯例册封其可汗称号，赠予可汗印信，但印信送到回鹘时，忠贞可汗已死）交给了颉于迦斯。骨咄禄拜低声下气地表示，自己的性命唯由颉于迦斯裁决。阿啜可汗也跪拜在颉于迦斯面前，口称颉于迦斯为“阿爹”，并一边哭泣一边表示自己年幼愚笨，如果“阿爹”同意他作可汗，就愿把一切国政付托给“阿爹”。颉于迦斯被二人的表演打动，不禁老泪纵横，扶起了阿啜可汗，对其施以臣礼。就这样，阿啜可汗的地位巩固了下来。

阿啜可汗的尊号为汨咄禄毗伽可汗（神圣智慧可汗）。唐朝册封阿啜为奉诚可汗。奉诚可汗是药罗葛氏的末代可汗。此时，回鹘汗国已经到了改朝换代的前夜。

## 三、阿跌氏取代药罗葛氏王统

奉诚可汗在位时，实权集中在大相颉于迦斯与次相骨咄禄手中。骨咄禄出身于阿跌氏，“少孤，为回鹘大首领所养”[①]，成为药罗葛氏的养子，得以跻身回鹘王族之列。《九姓回鹘毗伽可汗碑》说他“当龙潜之时，于诸王中最长”[②]，在回鹘王族中享有极高的威望。拥立奉诚可汗后，骨咄禄靠着隐忍才获得了大相颉于迦斯的信任，继续担任次相。

这个局面注定不会维持太久。颉于迦斯回朝后，对朝政稍加安顿，便于当年（790）秋天征发五万兵马，与退保西州（在新疆吐鲁番盆地）的北庭节度使杨袭古联兵，欲收复北庭之地。但这次颉于迦斯败得更惨，所带兵马损失大半。颉于迦斯与杨袭古狼狈逃归回鹘。与吐蕃结盟的葛逻禄趁胜攻陷了乌德健山西北的浮屠川，直接威胁到了回鹘牙帐。回鹘人大为惊恐，把汗国西北部的部落全部迁徙到牙帐以南地区，以躲避敌军兵锋。

---

① 《唐会要》卷98《回纥》，第1747页。

② 林幹：《突厥与回纥史》之《九姓回鹘可汗碑》，第440页。

颉于迦斯屡战屡败，使回鹘汗国陷入了立国以来最大的军事危机，他本人也威信扫地。关于他的下场，各种史书记述至此均晦暗不明。颉于迦斯自此从历史记载中消失，而跟着他逃回牙帐的北庭节度使杨袭古被回鹘人杀害，原因不明。有学者推测，应当是颉于迦斯兵败后引起了全体回鹘人的不满，次相骨咄禄趁机铲除了颉于迦斯及其盟友杨袭古[①]。可备一说。

不管怎么说，朝政落到了骨咄禄手里。骨咄禄继任大相，并开始布置对吐蕃的反击。在安顿好朝政后，骨咄禄挥兵西向，在唐德宗贞元七年（791）击破吐蕃与葛逻禄联军，取得西线大捷，同年八月，又在灵州以火夜袭吐蕃军，在南线再获胜利。十二月，回鹘擒获吐蕃贵族尚结心，献俘长安。

至此，回鹘不仅扭转了贞元六年（790年）以来在军事上的被动局面，而且一度攻取凉州，把吐蕃的势力逼退到了甘州一带。回鹘所取得的这一系列胜利与骨咄禄杰出的军事才干是分不开的。因之，骨咄禄在回鹘获得了崇高威望。相形之下，奉诚可汗只是骨咄禄手中的傀儡。君弱臣强的格局下，回鹘王统更替就只是时间问题了。

贞元十一年（795年），奉诚可汗死，因无子，贵族们就立大相骨咄禄为可汗，称爱滕里逻羽录没蜜施合胡禄毗伽可汗（意即天授神武大勇大智可汗）。唐朝册拜其为爱滕里逻羽录没蜜施合胡禄毗伽怀信可汗（简称怀信可汗）。由于怀信可汗出身阿跌氏，所以他的登基标志着回鹘王族药罗葛氏被阿跌氏取代。只不过自隋唐之际以来，回鹘汗位久为药罗葛氏占据，已形成根深蒂固的政治传统，怀信可汗之所以能被推举为汗，除了自身具备崇高威信与权势外，与他拥有药罗葛氏养子的身份也有直接关系。所以，为了维护自身统治的合法性，怀信可汗登基后，依旧冒姓药罗葛氏，并依照北方民族传统，收继奉诚可汗的妻妾，以示对药罗葛氏家族权利与义务的继承。

唐顺宗永贞元年（805），怀信可汗死。唐顺宗册封怀信可汗子为滕里野合俱录毗伽可汗。滕里野合可汗在位时，继续与吐蕃交战。据《九姓回鹘可汗碑》载，滕里野合可汗在西域获得了一次大胜："吐蕃大军围

---

① 薛宗正：《回纥史初探》，第259页。

攻龟兹，天可汗（滕里野合可汗）领兵救援，吐蕃落荒，奔入于术（即于术守捉城，在今新疆焉耆县西）四面合围，一时扑灭。”[①] 这次胜利，回鹘不仅将北庭再次纳入了自己的势力范围，还把力量伸向了唐安西都护府故地。但是大约在唐宪宗元和三年（808），吐蕃攻陷龟兹。回鹘在与吐蕃作战过程中先胜后败，又被吐蕃逐出了安西都护府之地。

元和三年（808）三月，滕里野合可汗卒。五月，唐朝册封继任的新可汗为爱登里啰汨蜜施合毗伽保义可汗（意为受命自月神，成为幸福、英勇圣智可汗，简称保义可汗）。根据《九姓回鹘可汗碑》，保义可汗在位前期，对吐蕃盟友葛逻禄积极用兵，向西拓展疆土，取得了颇多战果。

例如，《九姓回伽可汗碑》第15行载：“□□□百姓与狂寇合纵，有亏职供。天可汗躬总师旅，大败贼兵，奔逐至珍珠河，俘掠人民，万万有余，驮马畜乘，不可胜计。”第16行载：“天可汗矜其至诚，赦其罪戾，遂与其王，令百姓复业自兹已降，王自朝觐，进贡方物与左右厢沓实力□□□□□。”[②] 碑文中所说的“珍珠河”在中亚锡尔河上游，又名纳林河；“狂寇”“左右厢沓实力”皆指葛逻禄。这两行碑文大致说的是，回鹘在西域的某属国[③] 与葛逻禄勾结，发动叛乱，保义可汗帅师讨伐，一路推进至锡尔河流域，不仅迫使该属国重新归附，而且重创了葛逻禄。

碑文第20行又载：“攻伐葛禄、吐蕃，搴旗斩首，追奔逐北，西至拔贺那国，（克）获人民及其畜产。”第21行紧接着说：“□□□□□□□□复与归顺葛禄，册真珠智惠叶护为主。”[④] 这说的是保义可汗在第一次西征胜利后再度深入西域，击败葛逻禄、吐蕃联军，一直推进至拔汗那（今吉尔吉斯斯坦费尔干纳地区，即汉代所说的大宛）之事。葛逻禄首领被迫

---

① 这段文字出自《九姓回鹘可汗碑》第14行。旧说此碑记载的是保义可汗战功，亦有说法认为此段文字记载的是怀信可汗战功。但是在《九姓回鹘可汗碑》第13行末尾有“崩后，滕里野合毗伽可汗嗣位”一语，因此可判断第14行记载的应是滕里野合可汗的战功。

② 林幹：《突厥与回纥史》之《九姓回鹘毗伽可汗碑》，第441页。关于《九姓回鹘可汗碑》第15行以后内容所载究竟为哪位可汗功绩，学界意见素不统一。今从伯希和、旧说，认为是保义可汗事迹。

③ 林梅村、陈凌、王海城在《九姓回鹘可汗碑研究》一文中考证该国为龟兹（《欧亚学刊》（第一辑），第165页），可备一说。

④ 林幹：《突厥与回纥史》之《九姓回鹘毗伽可汗碑》，第441页。

归顺回鹘，被保义可汗封为“真珠智惠叶护”。

但是保义可汗在与吐蕃的交战中却互有胜败。元和四年（809），吐蕃发兵进占回鹘“参天可汗道”南端的鸊鹈泉，劫掠往来回鹘使团。回鹘与唐朝之间的绢马贸易是回鹘汗国的主要财源之一，吐蕃袭扰漠南正是想阻断回鹘与唐之间的贸易往来，以削弱其财力。为此，回鹘与吐蕃展开了长期较量。直到元和八年（813），回鹘才终于将吐蕃逐出漠南，重新占领鸊鹈泉，打通了“参天可汗道”。

保义可汗时代是回鹘汗国最后的辉煌时期。保义可汗死后仅仅二十三年，汗国就走向了崩溃。

## 四、汗国的崩溃

关于回鹘汗国是如何走向衰败的，现存史料没有明晰的记载。只有一些零星线索可供考索。

《旧唐书》卷196下《吐蕃传下》载：“初，（刘）元鼎往来蕃中，并路经河州，见其都元帅、尚书令尚骑心儿云：‘回纥，小国也。我以丙申年逾碛讨逐，去其城郭二日程，计到即破灭矣，会我闻本国有丧而还。回纥之弱如此。’”尚骑心儿所说的丙申年即唐宪宗元和十一年（816）。这一年正值保义可汗执政晚期。据这则史料可知，到保义可汗执政后期，回鹘在与吐蕃的较量中已经严重落于下风，连王城也险些易手。因国力衰弱，回鹘被吐蕃人讥讽为“小国”。

又《资治通鉴》卷246“开成五年（840）”条载：“回鹘既衰，（黠戛斯）阿热始自称可汗。回鹘遣相国将兵击之，连兵二十余年，数为黠戛斯所败。”按《资治通鉴》所记，若从开成五年往前追溯“二十余年”，则“回鹘既衰”的时间也指向了保义可汗执政晚期。可见保义可汗虽然在统治前期武功赫赫，但是在其执政晚期回鹘彻底衰落。

这种衰落与对吐蕃的战争有很大关系。从争夺北庭算起，到保义可汗去世，回鹘与吐蕃的战争前后延续三十余年。这场战争不仅导致回鹘汗国王统更易，也严重消耗了回鹘国力。连年的战争不仅没有让回鹘汗国走向强大，反而成为其衰败的重要原因。

保义可汗死后，句主录继承汗位。唐册其为登罗羽录没密施句主毗伽崇德可汗（简称崇德可汗）。崇德可汗在位期间，回鹘与吐蕃的战争渐渐平息，但北方叶尼塞河上游的黠戛斯人再度兴起，成为汗国新的大敌。业已衰败的回鹘汗国在与黠戛斯人的长期战争中屡屡败北，国势更弱。

崇德可汗死于唐穆宗长庆三年（823），其弟曷萨特勒继立。两年后（825），唐朝遣使者册曷萨可汗为爱登里逻汨没密施合毗伽昭礼可汗（简称昭礼可汗）。唐文宗大和七年（833），昭礼可汗为部下所杀[①]，从子胡特勤[②]立。唐朝册胡特勤为爱登里罗汨没密施合句录毗伽彰信可汗（简称彰信可汗）。

彰信可汗是回鹘汗国崩溃前被唐朝册封的最后一任可汗。他在位期间，天灾人祸纷至沓来。唐文宗开成四年（839），回鹘汗国境内发生旱灾，导致岁饥。接着草原上又发生瘟疫，冬天又遇大雪侵袭，回鹘羊、马等牲畜多被冻死，境内农业也受到巨大打击。回鹘汗国就此陷入了巨大的动荡不安之中，并引爆了回鹘宫廷斗争。

先是宰相安允和与特勤柴革合谋，欲篡夺彰信可汗的权力，结果事泄被杀。安允和与柴革的政治盟友掘罗勿闻听二人被杀，慌忙勾结依附于唐朝的沙陀酋长朱邪赤心（李国昌）围攻彰信可汗。彰信可汗兵败被杀。掘罗勿拥立㕎馺特勤为可汗，把持朝政。

开成五年（840），回鹘将军句录莫贺不满掘罗勿弄权，于是向回鹘宿敌黠戛斯借兵起事。正是句录莫贺的开门揖敌之举，把迭遭变乱、早已虚弱不堪的回鹘汗国推入了绝境。黠戛斯可汗早欲荡平回鹘，遂在句录莫贺引导下，率军攻破回鹘牙帐。㕎馺可汗与掘罗勿皆死于刀兵，回鹘王城也被烧荡殆尽。至于引黠戛斯大军来犯的句录莫贺，此后也不见于历史记载。

至此，回鹘汗国政权中枢崩溃，部众溃散迁徙。回鹘汗国作为统治大漠南北的政权，就此不复存在。从天宝三年（744）骨力裴罗称汗开

---

① 昭礼可汗卒年，汉文文献记载时间不一，分别为太和六年（832）、太和七年（833）。《旧唐书·回纥传》记为“太和七年三月二十七日”，今从《旧唐书·回纥传》。

② 胡特勤，《旧唐书·回纥传》作萨特勤，并说他是昭礼可汗弟。《新唐书·回鹘传》则说他是昭礼可汗从子。司马光在《资治通鉴》中认同《新唐书》说法。今从《资治通鉴》。

始，到开成五年（840）黠戛斯攻破回鹘牙帐、𥡴馺可汗被杀，回鹘汗国立国97年，历13位可汗。

## 第三节　汗国崩溃后回鹘人的迁徙

唐开成五年（840），黠戛斯攻入漠北，回鹘汗国崩溃。此时回鹘部众尚多。但国破之余，回鹘贵族依然无法抛弃畛域之见，不能形成合力，因此无法复国，只能在黠戛斯人的侵逼下逐渐迁离漠北。除了留居漠北的部众外[①]，其余回鹘人相率南下、西迁。

### 一、南下回鹘

汗国崩溃后，回鹘有数支分批南下迁徙至唐朝边境。南下各支与唐王朝的关系也复杂多样。

𥡴馺可汗被黠戛斯人杀死后，临近可汗牙帐的十三个回鹘部落拥立贵族乌希特勤为乌介可汗[②]。许多回鹘贵族不愿服从乌介，纷纷率部出走。最先南迁投靠唐朝的是𥡴馺可汗的兄弟嗢没斯特勤。嗢没斯本有继承汗位的资格，但他自知无力与乌介可汗争衡，便于开成五年（840）九月率领自己的部众出走，南下来到唐朝边境附近。

嗢没斯南下后，回鹘宰相赤心、仆固、特勤那颉啜也各率自己的部落接踵而来。诸部人马云集在唐朝天德军（今内蒙古自治区巴彦淖尔市乌梁素海附近）的边塞附近，人众绵延六十余里。为长远打算，嗢没斯等人向唐朝表示了内附意愿，以期获得庇护。为此他们也并不劫掠唐朝边镇，只是依靠与杂居在这一地区的各族部落贸易而生活。

此时唐朝对于回鹘汗国发生的变故，虽陆续得到了一些情报，但尚

① 遗留在漠北的回鹘部众，一部分东北奔室韦，其余曾被黠戛斯人短暂征服，至辽代仍见于历史记载。《辽史》卷71《后妃传》载，辽太祖之妻述律后就是“回鹘人糯思”之后。辽朝亦设回鹘国单于府管辖漠北地区的大批回鹘遗民。这些回鹘人后来皆融入其他游牧民族，如出身克烈部的蒙元初期名臣田镇海便是回鹘后裔。

② 关于乌介可汗称汗的时间，《资治通鉴》定为会昌元年（841）二月。薛宗正在《回鹘南迁考》（《西域研究》1997年第4期）中考证为开成五年（840）八月，较为合理，故从薛说。

“未悉虚实”[1]。面对在天德军境内云屯数十里的回鹘人,守边唐军最初以为是敌军犯边，故天德军使温德彝在这年十月向唐廷传达了回鹘溃兵逼近西受降城的消息。唐武宗相继收到边境预警与嗢没斯的降表，不明底细，只好命令边境加强戒备。

唐武宗会昌元年（841）正月，嗢没斯等部主动退至阴山以北。唐武宗初步判定这批回鹘人并没有犯边企图，但也暂时不敢轻易答应嗢没斯等的内附请求。唐朝就如何处置这批回鹘人分成两派意见。一派意见为天德军使田牟、监军韦仲平及大多数朝臣所主张，认为嗢没斯等是叛离回鹘而来，接受其内附，必结怨于回鹘可汗，主张武力讨伐；另一派则以宰相李德裕为代表。李德裕认为，回鹘有助唐平定安史之乱之功，今遭变乱，有部众来投，理应怀柔安抚。

两种意见分歧的表面下，实则暗藏党争硝烟。田牟出身藩镇，其堂叔即著名的魏博节度使田承嗣。此番田牟主张攻打嗢没斯，不过是见嗢没斯等部大多是扶老携幼的乌合之众，战斗力不强，趁机攻打可以速建军功，提升自身威望，也可掳掠回鹘人的财物。

而李德裕坚决否决田牟攻打嗢没斯的建议，与他一向主张打压藩镇势力不无关系。当时正值“牛李党争”时期，唐廷当中的“牛党”一派在这一问题上自然站到了李德裕的对立面。不独如此，朝议汹汹之下，“李党”似乎也不赞成李德裕的看法。宰相陈夷行即反对怀柔嗢没斯，结果遭到李德裕一顿驳斥。自古涉外之事，往往为庙堂纷争所左右。面对大臣们的分歧，唐武宗犹豫不决，只能采取折中办法，一方面下令唐军不得主动攻击回鹘，另一方面要求嗢没斯等尽快退回漠北。

到了这年八月左右，于上一年（840）出使回鹘的嗣泽王李溶辗转回到长安。唐武宗从他的口中得知回鹘汗国已经灭亡，先前嫁到回鹘的太和公主也不知所终。至此，唐朝才对漠北局势有了明晰的判断，对待嗢没斯等部的态度开始改变。唐武宗命鸿胪卿张贾为巡边使出使安抚嗢没斯等部，并伺机侦察回鹘的动向。十一月，在李德裕建议下，武宗派遣通事舍人苗缜去见嗢没斯，让嗢没斯找到并转送太和公主归唐。

---

① （唐）李德裕：《会昌一品集》卷5《赐背叛回鹘敕书》，上海古籍出版社，1994年，第33页。

但是唐朝战抚不定的态度令回鹘人产生了疑惧心理。嗢没斯与赤心、仆固、特勒那颉啜之间渐渐产生了意见分歧。嗢没斯主张继续耐心等待唐朝转变态度，但赤心建议攻打唐朝边境，先掠夺财富以补充物资。仆固、那颉啜二人支持赤心的意见。到次年（842）三月，双方矛盾已经不可调和。嗢没斯担心赤心会坏掉自己的内附大计，先遣使告知天德军使田牟，说赤心密谋侵犯边塞，以此向唐朝表示忠心。之后嗢没斯又诱杀了赤心和仆固。见二人被杀，那颉啜特勒大为震恐。他收编了赤心的部众，与自己的部落合并在一起，率领他们叛离唐朝，出走东方，似乎是想与曾经臣服于回鹘的契丹、库莫奚合流。但当那颉啜部走到幽州雄武军（今天津蓟州北）时，遭到三万唐军截杀。那颉啜麾下七千帐部众全部被唐朝俘虏。那颉啜本人逃走，后被同样率部南迁的乌介可汗擒获。那颉啜既不见容于唐朝，也为乌介可汗所忌。他与乌介可汗虽是同族，但因当初不肯支持乌介称汗，双方早已势同水火，此番落在乌介可汗手中，断无活路，遂旋即被杀。

四月，唐朝见嗢没斯"忠心可嘉"，又出于分化回鹘的目的，终于同意了他的内附请求，其部众被安置在云、朔两州之间。嗢没斯本人被唐朝封为左金吾大将军、怀化郡王。嗢没斯麾下酋长也得到了官职和赏赐，其部众被赐米、绢。六月，唐武宗又把天德改为归义军，并授予嗢没斯部落以归义军的名号，拜嗢没斯为归义军使，兼领沙陀兵。唐朝此举意在扶植嗢没斯以对抗南侵的乌介可汗。嗢没斯亲至长安朝觐，被唐武宗赐名李思忠。嗢没斯的三个弟弟也被赐李姓。

嗢没斯成功附唐为李德裕一手促成。但因李德裕树敌众多，嗢没斯等也不免卷入是非，沦为党争的牺牲品。到会昌三年（843），嗢没斯感受到唐朝将领们的排挤，只好自卸兵权，请求入朝。唐武宗借机下诏解散了归义军，其部众被拆分打散，由诸节度使分领。嗢没斯则被任为左监门卫上将军兼抚王傅的虚职，赐第长安城的永乐坊，平庸终老。

南迁的回鹘人中还有乌介可汗所部。乌介可汗是昭礼可汗之弟，彰信可汗之叔。汗国破灭之后，他被部下拥立为汗，成为回鹘人名义上的共主。然而许多回鹘贵族并不肯与他合作，而是纷纷出走，导致乌介可汗无法整合回鹘余众与黠戛斯人抗衡，只得于唐武宗会昌元年（841）二月率部南下错子山（今蒙古国南部），休整人马，以图后举。

上一年黠戛斯攻破回鹘后，俘虏了与回鹘和亲的唐朝太和公主。为了防止唐朝支持回鹘残余势力复国，黠戛斯人主动与唐朝交好。他们遣使者达干等十余人护送公主返唐，不料路遇乌介可汗的人马。乌介杀掉了使者，并掳走了太和公主。彼时乌介可汗人马号称有十万之众，是南迁回鹘中实力最强的一支，于是就在大同（今山西省朔州市）北闾门山立下牙帐。为了获得补给，其麾下兵马往来天德（今内蒙古自治区乌拉特前旗东北）、振武（今内蒙古自治区和林格尔西北）之间，剽掠羌、浑部落，对唐朝边境构成威胁。但回鹘与唐朝累代联姻，太和公主又在乌介可汗手里为质，故唐武宗不愿与之公然翻脸，暂时对乌介采取绥靖方针。

会昌元年（841）八月，乌介可汗因部众物资匮乏，便让太和公主向唐朝致书，告知回鹘已立新汗，要求册命，并向唐朝借兵、粮以复国。同时，乌介又让大臣颉干伽斯上表，以安置太和公主为名，请“借”振武军（今内蒙古自治区和林格尔县西北）一城予回鹘。

唐武宗哪里肯割让振武。于是他命令边境唐军严兵以备，摆出了强硬姿态。但唐朝也不愿过分激怒貌似强大的乌介可汗。宰相李德裕再次驳回了以田牟、陈夷行为代表的主战派意见，建议唐武宗借粮给回鹘，以暂时安抚乌介，而不要与之交战。唐武宗从其建议，于十二月下令赈济乌介可汗米二万斛，并催促乌介早日离开唐朝边境，迁往阴山以北。

当时乌介可汗部众人数很多，唐朝援助的粮食只能暂时缓解他们的燃眉之急。况且乌介意在积聚实力，也需要一块富庶、稳固的地盘来休养生息，自然不会为唐武宗的一次赈粮举措所动。会昌二年（842）二月至七月，乌介可汗再三向唐朝索要粮草牲畜，借兵，求借振武，并要求唐朝交出“叛将”嗢没斯。当时嗢没斯已归降唐朝，唐武宗自然不会将其交出。乌介索要牛羊、借城之请也被屡屡回绝。不过，唐朝仍然采取了一些措施以怀柔乌介。二月，唐武宗遣将作少监苗缜对其进行册命。只因其间乌介可汗多次侵扰边境，搜掠物资，导致册命一直未行。五月，唐武宗同意在振武军向回鹘开放榷场，允许乌介用马匹向唐朝换取三千石粮食。七月，唐朝又出兵歼灭乌介可汗政敌那颉啜的部众（见上文），解除了乌介北归的侧翼威胁。

可惜这些措施并不能满足乌介可汗的要求。至会昌二年（842）八月，乌介可汗率部攻入大同川（今内蒙古自治区乌拉特前旗东北），掠夺杂居在河东一带的戎狄各族的牲畜以补充食物。回鹘军队一路打到唐朝云州（今山西省大同市）城下，引发了与唐朝的冲突。

唐武宗派羁留长安的回鹘人石戒给乌介可汗带信，要求回鹘返回漠北，又命宰相李德裕给回鹘宰相颉干迦斯去信，劝说回鹘不再与唐朝为敌。乌介可汗不为所动，双方冲突持续。

唐朝在九月二日、七日对如何应对乌介可汗入侵展开两次朝议。大臣们再次分为两派。以“牛党”首领牛僧儒为代表的许多大臣提出对乌介可汗应采取“来即驱逐,去亦无追”[①]的姑息政策。李德裕却针锋相对，放弃以往的怀柔主张，主张驱逐乌介可汗部。

最终，唐武宗采纳了李德裕的意见，下令在太原、振武、天德等地集结兵力，做好来年春天与乌介可汗决战的准备。唐武宗任命河东节度使刘沔为招抚回鹘使，总领大军。此外，唐廷又任命卢龙节度使张仲武为东面招抚回鹘使，率部从东方策应刘沔；并封主动请缨的嗢没斯为河西党项都将、回鹘西南面招讨使，指挥西路唐军从西面夹击乌介。

就在唐军集中兵力之际，乌介可汗率部又向唐境南迁移了四十里。唐朝判断回鹘将营帐南移应该是乌介可汗与东方的契丹发生了某种矛盾，为躲避契丹人袭击而做出的举动。于是根据李德裕建议，唐武宗命边境唐军抓住战机，提前出征。

但情况很快出现了变化。十月，黠戛斯的使者抵达天德军，知会唐朝，说他们已派大军南下，并扬言要彻底歼灭盘桓在漠南的回鹘势力。黠戛斯大举南下引起了唐朝的忧虑。唐武宗君臣担心回鹘余众败亡后黠戛斯在漠北独大，会成为新的劲敌，于是欲留乌介以牵制黠戛斯，便命李德裕致书回鹘，将黠戛斯人的动向告知了乌介可汗，警告他回鹘此刻已处于危急状态，要求其放弃敌对，归附唐朝[②]。

这封书信发出后，回鹘与唐军持续冲突。不过到了会昌三年（843）初，乌介可汗决定派仆固绎到幽州与唐朝交涉，初步约定将太和公主送到幽州，归还唐朝。但这次谈判应该是无果而终。乌介可汗再次率部进

---

① （唐）李德裕:《会昌一品集》卷 14《公卿集议其中有未尽处须更令分析闻奏谨具一入后状》, 第 114 页。

② （唐）李德裕:《会昌一品集》卷 8《代刘沔致回鹘宰相书意》, 第 63、64 页。

逼振武。于是刘沔遣麟州刺史石雄、都知兵马使王逢帅率兵突袭回鹘牙帐，乌介可汗兵败逃走。石雄长驱追击，再破回鹘于杀胡山（今内蒙古自治区巴林右旗子罕山），斩首万级，俘虏二万余人，并夺回了被乌介扣押的太和公主。乌介可汗受伤，率数百骑突围而去，投奔阴山一带的室韦和解部。

六月，黠戛斯再遣使者入唐，要求唐朝出兵配合黠戛斯消灭乌介可汗。唐武宗知道已无与乌介和谈的必要，便答应与黠戛斯结盟，共同夹击回鹘。到会昌六年（846）秋七月，遭受黠戛斯人与唐军打击的乌介可汗余众已不满三千人。危难之下，乌介可汗先是转附黑车子室韦，之后又打算率部西走安西，却遭到贵族们反对，被其相逸隐啜弑于金山[①]。其弟遏捻特勤被立为可汗。

遏捻可汗率残部辗转投靠奚部大酋硕舍朗。唐宣宗大中元年（847），幽州节度使张仲武打败奚人。遏捻可汗部无所凭依，只好率所存名王贵臣以下五百人于次年春再次依附于黑车子室韦（又称黑车子达怛）。张仲武威胁室韦交出遏捻可汗。遏捻可汗闻讯大惧，连夜与妻、子等九骑西走，不知所终。其余众被黑车子室韦七姓瓜分。不久，黠戛斯宰相阿播率兵击室韦，将回鹘余众带回漠北，只有少量散落部众向西归附了西迁的回鹘贵族庞特勒[②]。

回鹘汗国溃败后，除了嗢没斯、赤心、仆固、特勒那颉啜等部，以及乌介可汗十三部外，还有几部也陆续南下。会昌二年（842）冬至会昌三年（843）春，回鹘特勤庞俱遮、阿敦宁二部，回鹘公主密羯可敦一部，外相诸洛固阿跌一部，牙帐大将曹磨你等七部，共三万余人相继至幽州降唐，被安置于中原各地。先后南迁的回鹘各部总共大约有三十万人[③]，是汗国灭亡后回鹘民族迁徙浪潮中人数最多的一支。他们大部分或

---

① 乌介可汗被弑之地“金山”，应在今大兴安岭南端，非阿尔泰山。按《旧唐书·回纥传》载，乌介可汗死于其相逸隐啜之手。但《新唐书·回鹘传》则说黑车子室韦被唐朝收买，乌介可汗乃为室韦人所杀。综合两种说法，乌介可汗之死，很可能黑车子室韦人勾结逸隐啜所为。

② 此处依据《新唐书》卷217下《回鹘传下》：“（回鹘）遗帐伏山林间，狙盗诸蕃自给，稍归庞特勒。”

③ 艾尚莲：《回鹘南迁初探》，《民族研究》1982年第4期。

附唐接受改编，或被唐朝消灭，少数被黠戛斯人带回漠北。最终，南下回鹘人被分散到唐朝各地，逐渐与汉民族融为一体。

## 二、西迁回鹘

回鹘汗国鼎盛时期，势力即已远达西域。汗国崩溃后，除南下及依附黠戛斯者外，回鹘余部大多西迁。《旧唐书》卷195《回纥传》所载的西迁“回鹘散奔诸蕃。有回鹘相馺职者，拥外甥庞特勤及男鹿并遏粉等兄弟五人、一十五部西奔葛逻禄，一支投吐蕃，一支投安西”，道出了西迁回鹘的大致去向。

“投吐蕃”的一支回鹘人进入了吐蕃控制下的河西走廊地区，成为吐蕃属民[①]。吐蕃统治者将他们拆散，分处河西诸地，后世将他们统称为“河西回鹘”。史料所载的河西回鹘部落，按分布地域，有甘州回鹘、沙州回鹘、瓜州回鹘、肃州回鹘、秦州回鹘、凉州回鹘、合罗川回鹘、贺兰山回鹘等多股，其中以甘州回鹘最为强大。

回鹘汗国崩溃仅两年后，吐蕃也因内战而四分五裂。唐宣宗大中二年（848），沙州豪强张议潮起兵反抗割据当地的吐蕃军阀，很快控制了瓜、沙、肃等十一州之地，建立归义军政权，名义上归属唐朝。河西回鹘诸部则转而臣服于归义军政权。五代时，甘州回鹘强盛。他们以甘州（今甘肃省张掖市）为中心，先后征服河（今甘肃省临夏回族自治州）、兰（今甘肃省兰州市）、瓜（今甘肃省酒泉市）、沙（今甘肃省敦煌市）诸州，控制河西走廊要道。甘州回鹘政权在存在的1个多世纪间，与中原王朝保持着密切的政治、经济、文化联系，与唐、后梁、后唐、后晋、后汉、后周、北宋诸政权均进行过朝贡贸易。

10世纪末期，党项人建立的西夏政权崛起。西夏与甘州回鹘之间为争夺河西走廊爆发多次战争。宋仁宗天圣六年（1028），夏王李元昊攻陷甘州。到宋仁宗景祐二年（1035），甘州回鹘疆土全部被西夏占领，甘州回鹘政权灭亡。

在被党项人打败后，河西回鹘中曾有数万人投奔湟水流域一带的唃厮啰（邈川吐蕃），后来被称为黄头回鹘，《元史》作“撒里畏吾”，《明

---

① 朱悦梅、杨富学：《甘州回鹘史》，中国社会科学出版社，2013年，第57页。

史》作“撒里畏兀”，即现在裕固族的先民。其余的河西回鹘少数留住在当地，一部分进入秦陇、陕西等地，逐渐融合于汉、党项、吐蕃等民族中[①]。

“投安西”的回鹘人是西迁回鹘中人数最多的一支。他们由庞（厖）特勤率领，共有十五部。最初，这十五部人马沿着沟通回鹘汗国牙帐与北庭的“回鹘路”，由漠北越过金山西行，至天山北麓的庭州，投靠了当地的葛逻禄人。但迫于黠戛斯的追击，庞特勤部并未久留庭州。趁吐蕃内乱之际，他们转而南迁至被吐蕃所统治的唐故安西都护府之地。庞特勤率部首先抵达“安西四镇”之一的焉耆（今新疆维吾尔自治区焉耆县），继而经伊州（治所在今新疆维吾尔自治区哈密市）、纳职（今新疆维吾尔自治区鄯县西南之鲁克沁），进而越天山东脉，夺取故安西都护府治所龟兹（今新疆维吾尔自治区库车县），与回鹘汗国崩溃前散布于当地的回鹘人汇合，部众扩展至数十万，控制了天山中部广大地区，此后又攻取西州（古称高昌，在今新疆维吾尔自治区吐鲁番盆地）。大约在唐宣宗大中十年（856），庞特勤以焉耆为根据地，在安西地区自立为可汗，形成了安西回鹘，并成了包括河西回鹘在内的各支西迁回鹘的共主[②]。

大中十年（856）二月，唐朝获悉庞特勤称汗的消息，立即派出使者

---

① 王鍾翰主编：《中国民族史》，中国社会科学出版社，1994年，第354页。

② 关于庞特勤是否曾经统治过河西地区，学界素来存在争议。相关看法有如下几种：a. 庞特勤曾居于甘州，为安西、河西回鹘共主。依据是《新唐书·回鹘传》有关于庞特勤“居甘州，有碛西诸城”的记载。《资治通鉴》《宋史·回鹘传》也皆有此说法。故王日蔚、冯家昇、段连勤诸先生皆主张此说。b. 庞特勤的主要活动范围在西域，而不在甘州。有学者认为，庞特勤居甘州之说，不见于《旧唐书》，应当是《新唐书》讹记。汤开建、苏北海、周美娟等学者持这一观点。c. 安西回鹘首领庞特勤与“居甘州”的庞特勤有可能不是同一人，不过重名而已。台湾学者刘义棠在其《维吾尔研究》一书中提出了这一观点。d. 高自厚先生认为，河西回鹘属于以庞特勤为首的西迁回鹘联盟之分支。故甘州回鹘追认庞特勤为其始祖。所谓“庞特勤居甘州”，也可以理解为“庞特勤后裔居甘州”，因此说庞特勤为安西回鹘与河西回鹘共主，并没有问题。见高自厚：《论庞特勤为回鹘共主——兼论回鹘史上的衰奔时期》，《西北民族大学学报（哲学社会科学版）》1984年第3期。此处依从高自厚先生说法。

前往慰谕。唐宣宗想通过使者传达希望庞特勤能够从安西地区迁回漠北的意思，并许诺一旦其回归漠北，唐朝就会加以册封，使其名正言顺。

庞特勤此时亦派出使者前往唐朝请求册封。双方使者在灵武不期而遇。庞特勤使者遂跟随唐使经朔方来到长安。庞特勤的使者向唐宣宗表明了安西回鹘不便返回漠北的情况，并请求唐朝册封庞特勤为可汗。唐宣宗同意了使者要求，册封庞特勤可汗为嗢禄登里罗汨没密施合俱录毗伽怀建可汗（简称怀建可汗）。十一月，唐朝派御史中丞王端章携诏书前往安西进行正式册封。但王端章行至雪山南畔（今新疆维吾尔自治区哈密市北部巴里坤山及哈尔里克山一带）时，被当地一股势力劫夺了册封诏书，故此次册封并未顺利进行。阻挠王端章前往册封庞特勤的人，《旧唐书》《资治通鉴》记载为黑车子室韦，误。敦煌文献 P.2962《张议潮变文》记为“背乱回鹘”，较为可信[①]。

这支“背乱回鹘”是哪股势力？有学者认为，他们就是以仆固俊为首的“北庭回鹘”[②]。北庭回鹘原是西迁回鹘的一支，后来与庞特勤分道扬镳，盘踞在天山北麓东段的金莎岭（今天山东麓博格达峰），人众逐渐发展到二十万。唐懿宗咸通七年（866），北庭回鹘首领仆固俊克西州、北庭、轮台、清镇等城，取代了安西回鹘政权，并向唐朝派出使者请求册命。唐朝授予仆固俊以左骁卫大将军的官衔。仆固俊的继任者又将牙帐迁至高昌（西州），此即高昌回鹘。高昌回鹘疆域最广时，东起甘肃西部，西到中亚两河流域，南抵昆仑山北麓与于阗、喀什一线，北达天山以北，扼天山南北孔道，为中西交通要冲，在丝绸之路上扮演了重要角色。

高昌回鹘与后来的契丹—辽政权的关系较为密切。辽太祖元年（907）底，高昌回鹘就开始遣使前往朝贡契丹。辽太祖天赞三年（924），辽太祖西征，“遣兵逾流沙，拔浮图城，尽取西鄙诸部”[③]，攻占了东部天山地区，高昌回鹘归附契丹，成为其附属国，每三年朝贡一次。契丹设

---

① 荣新江：《大中十年唐朝遣使册立回鹘史事新证》，《敦煌研究》2013 年第 3 期。

② 田卫疆：《“卜古可汗传说”史实解析——一把打开高昌回鹘史研究之门的钥匙》，《民族研究》2000 年第 3 期。

③ （元）脱脱等：《辽史》卷 2《太祖本纪下》，中华书局，1974 年，第 20 页。

高昌大王府加以羁縻。

不过，高昌回鹘与中原王朝也有频繁的政治交往。后周太祖广顺元年（951），高昌回鹘遣使后周。宋太祖建隆三年（962），高昌回鹘派遣阿都督等四十二人朝贡于北宋。宋太宗太平兴国六年（981），高昌回鹘王对宋朝始称“西州外生（甥）师子王阿厮兰汉（汗）”①,并派遣都督麦索温到中原献贡。宋朝派遣王延德出使高昌作回访。此后，高昌回鹘与北宋的往来交聘史册多有记载。

12 世纪，契丹贵族耶律大石在新疆和中亚地区建立西辽，高昌回鹘为其属国。13 世纪，蒙古崛起，高昌回鹘归顺成吉思汗，后来被并入元朝版图。

除了高昌回鹘与河西回鹘，西迁回鹘中还有一支也值得注意。9 世纪庞特勤率部“西奔葛逻禄”时，由庭州南下安西都护府之地。但是有一部分回鹘人没有跟随庞特勤南下，而是进入了更西面的葱岭以西地区。这支回鹘人与当地的样磨人②、葛逻禄人联合起来，以样磨人为核心建立了喀喇汗王朝。

喀喇汗王朝极盛时期，其版图东起库车，东南起罗布泊，西至咸海、花剌子模，南临阿姆河，北至巴尔喀什湖、七河流域的广大区域，版图囊括今天的乌兹别克斯坦、吉尔吉斯斯坦、塔吉克斯坦、哈萨克斯坦南部及中国新疆维吾尔自治区中西部。

喀喇汗王朝的王室虽然出自回鹘，但是其人口只有很少一部分是回鹘人，而且也渐渐被当地民族同化。10 世纪以后，喀喇汗王朝伊斯兰化。其统治者不再以回鹘人自居，而自认是突厥人，并且敌视信仰佛教的高昌回鹘人。不过在喀喇汗王朝大多数可汗的尊号里，却保留有“桃花石”（Tabghāj，在突厥语中是“中国”的意思）字样，显示了与中华文明的渊源。

① （元）脱脱等:《宋史》卷 490《高昌传》，中华书局，1977 年，第 14110 页。

② 样磨人，据《世界境域志》《记述的装饰》等古代波斯语文献记载，他们源出回鹘，其王出自“九姓乌古斯诸王的家族”（即药罗葛氏）。“样磨”在古突厥语中的意思是“先锋”，大概因为他们曾是回鹘经略西域的前锋军。他们可能在 9 世纪初便因种种原因脱离回鹘汗国，向西迁徙，自成一部。参见王小甫:《回鹘西迁与黑汗王朝》,《新疆社会科学》1984 年第 14 期。

1041 年，喀喇汗王朝正式分裂为东西两部。两部后来皆成为西辽臣属。13 世纪以后其百姓则被蒙古察合台汗国统治。

喀喇汗王朝与高昌回鹘政权虽然在 13 世纪相继灭亡，但是他们分布在天山南北的后裔却不断繁衍壮大，与西域其他民族融合，最终形成了现代意义上的维吾尔族。

# 第四章　回鹘汗国的政治、军事制度

回鹘人因为曾受到过突厥汗国统治，故回鹘汗国的政治制度受突厥影响甚大,其“署官号皆如突厥故事”[①]。但随着与唐朝接触的不断加深，回鹘人也借用了中原的制度与官号，形成了突厥和唐朝官号兼用的职官制度。在军事制度上，回鹘以骑兵为主，承袭了以往北方民族的军事传统。

## 第一节　回鹘汗国的职官体系和政治制度

回鹘汗国的职官体系主要承袭自突厥，同时也参考了唐朝官制。这从侧面反映了当时蒙古高原诸民族的文化交流状况。但与突厥、唐朝官制相比，回鹘官制也有所损益变化，具有自己的一些特点。

### 一、职官体系

回鹘首领原本称“俟斤”（Irgin），后称“颉利发”（Elteber）、“胡禄颉利发”（UIugh-Elteber），自吐迷度开始，回鹘统治者私称可汗（Kaghan）。这些称号都沿袭自突厥，显示出回鹘人对于突厥职官体系鲜明的继承性。突厥汗国的官号有可汗（Kaghan）、可敦（Khatun）、设（Shad）、特勒（Tegin）、叶护（Yabghu）、屈律啜（Chur）、阿波（Apa）、吐屯（Tudun）、俟斤（Irkin）、阎洪达、颉利发（Elteber）、达干（Tarkan）等。根据史料来看，除“阎洪达”外，上述突厥官号均被回鹘所采用[②]。但是回鹘人在继承突厥官号的同时，在职官制度上也有自己的一些特色。

“可汗”是4世纪以后北方民族普遍使用的最高君主称号。《魏书·蠕

① 《旧唐书》卷195《回纥传》，第5196页。

② 尚衍斌:《漠北回鹘汗国政治体制初探》,《西北民族研究》1995年第1期。

蠕传》载："可汗，犹魏言皇帝也。"[1]可汗的正妻则称为"可敦"，相当于汉人所说的皇后。回鹘人亦用"可汗""可敦"作为国王和王后的称号。不过在可汗称号的使用上，回鹘与突厥略有不同。在突厥人的政治制度中，可汗有大、小之分：大可汗为最高君主，小可汗则相当于专治一方的诸侯王。回鹘汗国则不然，他们没有大小可汗之别，只有最高统治者才有资格享有可汗名号。这应当是回鹘人加强中央集权的措施之一。回鹘汗国立国近百年，虽然上层也存在激烈的政治斗争，但却没有像突厥汗国那样分裂为二，也不曾出现多位可汗并立的情况，这应当与回鹘人有意识摒弃突厥的大、小可汗制度，注重树立可汗独一无二地位的做法有关。

回鹘汗国并没有建立像中原那样的储君制度。其汗位继承遵循所谓的"世选制"原则[2]，即先可汗故去后，由贵族们从先可汗家族成员中推举一人为继承者。被推举为汗的人通常是先可汗的儿子，如葛勒可汗（骨力裴罗之子）、牟羽可汗（葛勒可汗之子）、忠贞可汗（顿莫贺可汗之子）、奉诚可汗（忠贞可汗之子），史书明确记载他们是以先可汗之子的身份继承汗位。

不过，并没有史料能证明这些子承父业的可汗们就是家中长子，史书更是明确记载牟羽可汗以幼子的身份继承汗位。由此可见，回鹘人似乎并不存在让长子优先继承汗位的习惯。可汗诸子中谁能被推举为汗，主要看他们个人的势力和威望大小。特殊情况下，汗位也会由先可汗的其他亲属继承。例如，牟羽可汗的汗位被其从兄顿莫贺可汗篡夺；出身阿跌氏的怀信可汗也完全是凭借战胜吐蕃的威望，以药罗葛氏家族养子的身份被贵族推举为汗。又如，崇德可汗被杀后，即位的是其弟昭礼可汗；回鹘汗国崩溃后，靠近回鹘牙帐的十三部推举彰信可汗之叔乌希特勤为乌介可汗。排除其中的政变因素，我们不难发现，每当汗国处于政局动荡之际，回鹘贵族更倾向于从先可汗家族中推举年长而富有能力的人继承汗位，而不拘泥于父死子继之制，试图以此维持汗国政治稳定，为克服时艰提供保障。

---

① 《魏书》卷103《蠕蠕传》，第2291页。

② 肖爱民：《试析回纥汗位的继承制度》，《朔方论丛》（第二辑），内蒙古大学出版社，2012年。

回鹘汗国称王后为“可敦”。但史书中也有“少可敦”这样的名号存在。例如，史载：“(忠贞)可汗为少可敦叶公主所毒死……可汗之弟乃自立。”[①] 这里说的“少可敦”，可能是可汗侧室的称号。

“叶护”是回鹘汗国的高级官爵。按照韩儒林考证，“叶护”一名源于匈奴、大月氏、乌孙人曾经使用过的“翕侯”官职[②]。回鹘汗国的“叶护”之职则承袭自突厥。回鹘汗国的建立者骨力裴罗就曾经被出身突厥王族的拔悉密可汗阿史那施册封为“左叶护”。回鹘建国后，此官号便被沿用下来。在突厥汗国，“叶护”是地位仅次于可汗的“副王”，其权力类似于先秦时期中原地区可以专征一方的“方伯”，由可汗的子弟或其宗族子弟担任。而回鹘汗国的“叶护”，在汗国初期虽然也是分领一方的要员，但从葛勒可汗时期开始，受“叶护”之封的人越来越多。“叶护”之号不仅可授予可汗子弟及其宗族子弟，也被授予许多外姓甚至外邦贵族。例如，敦煌王李承寀娶回鹘公主为妻后，“(唐朝)擢承寀宗正卿；可汗亦封承寀为叶护”[③]。葛逻禄首领在归顺回鹘汗国后也被封为叶护[④]。唐将仆固怀恩之子在回鹘亦有叶护封号，仆固怀恩的孙女还因其父官拜叶护而被回鹘人称为“叶公主”。回鹘汗国的叶护之职封授既滥，说明这一职官在回鹘汗国初期以后逐渐变得没有什么实权（如葛勒可汗授予李承寀的“叶护”称号显然只是一个名誉爵位），可能已成为一种显示崇高地位的虚爵而已。

“特勤”，讹作“特勒”，沿袭自突厥，是一种表示身份的封号，类似于中原人所说的亲王，一般授予王族子弟。

“设”，又译作“杀”或“察”。在突厥，设是由可汗子弟所担任的统辖一方的高级军事长官，地位次于叶护而高于特勤。回鹘汗国建立前，回鹘人就有“左杀（设）”“右杀（设）”之职官，分别统领麾下诸部。例如，《旧唐书》载：“永隆中独解支，嗣圣中伏帝匐。开元中承宗、伏帝

---

① 《新唐书》卷217上《回鹘传上》，第6125页。

② 韩儒林：《突厥官号考释》，《穹庐集》，河北教育出版社，2000年，第355—378页。

③ 《新唐书》卷217上《回鹘传上》，第6115页。

④ 《磨延啜碑》北面第11、12行为：“把（葛逻禄）大毗伽都督任为叶护。”耿世民：《古突厥文碑铭研究》，第197页。

难，并继为酋长，皆受都督号以统蕃州，左杀右杀分管诸部。”[①] 回鹘汗国初期，设的地位依然很高，《磨延啜碑》载：“我（葛勒可汗——引者注）赐予我的两个儿子以叶护和设的称号。我让他们统治达头与及突利失人民。”[②] 足见“设”在葛勒可汗统治时期是专制一方的高官。又《旧唐书·回纥传》载，唐代宗为了酬谢回鹘助其平定安史之乱之功，对牟羽可汗及回鹘汗国重要臣僚均进行了加封：“可汗、可敦及左右杀、诸都督、内外宰相已下，共加实封二千户，令王翊就牙帐前礼册。左杀封为雄朔王，右杀封为宁朔王。”[③] 从这则史料来看，牟羽可汗在位时期，左、右杀（设）是仅次于可汗、可敦，而高于诸都督、内外宰相的高官显爵。而且材料中只言左、右杀，而未谈及“叶护”，可能是“叶护”这时已成虚衔，其职权被左、右杀完全取代，从而不再被人们视为回鹘实权职务所致。但是从顿莫贺可汗时期开始，史料中对回鹘“设”的记载越来越少，汗国军政大权逐渐集中于宰相之手。“设”的权位也变低了，甚至渐渐低于特勤，仅为一般武将称号，最后被“将军”称号替代[④]。

“达干”是回鹘汗国的常见官名。“达干”之官始见于柔然汗国，突厥、回鹘因袭之。回鹘汗国的“达干”官职，既授予回鹘本族人，也由粟特人担任。他们作为汗廷近臣，承担着回鹘汗国的文职工作。例如，著名的《九姓回鹘可汗碑》，其碑文撰写者即拥有“达干”头衔。达干们还肩负着外交之责。根据史书记载，回鹘汗国出使唐朝的使臣许多都有“达干”官衔。《旧唐书》卷 195《回纥传》载：“（贞元三年）回纥可汗遣首领墨啜达干、多览将军合阙达干等来贡方物，且请和亲。”《册府元龟》卷 976《外臣部·褒异三》载：“（元和十五年）对归国回鹘合达干等于麟德殿，兼许和亲，赐锦彩、银器有差。”《新唐书》卷 217 下《回鹘传下》载：“穆宗立，回鹘又使合达干等来固求昏，许之。”也有达干掌握兵权的例子，如顿莫贺可汗在即位前就被称为顿莫贺达干。事实上，北方民族所建立的政权，因制度简约，多有职官不分文武的特点。

---

① 《旧唐书》卷 195《回纥传》，第 5198 页。

② 耿世民：《古突厥文碑铭研究》，第 201 页。

③ 《旧唐书》卷 195《回纥传》，第 5204 页。

④ 薛宗正：《北回纥汗国的政权组织、社会经济和宗教信仰》，《西域研究》1994 年第 4 期。

上马领军，下马治民是其官员的常态，这一点与先秦时期的中原地区较为类似。

“屈律啜”，又作“啜”，与“俟斤”“颉利发”均为部落长官称号。所不同者，“啜”多由可汗亲族担任，可以在汗廷中担任官职。翻检史书，可知回鹘汗国中央曾有“特勤那颉啜”“习勿啜”等官员。“俟斤”是较弱的异姓部落酋长。“颉利发”则是较强大的臣属部落酋长，相当于属国国王。回鹘依附薛延陀时，其首领菩萨的称号就是“胡禄颉利发”（Ulugh-Elteber）。颉利发与俟斤皆有自由管辖本部落的权力。回鹘后来受唐朝影响很大，故诸颉利发、俟斤渐渐改称都督、刺史等唐朝式官号。回鹘汗国虽然保留了“俟斤”称号，不过其实质已经发生很大变化，变成了“仅授予尚未袭爵拜官的酋长之子”的贵族身份名号[①]。

“吐屯”一词源于汉语“都督”，也作“吐屯发”，在柔然汗国、突厥汗国时期就已有此官名，为回鹘汗国所继承，在汉文史书中也被记为“监使”。吐屯是可汗派往别部（属部）驻扎的长官，负责监管当地部落，有征收赋税之职责。吐屯也有自己统领的军队，以便及时弹压所监管部落的反抗，解决所领各部间的纠纷，维护汗国在当地的权威，甚至以武力为后盾，直接干预所统部落的内政。回鹘汗国的吐屯一般由设、啜等充当，位高权重，可以世袭。回鹘汗国就曾向契丹、库莫奚、室韦等臣服民族派驻过吐屯。

“梅录”也是回鹘袭自突厥汗国的官职。“梅录”在突厥语中是命令的意思，引申为传令官。“梅录”可作为汗廷近臣。“梅录”也可以是法官，抑或是爵位，并且可以领兵出征和担负办理邦交之职。

“匐”（Beg，也作“伯克”）是铁勒部落酋长采用过的称号，意思是“首领”，大约与“俟斤”相当，是世袭之官。回鹘汗国建立后，“匐”一词不见于唐代文献记载，可能是被“司马”之号给替代了[②]。但是明清时期，维吾尔族仍在使用“伯克”官职，应该是沿袭突厥、回鹘旧制。

在官职之前，回鹘人还会加上诸如“毗伽”（智慧）、“顿”（第一）、

---

① 薛宗正：《北回纥汗国的政权组织、社会经济和宗教信仰》，《西域研究》1994年第4期。

② 薛宗正：《北回纥汗国的政权组织、社会经济和宗教信仰》，《西域研究》1994年第4期。

“胡禄”（大）等用来修饰官衔、表示地位的尊称。这些尊称与官职一同组成了完整的官号，用来作为官职所有者的称呼。例如，唐代宗永泰元年（765）与唐将郭子仪结盟于彭原的回鹘统帅，其官名为合胡禄都督（Alp Ulugh Tutuq），其中“合”即“勇敢”之意，“胡禄”意为“大”，合起来的意思就是“勇敢大都督”。又如，顿莫贺可汗在称汗前，官号为“顿莫贺达干”（Ton Baγa Tarkan）。“顿”即“第一”之意，以示顿莫贺达干地位之尊崇，而“莫贺”则是一种古代北方民族中常见的贵族称号。汉文史料将“顿莫贺”作为他的称谓，在其称汗后依旧称呼他为“顿莫贺”或“顿莫贺可汗”。

除了沿袭突厥官号外，回鹘也采用了一部分唐朝官号。见于史料记载者，有“宰相”“都督”“将军”“刺史”等。

“宰相”是中原人对于辅佐君主的最高行政官员的俗称。在汉文史书中，关于回鹘宰相的零星记载有很多。根据史料，回鹘汗国设有三位内宰相、六位外宰相来辅佐可汗，是汗国的高级官员。其中大相为权位最重者。

最初，回鹘汗国宰相的地位要低于叶护和设。但是随着中央集权的加强，具有地方诸侯性质的叶护和设渐成虚职，宰相的地位则大幅提升。他们既掌控汗廷的枢机之权，也可以统军出征或出使。

值得一提的是，汉语中的“宰相”一词虽然产生很早，在《韩非子》《史记》等书籍中均有出现，但中原人只是把它作为朝廷宰辅官员的非正式称谓来使用，从来没有任何一个中原王朝把“宰相”定为正式官名。回鹘则不然。回鹘人刻写的《九姓回鹘可汗碑》汉文部分碑文题款上便有“内宰相颉于迦思”字样。不独如此，在20世纪20年代，吐鲁番曾出土过一件长270、宽29.57厘米，保存有125行文字的回鹘文文书（编号8728T.82，现存中国国家博物馆）。这份文书被命名为《回鹘摩尼教寺院文书》，上盖汉文朱方印十一处。其中有四行汉字朱印印文为“大福大回鹘国中书门下省颉于迦思诸宰相之宝印”。所谓“大福大回鹘国”，即高昌回鹘。按高昌回鹘最初崇信摩尼教，后改宗佛教，所以这份文书应当是高昌回鹘早期的文书。彼时其政治制度尚有着很浓重的漠北回鹘汗国印记。故上述证据也可以作为漠北回鹘人将“宰相”这一俗称直接用作了正式官名的佐证。漠北回鹘汗国可能也是中国历史上第一个把“宰相”作为正式官名的政权。后来辽代亦将“宰相”定为官名，有南、北府宰相之设，这可能是受到了回鹘汗国的影响。

回鹘将“宰相”设为正式官名，说明他们在吸收中原文化的过程中产生了某种“夹生”现象——对于部分中原文化内容，回鹘人学得并不“正宗”，因此才会有把宰辅俗称作为正式官名使用的现象存在。这种“夹生”现象还表现在，回鹘官制虽然借用了中原官名，但往往徒具其形，仍然保留了草原政治制度的内核。例如，回鹘汗国的“都督”“将军”“刺史”“司马”之职官，其内涵便与中原地区存在差异。

回鹘的“都督”一职，见于《旧唐书·回纥传》《新唐书·回鹘传》。回鹘前期几位首领均曾被唐朝授予过“瀚海都督”的职衔。回鹘汗国建立后，“都督”一称也被沿用下来。《旧唐书·回纥传》载“（回鹘）有十一都督，本九姓部落：一曰药罗葛，即可汗之姓；二曰胡咄葛；三曰咄罗勿；四曰貊歌息讫；五曰阿勿嘀；六曰葛萨；七曰斛嗢素；八曰药勿葛；九曰奚耶勿。每一部落一都督。破拔悉密，收一部落，破葛逻禄，收一部落，各置都督一人，统号十一部落。每行止斗战，常以二客部落为军锋。”[①] 由此可知，回鹘汗国的“都督”其实就是大部落首领的称谓，用以取代突厥汗国时期的“颉利发”之号。其职位也是可以世袭的，这与中原地区作为流官的“都督”并不相同。

“将军”“刺史”“司马”，其官名均袭自唐朝。唐朝初年，唐太宗曾赐予铁勒贵族以“将军”“刺史”“司马”等官号。这些官职后来便被回鹘汗国承袭下来。其中“刺史”作为小部落首领的称号，取代了突厥汗国时期的“俟斤”官号。而“将军”“司马”在回鹘汗国则是一种表明贵族身份的官衔，并无具体执掌。这是因为，回鹘首领曾被唐朝授予“怀化大将军”“左骁员外大将军”等散官官衔，这些唐朝皇帝封赠的“将军”头衔，只能表示官阶，而无实际兵权。回鹘人受到影响，自然也将“将军”视为表示身份的虚衔。至于“司马”之职，唐太宗最初赐予铁勒贵族此官号时，应当是将其视为各部首领的佐官。在回鹘首领当中，护输就曾担任过瀚海都督府司马一职，辅佐其族叔承宗。后来护输反叛唐

① 《旧唐书》卷195《回纥传》，第5198页。

朝，在漠北另开基业，其“司马”之职则在回鹘逐渐演变为表明贵族身份的头衔。

叶护、特勤、啜、达干、宰相、梅录等众多官吏，就组成了回鹘汗国的中央政府。而都督、吐屯（监使）、刺史之官则分镇各部，构成了汗国地方权力系统。

在回鹘汗国的权力中枢中，由汗廷贵族、吐屯、部落首领等构成的“国人”拥有特权地位。他们可以赞决国家大事，对政务进行指摘批评与纠正，可以召开会议推举可汗，也可以采取断然的行动废掉可汗，以维护汗国的核心政治权力。例如，顿莫贺可汗在即位前，曾担任牟羽可汗的宰相。因劝诫牟羽可汗不要南侵唐朝未成，顿莫贺愤而弑君自立，继位后对唐朝坚持友好政策。又如，忠贞可汗被其弟杀害后，“其次相率国人纵杀篡者而立忠贞之子为可汗”[①]，也是例证。包括后来阿跌氏取代药罗葛氏王统，也经过了“国人推举”这一流程。这些情况反映了回鹘汗国权力中枢的决策体制有着明显的“军事民主制”特征。这是回鹘汗国不同于中原王朝的政治特点。

## 二、两翼制度

在中央对地方的统治上，回鹘汗国传承了古代北方民族传统的两翼制度。所谓“两翼制度”，指的是在分封制基础上，最高统治者居中控制，两翼长官侧翼拱卫的统治方式[②]。这里所说的“翼”，是囊括诸多部落的大范围的军政区划。这种制度从匈奴时期就已出现，历代草原民族因循沿袭。早在回鹘汗国建立之前，回鹘人就设立过左、右杀来分领所辖诸部。回鹘汗国的建立者骨力裴罗在称汗前，曾一度臣服于拔悉密可汗阿史那施。阿史那施封授给骨力裴罗的官爵即为统领拔悉密以东诸部的“左叶护”。与之相应，阿史那施把葛逻禄首领封为统领拔悉密以西诸部的“右叶护”，从而形成左、右叶护从东、西两个方向拱卫拔悉密部的格局。

汗国建立后，回鹘人显然受到了当年阿史那施分封左、右叶护以统领东西方诸部的做法影响，迅速形成了典型的左中右（东中西）的两翼

① 《旧唐书》卷195《回纥传》，第5209页。

② 肖爱民：《中国古代北方游牧民族两翼制度研究》，人民出版社，2007年，第2页。

制度形式。即以牙帐所驻牧的鄂尔浑河和色楞格河流域为汗国的中央区域，由可汗亲自统治。汗国中央区域以东和以西的广大区域，则分封给出身于王室的两大贵族统领，形成夹辅可汗的“两翼”。

根据《磨延啜碑》东面第 19 行的说法①，回鹘汗国沿用了突厥汗国时期对两翼旧称，将左翼（东面）部分称为“突利施”，右翼（西面）部分称为“达头”。回鹘汗国“突利施”部分大致囊括从鄂尔浑河流域以东开始，直至嫩江、霍林河与西辽河流域一带的辽阔疆土；“达头”部分则包括从鄂尔浑河流域以西直到阿尔泰山之间的广大区域②。回鹘可汗分封子弟统治着这两部分区域，但也可以随时收回他们的权力。葛勒可汗曾分封长子叶护太子去统治汗国的“达头”部分。后来葛勒可汗答应出兵援助唐朝平乱，便于 757 年派叶护太子领兵出征。叶护太子凯旋后不久，又获罪被杀。从叶护太子的遭遇中可以看出，回鹘可汗虽然并不直接统治“突利施”“达头”两翼，但在这些区域依然拥有着绝对权威，掌握着对两个区域贵族生杀予夺的权力。如有战事，两翼贵族也必须按照可汗要求从征出战。

回鹘汗国在牟羽可汗以后，汗廷宰相的权力越来越大，原来分统两翼的叶护和设的地位则越来越低。这是回鹘汗国中央集权加强的显征。在这种情况下，两翼制度是否发生了某些变化，则因为史料匮乏，使后人不得而知。

## 第二节　回鹘汗国的军事制度

回鹘汗国的军事制度继承了草原民族的军事传统，在军队组织、后勤补给上均体现了鲜明的游牧民族特色。

### 一、部落兵役制

回鹘汗国实行部落兵役制。军队的征召、调遣、作战等都以部落组织为基础。汗国建立之初，回鹘人在境内十一个最强大的铁勒部落当中

① 耿世民：《古突厥文碑铭研究》，第 201 页。

② 肖爱民：《中国古代北方游牧民族两翼制度研究》，第 170、171 页。

皆设立都督一职，掌握该部落的军政大权，“统号十一部落”[①]，构成了回鹘汗国的基干军事力量。各部牧民全民皆兵，他们平时游牧，有战事则被征召，携带自备的武器、食粮、战马前来参战。其兵马骁勇善战，古代阿拉伯学者称：“在突厥人中，没有谁能敌得过他们（指回鹘人），他们中的10个人顶的上100个葛逻禄人。”[②]回鹘贵族自己也颇以回鹘骑兵战力强悍自矜，他们曾向唐朝幽州节度使朱滔夸耀说：“回纥在国与邻国战，常以五百骑破邻国数千骑。”[③]这些溢美之词并非空穴来风，唐朝安史之乱时，正值回鹘汗国鼎盛时期。回鹘派兵助唐平叛，使安史叛军屡战屡败，以至于使其对回鹘军队产生了恐惧心理。例如，唐代宗宝应元年（762），回鹘与唐朝联军逼近叛军据守的洛阳。叛军当中的突厥族将领阿史那承庆劝告主帅史朝义说：“唐若独与汉兵来，宜悉众与战；若与回纥俱来，其锋不可当，宜退守河阳以避之。”[④]史朝义不听，出城与联军决战，果然大败。回鹘汗国极盛时期的军队战斗力由此可见一斑。

回鹘虽然兵民合一，但其军队并非全部是到战时才临时征召。按照9世纪阿拉伯旅行家塔米姆·伊本·巴赫尔的描述，回鹘可汗有着一支庞大的宿卫部队。塔米姆说，他在游历回鹘汗国时，曾看到回鹘可汗将牙帐驻扎在王城附近，其大帐周围有一万两千多军队环卫[⑤]。这些昼夜保卫可汗的禁卫军，实际上已经具备了常备军的性质。草原民族素有首领征集贵族子弟及其伴当以组建侍卫亲军的传统。侍卫亲军既是禁卫军，也是首领亲自控制的核心武力。回鹘可汗身边这万人的宿卫，很可能也是按照以上原则编成，从而构成了汗国最核心的精锐军事力量。

古代游牧民族素有“随逐水草，战则与家产并至，奔则与畜牧俱逃，不赍资粮而饮食足”[⑥]的传统。他们习惯在出征时携带家属和牲畜，组成

① 《旧唐书》卷195《回纥传》，第5198页。

② 〔阿拉伯〕伊本·胡尔达兹比赫著，宋岘译注：《道里邦国志》，华文出版社，2017年，第239页。

③ 《资治通鉴》卷231《唐纪》德宗兴元元年，第7431、7432页。

④ 《资治通鉴》卷222《唐纪》代宗宝应二年，第7134页。

⑤ 〔阿拉伯〕塔米姆·伊本·巴赫尔：《塔米姆·伊本·巴赫尔回鹘游记》，王小甫译，《边塞内外：王小甫学术文存》，东方出版社，2016年，第569页。

⑥ 《魏书》卷54《高闾传》，第1201页。

专门的辎重部队为军队提供后勤保障。回鹘人也不例外。唐代宗宝应元年（762），牟羽可汗受史朝义引诱，率十万大军南侵，唐朝震动，忙派殿中监药子昂前去安抚回鹘大军。药子昂在太原以北、忻州以南区域遇到回鹘军队，“子昂密数其丁壮，得四千人，老小妇人相兼万余人，战马四万匹，牛羊不纪”[①]。药子昂所见回鹘军，其中精壮只有四千，却混杂有万余男女老幼及不计其数的牲畜，表明他看到的是由回鹘军随军家属与畜产组成的辎重部队。随军牲畜所产的肉、奶就是战士们的口粮，家属则负责照看牲畜，看守营盘。这种后勤补给方式，使回鹘军队可以不过分依赖后方的物资支持就能进行远距离作战。

## 二、军队的职官与十进制

在回鹘汗国，从特勤、叶护、设到国相、达干、梅录、将军都有兵权，皆可领兵出征。例如，回鹘的宰相多冠以“达干”“将军”等武官之名，像宰相磨咄莫贺达干、宰相暾莫贺达干、宰相护都毗伽将军、宰相揭拉裴罗达干、宰相梅录大将军罗达干、平章事海盈阙达干皆是如此。这反映了回鹘汗国官员文武兼具的职责的特点。

有迹象显示，回鹘的军队沿袭了北方民族军队按照十进位制编组的军事传统。例如，《铁尔痕碑》西面第六行记载：“内梅录的首领时伊难珠·莫贺·达干（Ïnanču Baγa Tarqan），大梅录共有九人：五百人长毗伽大将军都督（Bilgä Tay Sägün Tutuq），五百人长俱录·翁伊·俄兹·伊难珠（Külüg Oŋï Öz Ynanču）。”第七行记载：“百人长乌鲁赫·俄兹·伊难珠·乌隆古（Uluγ Öz Ïnanču Uruŋu），乌鲁·乌隆古（Uluγ Uruŋu），千夫长突利施（部）诸匐之子突利施·俱录·伊然（Tarduš külüg ärän），千夫长达头（部）诸匐之子达头·俱录·伊然（Tölis Külüg Ärän），五千人长达头·沙钵略施（Tarduš Ïšbarïš），合·沙钵略·将军·夜洛葛（Alp Ïšbara Säŋün Yaγlaqar）。”第八行记载：“九百人长依托汗·乌鲁赫·达干·卜古赫（Toyqan Uluγ Tarqan Buquγ）。”[②] 碑文中提到的回鹘汗国军职，有“百

---

① 《旧唐书》卷195《回纥传》，第5202页。

② 耿世民：《古代突厥文碑铭研究》，第209、210页。耿世民认为，这段回鹘碑文中提到的九大梅录即汉文文献记载的“外宰相六、内宰相三”。

人长”“五百人长”“九百人长”“千夫长”“五千人长”之分。显然他们是以“百人队”为基干单位，组成“五百人队”“九百人队”，乃至“千人队”；再以“千人队”为基础，组成“五千人队”。其长官皆是拥有“梅录”头衔的重要贵族。

## 三、军队规模、兵种

关于回鹘汗国的军队规模，向来缺乏明确记载，只能依据零星史料进行推断。《旧唐书·回纥传》篇首即言回鹘有“胜兵五万，人口十万人”①，这说的是回鹘早期的情况。所谓“胜兵五万”，指的其实是回鹘部可动员的男丁数量，回鹘汗国建立后，这一数字当增长不少。唐德宗贞元十年（794），回鹘与吐蕃争夺北庭失利。大败之下，回鹘大相颉干迦斯再次进行动员，尤能“悉其国丁壮五万人”②与吐蕃再战。这表明回鹘汗国中期，其核心部落可动员的男丁数量当在五万以上。又如，唐代宗宝应元年（762）牟羽可汗率众侵唐时，唐朝使者刘清潭曾报告唐代宗说“登里可汗（即牟羽可汗）倾国自来，有众十万”③。照这则史料来看，回鹘汗国极盛时期，其核心部落可动员的兵力最多能达到十万。《塔米姆·伊本·巴赫尔回鹘游记》则提供了另外一组数字。他说，除了保卫可汗牙帐的一万两千万多军队，回鹘还有十七位首领，每人统领一万三千万人④。如按塔米姆的说法，则9世纪中叶的回鹘汗国可动员的军队至少有23万。但回鹘汗国各个大首领所指挥的军队，其数量显然不可能超过可汗亲统的宿卫兵力。故塔米姆所说十七位首领各自统领一万三千万人，这个数字很可能包括了大量充作后勤人员的老弱妇孺，未必全是战兵。

回鹘汗国的军队以骑兵为主。古代游牧民族骑兵以骑射为主要作战方式。骑兵们策马奔驰，且驰且射，可以凭借马匹优良的机动能力在战场上分散聚合，集中弓矢对敌军任意局部进行密集的齐射，从而获得良

---

① 《旧唐书》卷195《回纥传》，第5195页。

② 《旧唐书》卷195《回纥传》，第5209页。

③ 《旧唐书》卷195《回纥传》，第5202页。

④ 〔阿拉伯〕塔米姆·伊本·巴赫尔：《塔米姆·伊本·巴赫尔回鹘游记》，王小甫译，《边塞内外：王小甫学术文存》，第569页。

好的战果。例如，唐德宗至德二年（757）唐朝、回鹘联军与安庆绪叛军主力战于陕州，关键时刻，回鹘骑兵“自南山袭其背，于黄埃中发十余矢”[①]，突然出现在敌军侧后，扰乱了对方阵脚，从而使唐军取得胜利。

除了骑兵外，回鹘还有步兵。《磨延啜碑》第33行说：“我的军队三……旗……五百装备齐备的步兵一次两次地惊恐地来了。”[②]这里提到的步兵，属于葛勒可汗的军队。这是史料中关于回鹘步兵为数不多的记载。根据现有文献记载来看，在隋唐时代，最早在战争中大规模使用步兵的北方民族是薛延陀。史载：“先是，（薛）延陀击沙钵罗及阿史那社尔等，以步战而胜……（其步战之法）每五人，以一人经习战阵者使执马，而四人前战，克胜即授马以追奔，失应接罪至于死，没其家口，以赏战人，至是遂行其法。”[③]薛延陀的步兵是用骑兵改组而成,仍以弓箭作为主要武器，作战时“万矢俱发”[④]。薛延陀之所以改骑为步，很可能是他们在首领夷男率领下初到漠北，与其他九姓铁勒部落的联盟较为松散，相互猜忌所致。彼时薛延陀与突厥对抗，必须依仗九姓铁勒的军事支持。然而铁勒诸部各自为政既久，其兵马互不统属，号令难一，互不信任。这种情况下，薛延陀所纠集的诸部人马只是乌合之众。夷男改骑为步，将临阵士兵们的战马没收，统一管理，并以专人执马督战，正可以防止各部人马临阵脱逃，迫使其并力死战。这实际上是薛延陀强化军队纪律、加强对九姓铁勒军事控制的一种手段。薛延陀正是凭此战法战胜了突厥骑兵。薛延陀与回鹘曾为同盟关系，后来又被回鹘兼并，这种战法应当也随之传入回鹘。故而《磨延啜碑》所说的步兵极有可能就是一种披甲的步弓手。

## 四、城防工事

回鹘虽然是游牧民族，但是却兴建了许多城市，也建立了配套的城防系统，用以抵御外敌入侵。回鹘城郭大多建在河谷及岛屿上，有天然水源为屏障与河岸隔开，以防御敌人的进攻。城郭所处的位置易守难

① 《资治通鉴》卷220《唐纪三十六》肃宗至德二年，第7040页。

② 耿世民：《古代突厥文碑铭研究》，第208页。

③ 《旧唐书》卷199下《铁勒传》，第5345页。

④ 《旧唐书》卷199下《铁勒传》，第5345页。

攻。考古发掘表明，回鹘用于军事防御的城堡主要包括两种类型：一种是拥有复合式城墙及额外防御工事的城堡，如汗国的都城哈喇巴喇哈逊（Karabalgasun）和位于土瓦波巴金的城堡；另一种为有带简单城墙而没有额外防御工事的城堡，以巴依巴拉克、巴金阿拉克（Bajyn-Alak，占地 18.2 公顷）和沙郭那三号遗址为代表。

回鹘都城城址哈喇巴喇哈逊，就是一个 600 米 × 600 米、有复合式防御工事的方形区域。城市被 10 米高的土坯城墙所围绕，城墙与整个城堡、要塞合为一体。城内有带方形土墙的宫殿，宫殿有两个主要大门。花园由东部与城墙相连，庙宇由南部与城墙相接，形成了复杂的防御构造体系。

巴依巴拉克是另一座著名的回鹘城市。据《磨延啜碑》记载，此城建于 757—759 年，由汉人和粟特人参与修建。城郭像一般的回鹘城市一样呈方形，但是面积较小（260 米 × 260 米），有 3 米高的土墙围绕着它。城墙的角落处有瞭望塔，但未发现护城河的痕迹。整个城池的防御体系较为简单。

葛勒可汗在位时，回鹘与黠戛斯人发生了大规模战争。为了对付黠戛斯人，回鹘人还用黏土制成的长方形砖坯从萨彦岭南麓向叶尼塞和赫姆奇科河流域修建了一个又一个城池堡寨，从而形成了一条长达 230 千米的防线，相当于回鹘汗国的北部边界线[①]。俄国的考古学家们在图瓦发现的回鹘时期 15 处城址和堡垒就是这道防线的组成部分。其中最大的城堡是位于查丹河（river Chadan）的巴金阿拉克城遗址，其次是巴尔拉尔克河（river Barlyk）的埃尔德格－克吉格（Eldeg-kejig，占地 12.5 公顷）城遗址。它们全都建于克姆齐克（Khemchik）河谷，呈弧形分布在凸起的地方，正对沙延山（Sayan Mountains）。这道规模宏大的防线正是当时回鹘汗国强大国力的折射。

---

① Ю. С. Худяков, ПамятикиуйгурскойкультурывМонголии, ЦентральнаяАзияисоседниетерриториивсредниевека, Новосибирск, 1990, cmp. 84-89；林俊雄、白石典之、松田孝一:《バイバリク遗迹》,《モンゴル国现存遗迹・碑文调查研究报告》，大阪中央ユーラシア学研究会，1999 年，第 196—198 页。

# 第五章　回鹘在漠北的经济生活

回鹘人最初是“居无恒所，随水草流移”① 的纯游牧民族，以游牧业为主要产业。随着历史发展，在与周边民族的交往中，回鹘单一的经济结构逐渐被打破，出现了发达的商业、手工业与农业，从而促进了回鹘社会的发展。回鹘也在其他民族工匠的帮助下在草原上修筑城池，回鹘贵族逐渐转为半定居生活。

## 第一节　游牧业与狩猎业

鄂尔浑河流域有着丰富的河流湖泊、森林与草原，是一块水草丰美的辽阔区域，为古人进行游牧业与狩猎业提供了得天独厚的自然条件。回鹘的先民袁纥部在南北朝时期便曾驻牧于今蒙古国鄂尔浑河流域地区鹿浑海附近，因此他们的经济生活向来也以逐水草放牧牲畜及在草原森林中狩猎为主。此后回鹘人辗转迁徙，随着力量的壮大，将鄂尔浑上游的色格格河、土拉河流域也纳为了自己的牧场。

游牧业为回鹘的主要生业，为回鹘人提供了衣、食、住、行等生活资料。家庭则是回鹘社会最基本的生产单位。早在南北朝时期，回鹘的先民高车人就有明确的家庭私有制观念。据《魏书》卷 103《高车传》载，高车“其畜产自记识，虽阑纵在野，终无妄取”，将不侵夺他人私有财产作为共同遵守的社会道德。而牲畜是一般高车家庭最主要的私有财产，其“婚姻用牛马纳以为荣。结言既定，男党营车阑马，令女党恣取”。

回鹘牧民的主要牲畜有羊、马、牛、骆驼等。羊是回鹘人最重要、数量最多的牲畜。中原史家特地记载回鹘特产——一种大足羊，据说其

① 《旧唐书》卷 195《回纥传》，第 5195 页。

“足长五寸”[①]。羊群作为回鹘人主要的衣食来源，可以提供肉、奶等食品，羊毛也可制成毡帐、地毯、呢子等毛织品。羊群所产的肉和奶，不仅可供牧民日常食用，也是回鹘军队的主要军需物资。《旧唐书·回鹘传》载，唐肃宗至德二年（757）时，回鹘曾派兵四千帮助唐朝与安史叛军作战，唐朝每日为其供应军粮数额为：羊二百口、牛二十头、米四十石[②]。按此标准，大约每名回鹘战士十日就可以消耗掉一到两只羊。唐代宗宝应元年（762），回鹘登里可汗率大军拟入侵唐境，其兵马“倾国而来，有众十万，羊马不知其数”[③]。没有发达的养羊业，是支撑不起这样大规模的军事行动的。

回鹘的养马业也很发达。据《唐会要》载，唐初塞北诸部，各有牧马场，所放牧马匹都打上了代表各部落的印记，称之为“纳马印”[④]。回鹘汗国建立前，回鹘部的牧马场原在一座名为乌特勒山的山峰北面，其马种属于唐朝人所说的“骢马”，即一种毛色为青白斑点相间的马。

回鹘汗国建立后，整个蒙古高原皆受其统治，牧场面积急剧扩大，因此养马规模十分惊人。杜甫《北征》诗中曾说回鹘军队“送兵五千人，驱马一万匹”。诗中的回鹘士兵一人两马，轮换骑乘，足见其战马之充裕。回鹘倚仗其发达的养马业成为唐朝最大的马匹输出方。自唐肃宗乾元年间起，回鹘每年借朝贡贸易的机会向唐朝贩入马匹，换取丝绸。回鹘卖给唐朝的马常数以万计，多时甚至“岁送马十万匹”[⑤]。回鹘与唐和亲，作为聘礼的马匹也动辄上千。唐穆宗时，崇德可汗迎娶太和公主，作为聘礼的马匹甚至多达两万。在回鹘与唐交往的1个世纪里，输往内地的马匹不计其数。一时间，回鹘马风行天下，以至唐诗中出现了诸如“回鹘衣装回鹘马”“回鹘马如林”之类的诗句，反映了回鹘马在唐人生活中之常见。

马匹不但可以通过贸易为回鹘人换来财富，也是牧民们代步的工具与忠实的伙伴，还是军队必不可少的军备物资。因此回鹘人将马匹视为

---

① 《唐会要》卷98《回纥》，第1743页。

② 《旧唐书》卷195《回纥传》，第5199页。

③ 《旧唐书》卷195《回纥传》，第5202页。

④ 《唐会要》卷72《诸番马印》，第1546—1549页。

⑤ 《新唐书》卷51《食货志》，第2302页。

珍贵的财产。《磨延啜碑》碑东面第15行记载："我获得了他们的马群、财物、姑娘、妇女。"① 从中可见，在所有战利品中，回鹘人对马群的珍视程度甚至在被掠夺来的财宝、妇女之上。

牛和骆驼也是回鹘的重要牲畜。唐代宗宝应二年（763），吐蕃占领河西、陇右后，绸之路东段（即长安至凉州段）南北两路及青海路断绝，东西方往来商队多绕道漠北回鹘汗国境内进行长途贸易。骆驼作为商队的主要运力，在回鹘境内更加常见，饲养数量众多。

除了本族从事畜牧业生产外，回鹘统治者在实力强大时，也从其他游牧民族那里直接剥削畜牧业产品。例如，北宋王延德曾在《使高昌记》中提及："契丹旧为回纥牧羊，达靼旧为回纥牧牛。"② 在战争当中，回鹘人也将掠夺牲畜视为积累财富的便利途径，所以中原史家留下了回鹘以"寇抄为生"③ 的记载。

由于畜牧业是游牧民族最主要的产业，所以畜牧业情况的好坏长期决定着回鹘的强衰，正所谓"兴亡，唯以羊马为准"④。回鹘兴起的漠北气候与中原相比较为寒冷干旱。虽然有水草丰茂之处，但生存环境总体上要比长江、黄河流域恶劣。故而牧民们积累财富和生活资料较为不易，遇到天灾后很容易陷入绝境。回鹘的畜牧业在大自然的威力面前也时常显得较为脆弱。历史上，回鹘人势力的衰落每每与畜牧业遭受天灾打击有关。

686年，漠北大旱，草原面积迅速缩小，赤地千里。旱灾（黑灾）带来的危害持续了三年以上。包括回鹘在内的铁勒诸部羊、马死耗大半，百姓被迫捕野鼠、挖草根为食。在此之前，回鹘势力一度很强盛。但经过此番黑灾打击，回鹘的畜牧业被严重削弱，元气大伤。后突厥汗国趁机来犯，回鹘招架不住，被迫南迁投靠唐朝，约半个世纪后才重返漠北。

回鹘汗国的灭亡也与畜牧业受到天灾打击有关。据《新唐书·回

---

① 耿世民：《古代突厥文碑铭研究》，第208页。

② （宋）王明清：《挥麈录·前录》卷4《王延德历叙使高昌行程所见》，中华书局，1961年，第36页。

③ 《旧唐书》卷195《回纥传》，第5195页。

④ 《旧唐书》卷62《郑元璹传》，第2380页。

鹘传》载，唐文宗开成四年（839），草原上“岁方饥，遂疫，又大雪，羊、马多死”[①]。从史书的记载上看，这一年可能先是发生了黑灾，导致草料匮乏，饥荒与病疫出现，冬天又遭遇了严重白灾。在自然灾害和病疫的双重打击下，作为汗国经济支柱的游牧业遭受重创，国力大损，内忧外患纷至沓来。回鹘贵族句录莫贺将军为了争夺权力，引来北方黠戛斯人的入侵。可汗阖馺特勒被杀，牙帐被毁，部众离散。回鹘汗国最终土崩瓦解。

除了放牧牲畜，回鹘人也擅长骑射，以狩猎业作为游牧经济生活的重要补充。根据史书记载，回鹘首领菩萨便“以战阵射猎为务”[②]。在蒙古国后杭爱省浩腾特苏木胡拉哈山 2 号回鹘墓中亦有随葬的骨弓柄出土，上面还残存用古突厥文字母刻写的墓主人的名字或官职[③]，足见回鹘人对于射猎的重视（图二）。

图二　蒙古国胡拉哈山 2 号墓出土刻有突厥卢尼文铭刻的回鹘弓形骨片
（〔蒙古〕阿・奥其尔、策・奥德巴特尔、巴・昂哈巴雅尔、勒・额尔敦宝力道:《蒙古国发现的古代回鹘陵墓》，孟繁敏、杨富学译，《西夏研究》2020 年第 2 期，图 6）

唐朝平灭漠北薛延陀政权后，包括回鹘在内的铁勒诸部都对唐表示臣服。唐太宗命他们“岁内貂皮为赋”[④]。正是因为铁勒诸部放牧的同时也以狩猎补充生计，故盛产貂皮，唐朝才让他们每年以貂皮进贡。

---

① 《新唐书》卷 217 下《回鹘传下》，第 6130 页。

② 《旧唐书》卷 195《回纥传》，第 5196 页。

③ 包文胜、张久和:《蒙古国“四方形遗址”所属时代考——以出土器物上的两组突厥卢尼文字判定》，《内蒙古社会科学》（汉文版）2016 年第 5 期。

④ 《新唐书》卷 217 上《回鹘传上》，第 6113 页。

# 第二节　商业的兴起

漠北回鹘人最初以游牧为生，并没有发达的商业贸易。但随着回鹘的兴起壮大，与周边民族交往日益加深，情况发生了改变。

《资治通鉴》卷226说："初，回纥风俗朴厚，君臣之等不甚异，故众志专一，劲健无敌。及有功于唐（指帮助唐朝平定安史之乱），唐赐遗甚厚，登里可汗始自尊大，筑宫殿以居。妇人有粉黛文绣之饰，中国为之虚耗，而虏俗亦坏。"奢侈品消费，离不开商业的存在。安史之乱之后回鹘可汗"筑宫殿以居"，贵族妇女中兴起"粉黛文绣之饰"，这些奢华生活之风正折射出回鹘汗国商业的兴旺发达（图三）。

图三　蒙古国胡拉哈山6号回鹘方形墓出土金耳环（2008年）

（〔蒙古〕阿・奥其尔、策・奥德巴特尔、巴・昂哈巴雅尔、勒・额尔敦宝力道：《蒙古国发现的古代回鹘陵墓》，孟繁敏、杨富学译，《西夏研究》2020年第2期，图3）

回鹘商业的兴起与繁荣先后受到三方面因素影响。

第一个方面即最早出现的影响因素，是粟特人在回鹘汗国的商业活动。粟特人原是生活在中亚河中地区操古伊朗语的民族。由于河中地区处于丝绸之路的交通干线上，所以粟特人发展成为一个世代以经商为业的商业民族，他们通过丝绸之路往来贩运商品，成为东西方贸易的重要承担者，长期操纵着丝绸之路上的丝绸转贩贸易。突厥统治时期，粟特人就已大量分布于漠北。大食（阿拉伯帝国）侵入河中后，粟特人故土沦丧，迁入漠北者甚众，且继续从事丝绸的转运贸易。粟特商人繁荣了漠北的商业活动，也为回鹘汗国带来了一项财源。回鹘汗国的可汗们十分重视粟特人及其商业活动，常假手粟特商人进行贸易，获得财富收入，并让粟特人拥有了很高的地位，他们充当可汗的使者、顾问，以便为汗国理财。许多粟特人直接参与到了汗国的政治、经济和宗教活动当中，如牟羽可汗的许多亲信便是“九姓胡”（粟特人）。后来他们遭到顿莫贺可汗的清洗，被杀者竟多达两千人。顿莫贺可汗死后，粟特人势力重新复苏。在回鹘汗国中后期，汉文史料中所提到的回鹘期官员仍多有曹姓、安姓、石姓等典型粟特姓氏者。例如，汗国末期卷入政治斗争旋涡的宰相安允和便是一位位高权重的粟特人。

由于粟特人对回鹘汗国的政治经济影响日益变大，其经商之风渐渐影响到了回鹘人。史载，安史之乱后，“回纥留京师者常千人，商胡（粟特人）伪服而杂居者又倍之……殖赀产，开第舍，市肆美利皆归之”[①]。这些居住在唐朝都城长安的回鹘人干脆与粟特人合作经营，共同谋取商业利润。

第二个方面的因素，是安史之乱后回鹘与唐朝官方之间大规模绢马贸易的出现。唐朝为借助回鹘力量平定安史之乱，唐肃宗答应从至德二年（757）起，每年赠送回鹘绢二万匹。之后双方又约定立马市，由回鹘每年向唐输入马数万匹。但回鹘依仗军事优势，将每匹马的价格定到了绢四十匹，比实际马价高数倍，而且很多都是羸弱劣马，带有敲诈贸易的性质。仅此一项，回鹘每年可从唐朝获得数百万匹绢。这些绢一部分用于贵族消费，其余大多经粟特商人之手转卖到西域，获利巨万。这极大地推动了回鹘的商业发展。唐朝对回鹘人贩卖劣马、提高马匹价格、恣意扩大马匹交易规模而使唐朝蒙受巨大经济损失的行为虽颇为不满，但基于怀柔远国，维持与回鹘汗国同盟关系的考虑，不得不吞下这口苦水，将大批丝绸输往回鹘。

回鹘除了用马匹从唐朝获取丝绸外，也换取茶叶。茶马贸易虽不如绢马贸易规模大，但仍是一笔很可观的交易。唐代《封氏闻见记》卷 6《饮茶》中便有“往年回鹘入朝，大驱名马市茶而归”的说法，不仅反映了唐朝与回鹘之间茶马贸易的存在，也说明饮茶之风应当已经传播到了回鹘。

第三个方面的因素，是“回鹘路”在唐朝安史之乱爆发后成为丝绸之路要道。回鹘境内有多条驿道，如沟通中原与漠北的“参天可汗

① 《资治通鉴》卷 225《唐纪四十一》代宗大历十四年，第 7265 页。

道”、通往河西的居延道、通往黠戛斯的剑河路、从哈拉巴拉哈孙王城通往西域碎叶城的北庭路，以及位于今内蒙古自治区阿拉善盟境内的“回鹘路”。这些道路上均有驿站和水井存在。在这些驿道当中，最著名者乃是唐太宗贞观二十一年（647）漠北铁勒诸部奏请开通的“参天可汗道”。史载，漠北铁勒各部在配合唐朝击灭薛延陀汗国后前来长安朝觐，表示愿意归附唐朝。铁勒各部酋长参拜奏称：“臣等既为唐民，往来天至尊（指唐太宗）所，如诣父母，请于回纥以南、突厥以北开一道，谓之参天可汗道，置六十八驿，各有马及酒肉以供过使，岁贡貂皮以充租赋，仍请能属文人，使为表疏。”“上皆许之。”[①] 此即“参天可汗道”。这是回鹘与唐朝之间进行大规模贸易的重要商路。而在安史之乱后，一条位于今阿拉善高原，沟通阴山南北缘与伊州、高昌的驿道地位迅速上升，成为回鹘汗国的一条经济命脉。这条驿道被唐朝人称为“回鹘路”。

安史之乱爆发后，唐朝在河西地区及西域的力量空虚。吐蕃趁机攻占了河西、陇右之地，丝绸之路河西道被其阻断。统治西域的唐朝北庭、安西二都护府自此被孤悬于万里之外。西域的唐朝军政人员只能取道回鹘路与长安重新建立联系。《新唐书·回鹘传》载：“初，安西、北庭自天宝末失关、陇，朝贡道隔。伊西北庭节度使李元忠、四镇节度留后郭昕数遣使奉表，皆不至。贞元二年，元忠等所遣假道回鹘，乃得至长安。”[②] “回鹘路”既然成为唐朝联系西域的主要通道，大量东西方商队便在此路上开始了更加频繁的商贸往来，很大程度上取代了被吐蕃所阻断的丝绸之路河西道的作用。而回鹘又处在这个交通路线的枢纽地段，控制了丝绸之路上的转运贸易，自然大获其利，进一步促进了其商业的繁荣。

回鹘在同其他国家和地区进行商业往来时，除了转运贩卖丝绸，也将自产的各种皮革卖给远方的客商，交换丝绢花布和装饰品等。在中原做生意的回鹘商人还经营放贷业务。到唐文宗大和初年，回鹘商人在长安所经营的放贷业务已经达到了很大规模。不可避免的，长安发生了许

① 《资治通鉴》卷198《唐纪十四》太宗贞观二十一年，第6245页。

② 《新唐书》卷217《回鹘传上》，第6124页。

多唐朝贵族、百姓借贷回鹘商人钱财却逾期不还的案件。由于关系到双方关系，唐朝不得不多次出面安抚回鹘商人。其中最著名的一起因欠贷不还而引发的纠纷案件发生在唐文宗大和五年（831）。犯事者是唐朝右龙武大将军李惎之子。他向回鹘人借贷了一万一千四百贯钱而逾期未还，被回鹘人告到官府。因借贷数额巨大，且事涉高官子弟，故而引起了唐朝政府的重视。唐文宗亲自过问此事。他下令将李惎贬官，并下诏规定："自今以后，应诸色人宜除准敕：互市外并不得辄与蕃客钱物交关，委御史台及京兆府切加捉搦，仍即作条件闻奏。其今日已前所欠负，委府县速与征理处分。"[①] 成为有唐一代著名的经济纠纷案。

总之，回鹘人在漠北时期，与中亚、西亚、中国内地及南亚次大陆都建立了商业与文化联系，并从这些国家和地区输入了大量物质文化，发展和繁荣了自己的文化。

## 第三节　农业与手工业

伴随着文明的繁荣，回鹘人的农业与手工业也发展起来。

这里说的农业指的是种植业。早期的回鹘人并不从事农业生产，主要靠游牧业来提供食物。但回鹘人聚居的色楞格河与鄂尔浑河流域河流众多，便于灌溉，加之6世纪以后东亚气候转暖[②]，就为农耕提供了必要的自然条件。唐太宗贞观二十一年（647），唐朝在漠北设置瀚海都护府来统御包括回鹘在内的九姓铁勒，派李素立担任都护。李素立在主持漠北政务期间与当地人关系和谐，并"为建立廨舍，开置屯田"[③]，开始在漠北推广农耕。这对回鹘农业的产生起到了很大推动作用。

回鹘汗国葛勒可汗的记功碑《铁尔痕碑》西面第四行记载，"在八条河之间，那里有我的草场和耕地。色楞格、鄂尔浑、土拉河等八（条河流）使我愉快。"[④] 这表明到葛勒可汗统治时期（8世纪中叶），农业已成为回鹘的重要产业，故而耕地会被回鹘可汗视为重要财产。

---

① 《册府元龟》卷999《外臣部·互市》，第11727页。

② 竺可桢：《中国近五千年来气候变迁的初步研究》，《考古学报》1972年第1期。

③ 《旧唐书》卷185上《李素立传》，第4786页。

④ 耿世民：《古代突厥文碑铭研究》，第208页。

宗教对于回鹘农业的发展也起到了很大的促进作用。回鹘汗国在牟羽可汗在位时将摩尼教定为国教。据《九姓回鹘毗伽可汗碑》载，信仰摩尼教以后，回鹘人的生活习惯发生了很大变化："薰血异俗，化为蔬饭之乡；宰杀邦家，变为劝善之国。"[①] 法国学者勒内·格鲁塞援引沙畹与伯希和的观点，认为："摩尼教是禁食奶与牛肉，假使这种教规在畜牧与制造奶子酒地区是难以遵守的，则可能在劝告多吃蔬菜之号召下，使回纥人从游牧生活过渡到以农业为主的定居生活。"[②]

回鹘的主要农作物是大麦、小麦和黍。其中以生长期短、耐干旱、适应轻霜环境的大麦种植最为普遍。农业的产生是回鹘经济领域内非常有意义的变化。农业使部分回鹘人进入了半定居式的生活，从而推动了回鹘城市的出现与发展。在回鹘的都城斡耳朵八里（Ordobalik，"斡耳朵"是可汗宫廷的意思，"八里"意为"城市"，此城即哈喇巴拉哈逊古城）周围，分布有灌溉渠道和居所。考古学家在这些居所遗址中发现了台架和磨盘等加工谷物的工具[③]。至今在斡耳朵八里遗址附近仍可见到蒙古牧民用散落在当地的回鹘旧磨盘堆积成的敖包[④]。回鹘的古城遗址中还有犁铧出土，表明他们会用牲畜来耕种土地[⑤]。这些犁具是由唐朝输入的[⑥]。一般认为，斡耳朵八里是由回鹘第三任君主牟羽可汗（759—780 年在位）下令修建的。所以这些考古发现足以证明 8 世纪中叶的回鹘汗国已经有相当规模和水平的农耕。

当然，回鹘人并没有完全过渡到定居生活，广大牧民仍从事逐水草

---

① 林幹：《突厥与回纥史》之《九姓回鹘毗伽可汗碑》，内蒙古人民出版社，2007 年，第 440 页。

② 〔法〕勒内·格鲁塞著，蓝琪汉译，项英杰校：《草原帝国》，商务印书馆，1998 年，第 163 页。

③ 〔苏联〕C. B. 吉谢列夫：《南西伯利亚和外贝加尔湖地区古代城市生活的新资料》，阮西湖译，《考古》1960 年第 2 期。

④ 杨富学：《回鹘社会文化发展逆演进现象考析》，《暨南大学学报（哲学社会科学版）》2015 年第 4 期。

⑤ 〔苏联〕Д. 伊西耶夫：《鄂尔浑回鹘汗国》，热夏提·努拉林迈德译，《世界民族》1987 年第 3 期。

⑥ 〔哈萨克斯坦〕阿不来提·卡玛洛夫：《8—9 世纪中亚游牧回鹘人的物质文化》，彭杰译，《新疆师范大学学报（哲学社会科学版）》2005 年第 2 期。

而居的游牧业。但随着历史发展，农业在回鹘人的经济生活中的地位无疑变得越来越重要。唐武宗宰相李德裕在其《会昌一品集》中，说“回鹘运属灭亡，岁久不稔”，将回鹘谷物歉收与其国运联系起来，可见农业生产在汗国末期对于回鹘人生活影响之巨大。回鹘汗国崩溃后，其残余势力乌介可汗曾致书唐朝，请求经济上的援助，其中便要求唐朝给予谷物与种子，唐武宗回复说：“所求种粮及安存摩尼……并当应接处置，必遣得宜。”[①] 表示会满足回鹘的请求。足见直至回鹘汗国灭亡，农业经济仍然存在。

作为游牧民族，回鹘的传统手工业是与畜产品加工相关的毛纺织业、皮革加工业等。随着生产力发展，特别是商业、农业和城市兴起以后，回鹘的手工业种类也越来越丰富。

考古学家在回鹘城市遗址、墓地中发现了铁矿渣，石制碾磨器、纺锤和犁等各种冶炼遗迹、纺织和农业器具，以及松香、铜片、铜镜、罐、杯、碗和瓶等生活用具，还有各种兵器（弓箭、战刀、匕首、刀子、斧和铁制盾牌）、鞍鞘（铁、木和皮革制作）、手工石磨、灶具（木制高脚盘、木盆、锅、针具）及金银首饰、圆石镜、木器、腰带、铜铃、棱角青石玉和石雕等装饰品[②]。

从这些出土器物的器形、质地和技艺等方面来看，回鹘汗国时期手工业的分工已经非常明确。有专门开采矿石、冶炼矿石的人，还有烧窑匠、铁匠、首饰匠、石匠、雕刻匠、刻骨匠、画家、建筑师和织布匠。从生铁冶炼、修造建筑、雕刻碑铭，到制作生产生活器具、纺织品、装饰品，均有专门的工匠从事，各种手工业门类较为齐备。

值得一提的是回鹘的陶瓷器。它们形制多样，种类丰富，既有厨具，也有容器和摆设器皿。大部分陶器表面都有通过划刻或模印的方式绘制上去的装饰图案。在蒙古国浩腾特苏木乌布尔哈布其勒三号四方形遗址曾出土过一批碎陶片。这些陶片主要来自各种陶罐。其陶质以夹砂灰陶为主，少部分为夹砂黄褐陶。上面的装饰图案以菱形纹和水波纹为主，

① （唐）李德裕：《会昌一品集》卷 5《赐回鹘书意》，第 28 页。

② 〔苏联〕Д. 伊西耶夫：《鄂尔浑回鹘汗国》，热夏提·努拉林迈德译，《世界民族》1987 年第 3 期。

也有菱形与圆形的组合纹饰[①]。在其他地方发现的回鹘陶器中，有些陶瓷器具有垂直光泽的表面，上面绘有罕见的由波浪纹改成的植物卷须形图案；有些则绘有蒙古高原游牧民族传统的“U”形纹饰[②]。这种“U”形纹饰可追溯至匈奴时期。这无疑是北方游牧民族的历史传承在手工业制造方面的体现。这些简洁美观的陶制品装饰图案，体现了回鹘汗国质朴的制陶技艺（图四）。

图四　2006年蒙古国浩腾特苏木乌布尔哈布其勒三号四方形遗址出土回鹘陶片
（分别采自塔拉、恩和图布信主编：《蒙古国浩腾特苏木乌布尔哈布其勒三号四方形遗址发掘报告（2006年）》，文物出版社，2008年，图版一七，2、3；图版一八，1、2）

① 塔拉、恩和图布信主编：《蒙古国浩腾特苏木乌布尔哈布其勒三号四方形遗址发掘报告（2006年）》，文物出版社，2008年，第45、46页。

② 〔哈萨克斯坦〕阿不来提·卡玛洛夫：《8—9世纪中亚游牧回鹘人的物质文化》，彭杰译，《新疆师范大学学报（哲学社会科学版）》2005年第2期。

随着手工业发展，回鹘的陶瓷烧造技术也取得了进步。早期回鹘的瓶子往往是没有使用陶工轮具而用手工制作的陶瓶。随着手工业的进步，出现了一种“回鹘式”的瓷瓶。这种瓷瓶发现于色楞格（Selenga）、欧依（Qnon）、契卡（Chika）及其他河流域的回鹘古城址及房屋遗址，故名。回鹘式瓶子采用轮制法制作，其底部留有陶工用轮子做出的方形凸榫印刻。瓶身上有相扣连的菱格带状纹饰，以定形的糊状陶土制成。回鹘式瓶子在外形及制作工艺与6—10世纪黠戛斯人制造的瓶子类似，只不过黠戛斯人制造的瓶子所用陶土土质更好①。说明黠戛斯人继承并改良了回鹘人的瓷瓶制作技术。这种器物制作技术上的传承与发展反映了回鹘对其后漠北游牧民族手工业技术的影响。

回鹘汗国兴建过许多城市、陵寝。修建这些建筑物需要大量建筑构件。因此烧造建筑物构件也是回鹘手工业的重要门类。回鹘人遗留下的建筑构件主要有砖块、瓦、镇脊兽等。回鹘砖为灰色长方形。除了素面砖外，回鹘人在烧制砖块时，也会在一些砖的表面模印绳纹、菱形纹用以装饰，有的砖面上还印有手指纹戳印。回鹘瓦主要有板瓦、筒瓦两种形制。板瓦横切面呈弧形，一端略宽，外侧素面，内侧则印有布面文。筒瓦的横切面弧度更大，呈拱形。回鹘的瓦当在形制上与中原接近，上面一般绘有莲蕾纹和莲子纹（图五）。与中原一样，回鹘人也会在砖木结构房屋上安置脊兽。在乌布尔哈布其勒三号四方形遗址发现的脊兽残片上有兽耳、角状突、平行线和三角形线条作为装饰，局部还有涂抹红彩的遗迹②。在回鹘人的城市、陵寝遗址中，还均出土过一种猴首形饰物，这应该是一种回鹘人常用的建筑饰物。这种建筑饰物为泥质灰陶，造型是猴脸正面，两侧粘有圆形大耳，耳中间有一块突鼓，中有小圆坑，呈现出一种夸大变形之美，体现了回鹘工匠的艺术创造力③（图六）。

---

① 〔哈萨克斯坦〕阿不来提·卡玛洛夫：《8—9世纪中亚游牧回鹘人的物质文化》，彭杰译，《新疆师范大学学报（哲学社会科学版）》2005年第2期。

② 塔拉、恩和图布信主编：《蒙古国浩腾特苏木乌布尔哈布其勒三号四方形遗址发掘报告（2006年）》，第45—50页。

③ 塔拉、恩和图布信主编：《蒙古国浩腾特苏木乌布尔哈布其勒三号四方形遗址发掘报告（2006年）》，第50—52页。

图五　蒙古国浩腾特苏木乌布尔哈布其勒三号四方形遗址出土回鹘筒瓦和带有浓郁唐朝风格的回鹘莲蕾纹瓦当

（分别采自塔拉、恩和图布信主编：《蒙古国浩腾特苏木乌布尔哈布其勒三号四方形遗址发掘报告（2006年）》，文物出版社，2008年，图版二〇，1；图版二二，1、2）

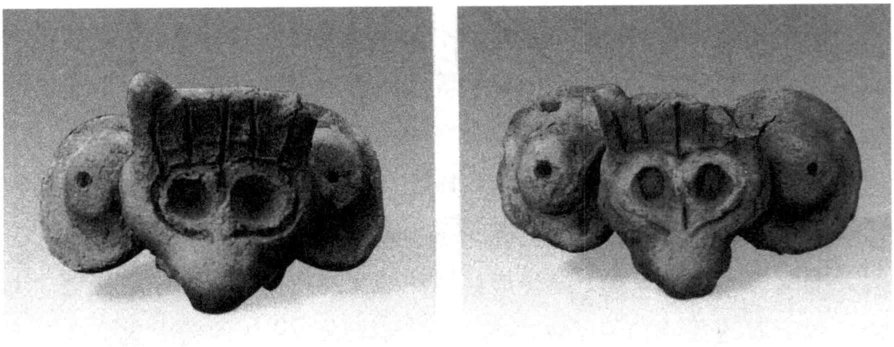

图六　蒙古国浩腾特苏木乌布尔哈布其勒三号四方形遗址出土回鹘猴首建筑饰件

（分别采自塔拉、恩和图布信主编：《蒙古国浩腾特苏木乌布尔哈布其勒三号四方形遗址发掘报告（2006年）》，文物出版社，2008年，图版二四，2、3）

# 第四节　城市的兴起与漠北回鹘人的半定居生活

回鹘汗国时期，出现了一种特殊的社会经济现象，即城市开始在漠北地区大量出现。古人素来将漠北视为“碛卤”之地，意思是当地多盐碱戈壁。按照一般的观点，这种气候恶劣、地广人稀的地区，缺乏建立城市所需要的自然条件。因而人们普遍相信，在生产力低下的古代，蒙古高原上的居民只可能为不断寻找草场和水源奔波终年，而不可能大规模聚城而居。

但是中国古代各地的气候条件并非一成不变。根据现代学者研究，南北朝时期的气温较今天更为寒冷[①]，因此那时的蒙古高原气候条件也比今天更为恶劣，草原所能承载的人口较为有限，也限制了农业与商业的规模。大漠南北大部分居民主要靠游牧打猎为生。回鹘人也不例外。他们于初唐时尚游牧于色楞格河流域，常年过着“随逐水草”[②]的非定居生活。然而正是在隋唐之际，东亚气候开始转暖，渐渐变得比现今温和宜人。从而为蒙古高原上人口繁衍、经济发展和城市大量出现提供了必要的自然条件。

8世纪中叶回鹘汗国建立后，伴随着蒙古高原政治上的统一，社会趋于安定，漠北地区的农业和商业迅速繁荣起来。尤其是回鹘汗国的商业发展起来以后，东西方商队在回鹘汗国境内频繁往来，或驻足歇脚，或展开贸易，这又为蒙古高原上出现市镇创造了经济前提。与此同时，回鹘贵族也受到唐文化与粟特文化的巨大影响，在牟羽可汗时期开始过起了“筑宫殿以居”[③]的奢华生活。凡此种种，均导致在回鹘汗国时期，漠北城市如雨后春笋般出现。许多回鹘贵族也从原来逐水草而居的游牧生活转向了半游牧半定居的状态。

早在回鹘汗国第二任君主葛勒可汗统治时期，回鹘就有在汗廷驻跸地四周修筑围墙的习惯。例如，《磨延啜碑》北面第20行提到：虎年（750）“二月，我（磨延啜）令人（在于都斤西麓），在铁兹（täz）河源，在qasar西方建立了汗廷，并命人建造了围墙”。碑文的北面第21行载：兔年（751），“我在于都斤山林，在……圣峰西，在yabaš及toquš（河）汇合处，度过了夏天。在那里我命人建立了汗廷，命人在那里建立了围墙”[④]。这种在汗廷四周修建围墙的做法，可被视为回鹘城市的雏形开始出现。《磨延啜碑》西面第44行又提到：羊年（757），“我让粟特人和中国人在色楞格河处建立了富贵城”[⑤]。这是一则关于粟特与汉人等定居民族直接参与修建回鹘城市的记载。证明在回鹘汗国兴建城市这件事情上，

---

① 竺可桢：《中国近五千年来气候变迁的初步研究》，《考古学报》1972年第1期。

② 《旧唐书》卷195《回纥传》，第5195页。

③ 《资治通鉴》卷226《唐纪四十二》德宗建中元年，第7282页。

④ 耿世民：《古代突厥文碑铭研究》，第198页。

⑤ 耿世民：《古代突厥文碑铭研究》，第198页。

粟特文化与唐朝文化起到了直接的推动作用。碑文中提到的富贵城，也被认为是有史可考的回鹘第一座真正意义上的城市。其遗址位于今蒙古国色楞格河流域的塔利亚特村附近。城郭形状呈现方形，城墙边长260米，夯土筑成，高3—6米，四角有瞭望塔，城内有三处用土石材料砌成的庙宇平台①。

除了上文中提到的富贵城外，还有多座回鹘城市见于史乘。例如，《新唐书·地理志》载："又别道自鸊鹈泉北，经公主城、眉间城……亦至回鹘牙帐。"②《辽史》卷37《地理志一》也载："河董城，本回鹘可敦城，语讹为河董城。"③ 史料中提到的"公主城""可敦城"，是回鹘人专门为唐朝的和亲公主所修建的。史载，唐朝公主抵达回鹘后，回鹘人会专门为她们"立宫室以居之"④，并在此基础上形成了城市。

修建城市的行为在此前的游牧民族中并不常见。在回鹘汗国建立前，突厥人虽也有建立城市的条件，但他们并不热衷此道。据《新唐书》卷194上《突厥传上》载，突厥贵族暾欲谷就曾劝谏其可汗骨咄禄不要营建城市，原因是他认为城居会使突厥人丧失机动性，从而失去与唐朝对抗的资本。由此可知，回鹘人兴建城市与当时回鹘汗国和唐朝和平相处，不必面临来自中原王朝的强大军事压力有关。

需要指出的是，回鹘汗国不仅有由境内各族工匠修建的城池，也有从唐朝手里接管的城市。例如，唐朝退出西域后，回鹘趁机向西扩张，接管了庭州、裴罗将军城（今吉尔吉斯斯坦托克马克附近）及丝绸之路沿途其他一些城镇。历史上，回鹘汗国自己修建的城市主要位于漠北地区，接管城市则大多位于西域，这反映了当时回鹘汗国在西域地区的扩张态势。

考古学家目前发现的回鹘古城遗址多达21座⑤，包括哈喇巴喇哈逊古

① 塔拉、恩和图布信主编：《蒙古国古代游牧民族文化遗存考古调查报告（2005—2006年）》，文物出版社，2008年，第208页。

② 《新唐书》卷43下《地理志七下》，第1145页。

③ 《辽史》卷37《地理志一》，中华书局，1974年，第451页。

④ （唐）李德裕：《会昌一品集》卷2《幽州纪圣功碑铭》（并序），第11页。

⑤ 王金保：《论漠北回鹘汗国的城市兴建与半定居生活》，《敦煌学辑刊》2015年第4期。

城遗址、富贵城遗址、祁连回鹘古城遗址、查干苏木回鹘古城遗址及分布在叶尼塞河上游的15座回鹘城堡遗址等。这些回鹘城市大多建在河谷及岛屿上。其中最大、最著名者是位于鄂尔浑河左岸哈喇巴喇哈逊的回鹘王城。志费尼在《世界征服者史》中提到过这座城市的遗址，并记录下了它的名字——斡耳朵八里。

斡耳朵八里兴建于8世纪中叶。根据《塔米姆回鹘游记》记载，这座城市在当年曾拥有12座巨型铁门，城内有繁华的集市，熙熙攘攘的人群；城市周围被密集的农田阡陌、村庄所环绕，城市里的居民皆信仰摩尼教①。斡耳朵八里恢宏的气势从中可见一斑。

现存的斡耳朵八里遗址面积约25平方千米，四周建有夯土城墙。遗址由内城、外城、宫城及农业郊区构成。其中内城位于外城东南角，宫城则位于外城中部偏西的位置。宫城遗址约为1平方千米，围有高达10米的城墙。城墙上等距离排列着4座角楼和10马面（突出于城墙之外的矩形墩台，古人称为“马面”）。宫城中心还建有高达14米的塔楼以供瞭望。宫内东南角遗有一座多层房屋遗址。它坐落于一处高出城内地基4—5米的高台上，屋内建有取暖设备、用灰泥株面的墙壁，并装有青铜铺首的大门。这里出土了7件猴首形的建筑构件，以及带有莲瓣纹、莲蕾纹和莲子纹的具有浓烈唐文化风格的建筑构件。宫城南面有一片庙宇区，应当是摩尼教的建筑遗存。著名的《九姓回鹘可汗碑》即被发现于此。城市内留有坊墙的遗迹。这些坊墙将城内划分为若干区域。城市的南、西、北三面城墙外则挖有护城壕。其中北侧护城壕保存较好，在其内侧还可以看到一列较矮的短墙。城东西各有一座城门，西门还发现了很大的瓮城。内侧瓮城约30平方米，城门向南开。外侧瓮城约50平方米，城门向北开。瓮城外似乎还有低矮外墙。这样的城防体系与同时期的中原城市是十分接近的。可见回鹘城市的修建受到了唐朝的巨大影响。城市周围则分布着许多平民住宅，应该是供农民居住。这些住宅内均发现了粮食加工工具和陶器等。城市附近还遍布灌溉渠道。说明当年城市的周边曾有过发达的农业，居民当中有众多农业人口。苏联考古学家吉

① 〔阿拉伯〕塔米姆·伊本·巴赫尔：《塔米姆·伊本·巴赫尔回鹘游记》，王小甫译，《边塞内外：王小甫学术文存》，第569页。

谢列夫对于回鹘人的城市建设水平给予了高度评价：“根据发掘土器皿的特征，可以推知回纥人在城市的建设方面和当时的城市生活中起了很大作用。” ①

遗址的残垣断壁上还留有被火焚烧过的痕迹。这是回鹘汗国灭亡后王城曾遭到黠戛斯人焚烧破坏所导致的。斡耳朵八里在遭到这次破坏后再也没有恢复往昔的繁荣，湮没于历史长河中达千年之久（图七）。

1

① 〔苏联〕C. B. 吉谢列夫：《南西伯利亚和外贝加尔湖地区古代城市生活的新资料》，阮西湖译，《考古》1960 年第 2 期。

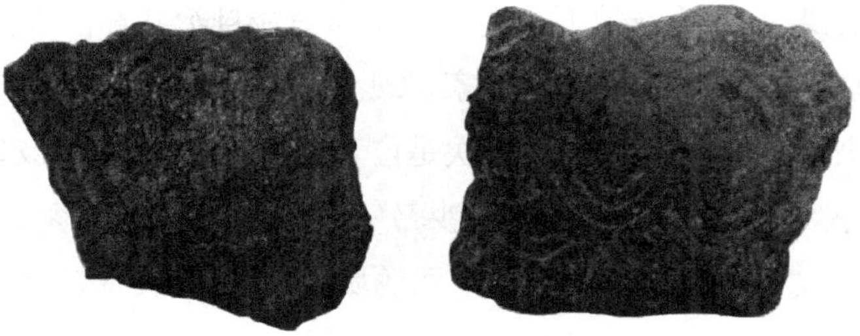

2

图七 回鹘哈喇巴剌哈孙王城遗址远景及采集的陶片

1. 遗址远景 2. 采集的陶片

（分别采自塔拉、恩和图布信主编：《蒙古国浩腾特苏木乌布尔哈布其勒三号四方形遗址发掘报告（2006年）》，文物出版社，2008年，《前言》图4，图版三三及图版一八，3）

其他著名的回鹘古城遗址还有祁连古城、查干苏木回鹘古城、青陶勒盖古城等。

祁连古城遗址位于今蒙古国后杭爱省奥给诺尔苏木塔米尔河与鄂尔浑河交汇处，祁连湖西北，因而得名，修建时间不详。城址只有100平方米。城墙高3—4米，四角有角楼。城门位于南城墙正中。东北角有一个面积50平方米、约10米高的夯土台基，台基西侧城墙凹下处为门道所在。

查干苏木回鹘古城位于今蒙古国后杭爱省浩腾特苏木西南45千米处。该城址坐西朝东，由东、西两城连接而成。东城呈正方形，边长150米左右，城墙高1—2米。西城平面为长方形，有内、外两城。其中外城东西长250、南北宽210米，内城东西长170、南北宽135米。西城的内城墙和外城墙四角均建有角楼，南墙和北墙上建有马面。西城的内城中央有一个大型建筑台基，在这里有少量的建筑构件被发现。台基四周用土墙分割成许多整齐划一的院落。城的布局与建筑方式与哈喇巴喇哈逊遗址接近。

青陶勒盖古城位于今蒙古国布尔干省达新齐楞苏木。2004年起，蒙俄联合考古队对其进行了考古发掘，发现了类别丰富的遗迹与遗物。考古学家通过对青陶勒盖古城的文化遗存进行分析，断定城址应该始建于回鹘汗国时期[①]。

① 内蒙古自治区文物考古研究所：《2011年内蒙古自治区文物考古研究所考古发现综述》，《草原文物》2012年第1期，第6、7页。

在叶尼塞河上游一带（今俄罗斯联邦图瓦自治共和国境内），还有15座回鹘古城遗址被俄国考古学家发现。其中最大的是位于查丹河的巴金阿拉克城，占地18.2公顷；其次是位于巴尔拉尔克河的埃尔德格–克吉格城，占地12.5公顷。此外，沙郭那三号城与波尔巴珍城也十分著名。沙郭那遗址由紧密排列的5个回鹘城址组成。其中以沙郭那三号的城址面积最大。这是一座拥有10座塔和2个城门的要塞。该城由内、外两城组成，有四方形的夯土或土坯砌城墙，城墙外围有很深的护城河，形成了较为坚固的城防体系。考古学家在城郭周围发现了罕见的为排水沟的瓦砾所覆盖的建筑构造，以及一些昂贵的餐具的遗存。考古学家据此推测，葛勒可汗在征讨黠戛斯期间，或许曾以此为夏宫，此城后来则成为汗国统御北方的吐屯们所居住的城市[①]。波尔巴珍城则是一座位于切列霍尔湖（在今俄罗斯联邦图瓦自治共和国的东南方向邻近蒙古的边界处）湖心岛上的独特城市。它于1891年被俄罗斯著名东方学家德米特里·克列姆涅茨发现，1995年被列入俄罗斯国家历史和文化遗产保护名单。该城面积有4公顷，几乎占据了整个湖心岛。城市的外形为长方形，围有夯土城墙。专家估计，城墙最高处有25米，宽为9米。墙内有直径1.5厘米的木棍纵横穿插，墙土为黏土和淤泥，中间混有砾石。正因为城墙由泥土夯成，当地人才称呼它为“波尔巴珍”（这个词在图瓦语中的意思为“黏土房子”）。而城内的建筑构件与建筑样式及城市的整体布局都表现出浓厚的唐式建筑风格。

除了在鄂尔浑河、叶尼塞河流域外，回鹘城遗址在贝加尔湖地区也有所分布。例如，1957年苏联考古学家在奥特波尔（今俄罗斯联邦布里亚特蒙古自治共和国境内）东北150千米处发现的回鹘古城。1959年苏联人对城中一座堡垒的主要碉楼进行了发掘，根据出土的瓦当断定其下层房屋为回鹘汗国时期的建筑。

回鹘人修建城市中大型房屋的方法，一般要以一个高于周围数米的平台作为建筑基座，柱子为木质，立于花岗石底座之上。墙壁多以土坯砖或黏土修筑而成。所有建筑的平面都是长方形。在已发掘的用瓦建筑

---

① 〔哈萨克斯坦〕阿不来提·卡玛洛夫：《8—9世纪中亚游牧回鹘人的物质文化》，彭杰译，《新疆师范大学学报（哲学社会科学版）》2005年第2期。

物中，屋顶倾斜 4° 的遗存占绝大多数。

不过，尽管回鹘城市的数量很多，但回鹘人并没有彻底放弃游牧生活。在许多回鹘城市遗址中，虽然有许多坊墙隔成的院落，不过不少院落中并没有建筑遗迹，而是留出空地供回鹘人扎帐。而且种种迹象表明，回鹘可汗也并非长期住在王城当中。《资治通鉴》说："登里可汗（牟羽可汗）始自尊大，筑宫殿以居。"说明回鹘可汗居于宫殿始于牟羽可汗，而在此之前的回鹘可汗则尚未有定居之举。例如，根据《磨延啜碑》记载，葛勒可汗虽然命人在自己的牙帐周围修建围墙，但其汗廷的位置不断游移，而非固定于一处。不仅如此，牟羽可汗之后的历代回鹘可汗仍习惯居于帐篷之中。汉文史料与阿拉伯文献均提到回鹘可汗有巨大的金帐。《资治通鉴》载，回鹘汗国末期，黠戛斯人曾向回鹘人发出战争威胁说"'汝运尽矣，我必取汝金帐！'"书中特地指出："金帐者，回鹘可汗所居帐也。"[①] 可见在回鹘汗国末期，其可汗仍居于帐篷，而非砖木结构的宫阙。"塔米姆回鹘游记"则提到，塔米姆觐见回鹘可汗时，可汗的营帐驻扎在王城附近，而非王城当中。可汗大帐的周边环绕着大量帐篷，里面驻扎着多达一万两千多人的军队，十七位首领以及若干事务处。在这些帐篷与可汗大帐之间专门留有空地，以供放牧牲畜[②]。从这些描述来看，当时回鹘可汗并非是临时驻扎在城外，因为只有在可汗及其宫廷长期处于王城外的情况下，可汗营地才需要配有如此庞大的护卫军，并配有若干官员和办事机构。

王城作为汗国腹地的交通枢纽，应当是可汗会见外国使臣之地。《新唐书·回鹘传》载："回纥可汗铭石立国门，曰'唐使来，当使知我前后功。'"[③] 足见唐朝使臣每次出使回鹘必至回鹘王城，并在此停歇，故回鹘可汗才在王城的城门勒石记功以雄远国。此外，王城又坐落着大型摩尼教庙宇。所以王城可能还发挥着宗教中心的作用。

综上可知，回鹘可汗平时当居于城外，并遵循游牧民族传统，按季

---

① 《资治通鉴》卷 246《唐纪六十二》文宗开成五年，第 7946 页。

② 〔阿拉伯〕塔米姆·伊本·巴赫尔：《塔米姆·伊本·巴赫尔回鹘游记》，王小甫译，《边塞内外：王小甫学术文存》，第 569 页。

③ 《新唐书》卷 217 上《回鹘传上》，第 6123 页。

节在不同的草场间迁徙，而在处理外交和宗教等国务活动时，则会驻跸于王城或王城附近。至于史书所说牟羽可汗居于宫殿，应当是受粟特人影响所致，在历代回鹘可汗中很可能属于特例。回鹘人修建城市只能说明他们开始过起了某种形式的半定居生活，回鹘人完全变成定居民族则要等到 9 世纪西迁之后了。

# 第六章　回鹘汗国与唐朝及其他诸民族交往

民族交往是回鹘历史中极其重要的一页。回鹘民族就是在反抗东突厥汗国与薛延陀汗国的过程中不断联合铁勒诸部形成的。而在回鹘汗国建立以后，与唐朝及诸民族的交往则继续深刻地影响其历史发展。

## 第一节　回鹘汗国与唐朝的交往

回鹘与唐朝的交往始于唐太宗贞观三年（629）。在与唐朝的交往过程中，双方关系呈现出相当的特殊性。一直到唐德宗之前，历代唐朝皇帝皆被回鹘人敬称为“天可汗”或“天至尊”，这在中国历史上是不多见的。回鹘最初受唐朝羁縻统治。及至回鹘汗国建立，双方关系趋于复杂，存在博弈对抗，但仍以友好往来为主流。回鹘汗国与唐长期保持了密切的政治、军事联系与频繁的贸易往来。这主要体现在回鹘帮助唐朝平定安史之乱、双方和亲及绢马贸易三件事情上。这三件事也深刻体现了回鹘与唐朝的关系。

### 一、回鹘汗国助唐平定安史之乱始末

唐玄宗天宝十四年（755）十一月初九日，身兼范阳、平卢、河东三镇节度使的唐朝大将安禄山以奉密诏讨伐宰相杨国忠为名在范阳发动了叛乱，是为历史上著名的安史之乱。

唐朝对于这场蓄谋已久的叛乱毫无防备。安禄山在起兵三十四天后就占领了唐东都洛阳。翌年（756）正月，安禄山在洛阳自立为大燕皇帝，年号圣武。六月，叛军在灵宝西原击破唐军主力，进克潼关。都城长安直接暴露在叛军兵锋之下。唐玄宗带着嫔妃、皇子、公主、皇孙以

及部分大臣和亲信宦官仓皇逃出长安，准备入蜀避难。后因马嵬坡之变，唐玄宗与太子李亨分道而行。唐玄宗南赴成都，就此退出政治舞台；李亨则率领若干王公大臣北上灵武（今宁夏回族自治区灵武市）重组朝廷，准备收复失地。

七月十二日，李亨在灵武遥尊唐玄宗为太上皇，自己则登基称帝，是为唐肃宗。唐肃宗即位时，长安早已陷落。唐肃宗想收拾山河，无奈手头可以集中的兵力十分有限。八月，回鹘、吐蕃皆派遣使节向唐肃宗请求和亲，以示对唐朝的支持，并表示愿意派兵帮助唐朝平乱。唐肃宗起初并不敢贸然相信外蕃，所以谢绝了使者们的好意。但形势恶化的速度超出了唐肃宗的预料。九月，原安禄山部将阿史那从礼策反了分布于河曲之地（今黄河河套地区）的“九姓府、六胡州”各部落，从而对安身朔方的唐廷构成了直接军事威胁。眼见叛军近在咫尺，唐肃宗不得不迅速改变主意。他封宗室李承寀为敦煌王，与出身铁勒的大将仆固怀恩一同出使回鹘汗国，请求军事援助。

当时的回鹘君主是葛勒可汗。他奉行对唐友好方针，答应了唐朝的借兵请求。随后，葛勒可汗分兵两路支援唐朝。一路援军由贵族葛罗支率领，从漠北长驱袭扰叛军老巢范阳。当时安禄山正派大将尹子奇率兵“略北海，欲南取江、淮”[①]，见回鹘逼近范阳，只好放弃攻取江、淮地区的计划，召尹子奇回援。江淮地区素来是唐朝财富重地，一旦遭到战乱破坏，将使唐朝财政受到沉痛打击。此次回鹘出兵，为当地免除了一场兵祸，不仅挽救了唐朝的财政，也使战乱不至于波及南方，从而对后来中国经济中心南移产生了一定影响。

另一路援军则由葛勒可汗亲自率领，于当年十二月在呼延谷与唐将郭子仪部会师。双方在榆林河（今内蒙古自治区托克托县与和林格尔县境内的黄河）以北大破叛军，“斩首三万，捕虏一万”[②]，完全肃清了河套地区的叛军，灵武侧翼的威胁得以解除。唐肃宗因此获得喘息之机。这就是回鹘第一次助唐平乱的经过。虽然此次回鹘出兵并没与叛军主力大规模交锋，却对整个战争形势产生了不可忽略的影响。

---

① 《资治通鉴》卷219《唐纪三十五》肃宗至德元年，第7006页。

② 《资治通鉴》卷219《唐纪三十五》肃宗至德元年，第7007页。

唐肃宗至德二年（757）九月，唐肃宗在郭子仪建议下请求回鹘继续出兵平叛。为了博取回鹘的好感，唐朝加封上一年嫁给敦煌王李承寀的回鹘公主为王妃。葛勒可汗也投桃报李，把李承寀封为汗国的叶护，随即，葛勒可汗派自己的长子叶护太子（真名不详，中原人称其为“叶护太子”或“太子叶护”）与将军帝德率四千骑兵支援唐朝。

此时唐朝正在凤翔（今陕西省凤翔县）集结军队。唐肃宗封自己的长子广平王李俶为天下兵马大元帅，统领平叛大军。见叶护太子赶来救难，唐肃宗大大封赏了他一番。广平王也与叶护太子约为兄弟。叶护太子率军前往凤翔，汇入广平王麾下。于是唐朝又在凤翔大宴回鹘将领三日，并给予回鹘军每日“羊二百口、牛二十头、米四十石”[①]的军粮。叶护太子对于唐朝的招待十分感动，主动请战说：“国家有难，远来相助，何暇食为？”[②]显示出慨然与唐军共赴国难的气概。

最终，唐朝在凤翔一带集结了各路勤王军以及借来的回鹘、西域诸国军队，共计十五万人，整装待发。但是在对付叛军的战略上，唐朝高层发生了争论。唐肃宗的谋主李泌认为，叛军横亘在从范阳至长安间东西千里的战线上，虽然势大，但兵力分散。李泌建议广平王大军先不要收复“两京”（长安、洛阳），而是循长城沿线东进，在唐将李光弼部配合下攻击叛军老巢范阳，占领其后方，中原官兵则对各处叛军予以牵制，使其首尾不能相顾。范阳一失，盘桓在两京地区的叛军就成了瓮中之鳖，这样只需一两年时间就可以彻底消灭他们。

李泌的建议从军事角度来说极为高明。但是唐肃宗却不肯采纳。原因是唐玄宗入蜀后，怨恨被肃宗架空权力，遂以太上皇名义命令肃宗的兄弟吴王李祗、虢王李巨、永王李璘等兼领节度使，皆授以专征之命分镇要地，名义上是抗击叛军，实为削弱唐肃宗之权。因此，偏安灵武的唐肃宗急于收复政治象征意义巨大的两京，以此巩固自身权威。为了鼓励回鹘人为唐朝效死命，加快收复两京进度，唐肃宗甚至与叶护太子约定：克复两京之日，任由回鹘兵马入城剽掠，“土地、士庶归唐，金帛、子女皆归回纥”[③]。

---

① 《旧唐书》卷195《回纥传》，第5199页。

② 《旧唐书》卷195《回纥传》，第5199页。

③ 《资治通鉴》卷220《唐纪三十六》肃宗至德二年，第7034页。

九月二十五日，广平王大军誓师出征。二十七日，唐军与叛军决战于长安城之西的香积寺附近。就在双方恶战、互有进退之际，叛军决定出动埋伏在军营以东的一支精骑去偷袭唐军背后。不料这一计划被唐军探子察觉。叛军骑兵刚要行动，唐将仆固怀恩就引回鹘骑兵前来截击。回鹘人把这支敌军悉数歼灭，并与唐军李嗣业部合作，反过来包抄叛军侧背。叛军遭到前后夹击，全线崩溃，被唐军斩首六万级，只有少数人逃回长安。

香积寺大战唐军取得了自安史之乱爆发以来空前的胜利。此战刚一结束，仆固怀恩就建议广平王应乘胜袭取长安，捕获叛军将领。广平王大约是担心回鹘人会趁乱剽掠长安，就以大战之后诸军疲惫，宜改日再战为由加以拒绝。仆固怀恩怕叛军骁将安守忠、李归仁会趁夜逃走，再三请战，都被广平王回绝。第二日，叛军已经弃守长安。唐军得以从容入城，迅速控制了城内秩序。这就为广平王阻止回鹘兵洗劫长安创造了条件。

叶护太子见长安已经收复，就策马来到广平王军前，要求唐朝履行前约，让回鹘人入城剽掠。谁知广平王却在众目睽睽之下于叶护太子马前俯身下拜，说："今始得西京，若遽俘掠，则东京之人皆为贼固守，不可复取矣，愿至东京乃如约。"[①] 在凤翔时，叶护太子就与广平王私交甚笃，二人约为兄弟，叶护太子称广平王为兄。此番见广平王屈尊下拜，叶护太子大为震惊，又闻广平王所言合情合理，不好驳斥，只好翻身下马，按照回鹘礼节，跪捧着广平王的脚，同意放弃劫掠长安的打算。

广平王俯身一拜，为长安免去了剽掠之祸。这使他获得了巨大政治声誉。唐朝与回鹘的百姓、士卒都交口称赞广平王为"真华、夷之主"，唐肃宗闻讯，也赞叹道："朕不及也！"[②]

唐军继续东征，九月底克复潼关，向洛阳进军。在洛阳与潼关之间隔着战略要地陕郡（辖地包括今河南省三门峡市西部及山西省西南部）。叛军首领安庆绪（安庆绪是安禄山之子，他于757年初弑父称帝）派主力驻守陕郡，众号十五万，阻挡唐军东进。

---

① 《资治通鉴》卷220《唐纪三十六》肃宗至德二年，第7034页。

② 《资治通鉴》卷220《唐纪三十六》肃宗至德二年，第7035页。

十月十四日，唐军与叛军决战于陕郡新店。叛军依山布阵，占据了地利。唐军见状，遂以郭子仪部从正面牵制叛军，以回鹘叶护太子驻军于叛军侧后的山岭之北。叶护太子派将领鼻施吐拨裴罗埋伏在山岭之南，正对叛军侧后，伺机而动。战役打响后，郭子仪部从正面仰攻叛军。由于地形不利，唐军渐渐不敌。但安排在叛军侧后的“奇兵”鼻施吐拨裴罗部顺利消灭了叛军的侧卫，为偷袭叛军侧背创造了条件。随即郭子仪开始率部后退，引敌来攻。叛军中计，倾巢出动追击唐军，脱离了原先的有利地形。回鹘军趁机大张白色旗帜，迅猛出击，在黄尘中且驰且射。叛军在一片“回纥至矣”[①]的惊呼声中阵脚大乱。唐军反身与回鹘夹击叛军，大败敌兵。安庆绪主力在这次战役中遭受重创，只好放弃洛阳，退往黄河以北。十月十八日，唐军进入洛阳。

从九月二十五日广平王率军东征，到十月十八日唐军顺利收复洛阳，前后耗时不足一月。唐军能取得如此进展，叶护太子率领的回鹘骑兵居功至伟。但收复洛阳后，广平王再也没有理由阻止回鹘人劫掠财物，只好让洛阳百姓拿出上万匹锦罗绸缎献给回鹘，以请求叶护太子不要洗劫洛阳。叶护太子基于维护双方友好关系的考虑，在收下丝绸后，便禁止了部下的抢劫行为。

十月末，叶护太子从洛阳返回长安。唐肃宗命百官在长乐驿迎接回鹘军，并在宣政殿亲自宴请叶护太子。叶护太子表示回鹘军队战马损失较多，需要回国补充战马。于是他把军队留在沙苑（今陕西省大荔县境内），自己则返身回国。唐肃宗加封叶护太子为司空、忠义王，并同意每年送给回鹘汗国两万匹绢。这就是回鹘汗国第二次助唐平叛的过程。

叶护太子回去后不久就获罪被杀，其罪名不载于史书。而中原方面，安史之乱仍在持续。自安禄山起兵以来，以范阳为中心的太行山以东、黄河以北地区一直是叛军根基所在。由于当初唐肃宗没有听从李泌先取范阳的建议，唐朝虽然收复了两京，叛军却依然可以从河北地区源源不断地获得兵员、粮草支持。安庆绪退往黄河以北后，在邺郡（今河南省安阳市）逐渐站稳脚跟，控制着周边六十多座城池，继续与唐朝对抗。唐肃宗乾元元年（758）六月，原已归降唐朝的叛军骁将史思明降而

① 《资治通鉴》卷220《唐纪三十六》肃宗至德二年，第7035页。

复叛，叛军气势大盛。唐朝与安史叛军的战事遂陷入胶着。

乾元二年（759），回鹘应唐朝之请，再次派出援军。这支回鹘军队由骨啜特勤率领。但他们此次出征并不如前年叶护太子援唐那般战功彪炳。回鹘军在三月间参加了围攻相州（即邺郡，乾元元年唐朝改邺郡为相州）之役。相州是安庆绪的大本营。唐朝为了攻下此城，调集了九镇节度使兵马，号称六十万。但是由于缺乏统一指挥，唐军最终为安史叛军所败。骨啜特勤也铩羽而归。

四月，葛勒可汗去世。葛勒可汗与其子叶护太子生前对待唐朝态度友好。随着二人相继离世，回鹘汗国对唐朝的态度也开始转变。素有“轻唐之志”的牟羽可汗继承汗位，标志着回鹘与唐朝的关系进入了一个复杂时期。

就在葛勒可汗去世的同时，中原局势突变。史思明杀掉了安庆绪，自立为大燕皇帝，年号顺天，成为叛军新的首领。九月，史思明再陷洛阳。之后一年多时间里，唐军被史思明打得节节败退。叛军遂逼近陕州（唐朝于乾元元年将陕郡更名为陕州）。幸而在唐肃宗上元二年（761）春，叛军再起内讧，史思明被其子史朝义所杀，叛军才暂停西进。此后唐朝与叛军新首领史朝义相持不下，双方在战场上均没有太大进展。于是唐朝不得不再次希望得到回鹘的军事援助。

唐代宗宝应元年（762），唐肃宗去世，太子李豫即位（李豫即广平王李俶。李俶于乾元元年改封成王，同年被立为太子，改名李豫），是为唐代宗。这年八月，叛军首领史朝义与牟羽可汗联络，说唐肃宗新死，唐朝国内无主，希望回鹘与自己联兵掠夺唐朝府库。牟羽可汗与其父葛勒可汗不同。他即位时，回鹘汗国国势如日中天，唐朝却开始由盛转衰，因此牟羽可汗轻视唐朝，不太重视双方的盟邦之谊，反而想趁中原大乱从中渔利。听闻史朝义之言，牟羽可汗心动，率十万大军南下攻唐。回鹘军队逼近受降城附近时，遇到了唐代宗派往回鹘汗国告知自己即位消息的使者刘清潭。刘清潭面见牟羽可汗，传达了唐代宗即位的消息，并重申唐朝与回鹘之间友好交往的历史，希望可汗罢兵休战。牟羽可汗见沿途的唐朝城镇因累年战乱，大多荒废，认为唐朝已经很难复兴，不如乘虚牟利，便没有理睬刘清潭的话。

刘清潭忙派人向唐朝告知了牟羽可汗入侵的情报。唐代宗先派大臣药子昂以“劳军”名义面见牟羽可汗，劝其退兵，并让大将仆固怀恩出使回鹘。仆固怀恩是牟羽可汗的岳丈，又是铁勒人，因而深受牟羽可汗敬重。仆固怀恩对牟羽可汗晓以利害，终于说服牟羽可汗停止侵唐，并转而攻打叛军。

但牟羽可汗与唐朝就行军路线问题发生争执。牟羽可汗志在掳掠，希望从目前回鹘大军所在的太原以北出发，西渡蒲津关，经沙苑入关中，出潼关东击叛军。这条路线沿途皆是关中膏腴之地，牟羽可汗选择这条路线正是想饱掠一番。唐朝使臣药子昂则表示反对，说关中近年遭受战乱，沿途州县财政空虚，不足以满足回鹘大军所需。他提出，回鹘应该从太原东出井陉口，直接攻打叛军主力所盘踞的河北地区。药子昂之所以建议牟羽可汗走这条进军路线，表面理由是河北富庶，有叛军积累的大量财富，正可满足回鹘所需，实际意图却是希望回鹘与叛军主力相攻，互相消耗实力。牟羽可汗自然不肯上当。于是药子昂只好又建议回鹘沿太行山南下，进据河阳（今河南省孟州市西），阻断黄河南北叛军之间的联系。牟羽可汗对这一方案也不满意。一番谈判后，牟羽可汗最终决定由太原南下，从陕州大阳津渡黄河，与诸路唐军会攻河南地区的叛军，唐朝则要拿出太原府库里的财富作为回鹘军资。这一进军方案，较药子昂所提出的前两个方案，可预见损失明显要小很多，却可以让回鹘军队直接进入富庶的黄河中游地区。牟羽可汗正是想凭借精明的算计谋取最大利益。

十月，牟羽可汗在陕州与唐朝的太子、雍王李适（即后来的唐德宗）所统帅的唐朝朔方、神策两军会师，由此拉开了回鹘第四次助唐平叛的序幕。

不过这次合作一开始就闹得很不愉快。原来，牟羽可汗抵达陕州后，驻军河北县（今山西省平陆县）。雍王听从部下韦少华建议，带着属员亲赴回鹘大帐会见牟羽可汗。雍王见到牟羽可汗，只揖不拜。牟羽可汗勃然大怒，诘难雍王不懂礼数。双方随员因此争吵起来。唐朝方面，随行的官员药子昂等坚持说雍王是唐朝太子，不能向外蕃跪拜。回鹘贵族车鼻则说唐代宗与可汗兄长叶护太子是结拜兄弟，可汗就是雍王叔父，故雍王理当以侄礼拜叔。双方各执一词，越吵越烈。最后，牟羽可汗索性命人把雍王的随员药子昂、魏琚、韦少华、李进抓了起来，各自鞭打一百。就在局面无法收拾之际，随军的牟羽可汗母亲赶来现场。她出于维护回鹘与唐朝友好关系的考虑，斥退了牟羽可汗等一干回鹘贵族，亲自把雍王一行人送出了回鹘大营。回到军中，魏琚、韦少华很快伤重而死。雍王将此事引为大恨。不过由于需要借助回鹘军事力量平乱，雍王不得不忍气吞声。此事虽然不了了之，却为未来回鹘与唐朝的关系蒙上了阴霾。

两日后，唐朝、回鹘联军以仆固怀恩与回鹘左设领兵为前锋，进攻洛阳。叛军将士对于回鹘骑兵十分惧怕。得知联军来攻，叛军将领阿史那承庆力劝史朝义不要与之正面对抗，而应放弃洛阳，退保河阳。史朝义不听，在洛阳以北迎战联军。战役打响后，唐将仆固怀恩率一部分兵力从正面牵制史朝义，回鹘与唐朝的精骑则从右翼横扫叛军营垒，大获全胜。这一仗基本打垮了叛军在黄河以南的主力部队。史朝义本人则向北逃往贝州（今河北省清河县）。

随后，牟羽可汗驻军河阳，并派兵与唐军会攻洛阳。城破之后，回鹘军在洛阳城中大肆杀掠。许多百姓为躲避兵祸，纷纷逃入洛阳圣善、白马两寺。不料回鹘乱兵纵火焚寺，导致上万人被烧死。唐军军纪也十分败坏。他们不但不阻止回鹘人的掳掠，反而借口新收复的河南诸州县是叛军领地，也参与到劫掠的暴行当中。联军在“东京（洛阳）、郑、汴、汝州……所过虏掠，三月乃已”[①]，给当地百姓造成了巨大灾难。

牟羽可汗把军队掳掠来的财富都囤聚在河阳，派兵留守，主力则继续跟随唐军深入黄河以北。十一月，唐朝、回鹘联军在下博（今河北省深州市）再破叛军，进围莫州（今河北省任丘市）。史朝义连战连败，许多部将发生动摇，纷纷归降唐朝。延至唐代宗广德元年（763）初，众叛亲离的史朝义在温泉栅（今河北省丰润县东）自缢而死。历时八年的安史之乱就此被平定。

三月，牟羽可汗率军返回回鹘，沿途纵兵掳掠，引起唐朝吏民严重不满，也为后来回鹘与唐朝关系出现波折埋下伏笔。牟羽可汗所作所为与其父兄不可相提并论。但不管怎样，回鹘汗国第四次出兵支援对于唐朝能够平定安史之乱起到了重大作用。为了答谢其功，唐朝册封牟羽

① 《资治通鉴》卷222《唐纪三十八》代宗宝应元年，第7135页。

可汗为“颉咄登里骨啜密施合俱录英义建功毗伽可汗”（《资治通鉴》作“颉咄登蜜施合俱录英义建功毗伽可汗”，简称英义可汗），册封其可敦为“婆墨光亲丽华毗伽可敦”。可汗、可敦、左右内外宰相以下，加实封二万千户，左右杀（设）、胡禄都督等并封为王，诸都督并封国公。后来唐朝人论及回鹘也常言“回鹘屡建大功”[①]，感念当初回鹘的相救之情。这种对回鹘恩情的顾念，也在一定程度上影响了唐朝后来对回鹘汗国的政策。

## 二、回鹘汗国与唐朝的和亲

回鹘与唐朝和亲始于安史之乱期间。唐肃宗至德元年（756）九月，唐肃宗派敦煌王李承寀、将领仆固怀恩出使回鹘，以借兵平乱。葛勒可汗正欲结好唐朝，以巩固他在漠北的声威，于是借机主动与唐和亲。葛勒可汗将妻妹认作女儿，嫁与李承寀，并让幼子移地健（即后来的牟羽可汗）娶唐将仆固怀恩女为妻。唐肃宗则将嫁给李承寀的回鹘公主封为毗伽公主，以示友好。毗伽公主入唐和亲，不仅开回鹘汗国与唐朝和亲之先河，也巩固了二者的盟友关系，使唐朝得以顺利借来回鹘军队用于平叛战争。

在此次和亲后，回鹘军队于至德元年（756）、至德二年（757）两次出兵援唐。尤其是回鹘第二次出兵，帮助唐军仅用不到一月便收复两京。唐肃宗自此对回鹘军队的战斗力留下了深刻印象，对其十分倚重。因此，当乾元元年（758）葛勒可汗再次请求和亲时，唐肃宗很快答应将次女宁国公主嫁给葛勒可汗，并以荣王李琬之女作为陪嫁。历代中原王朝与其他民族和亲，嫁出的都是宗室之女或宫女，而非皇帝亲生女儿，唐肃宗却开启了以亲女和亲的先例。后来嫁到回鹘的咸安公主、太和公主也都是皇帝亲女。这在唐代和亲史上也是绝无仅有的。从中可以看出回鹘汗国与唐朝关系之特殊。

宁国公主出嫁时，唐肃宗亲自送她到咸阳磁门驿。宁国公主哭泣着与肃宗告别说：“国家事重，死且无恨！”[②]显示了一代皇家公主的深明大

---

① 《资治通鉴》卷246《唐纪六十二》武宗会昌元年，第7952页。

② 《旧唐书》卷195《回纥传》，第5200页。

义，以及此次和亲旨在“宁国”的性质。唐肃宗听了，也不免泪流满面。

唐朝第九位皇帝唐德宗在论及唐与回鹘关系时，说双方“自至德以来，与为兄弟之国”[①]，表明在唐肃宗时期，回鹘已不再是唐朝名义上的藩属国，而成为平起平坐的“兄弟之国”。这一点在葛勒可汗接见唐朝的宁国公主和亲使团一事中得到了充分体现。

宁国公主和亲使团肩负着护送宁国公主以及册命葛勒可汗为“英武威远毗伽可汗”（《唐会要》作“英武威远毗伽阙可汗”）的双重使命前往回鹘。使团于乾元元年（758）七月抵达回鹘牙帐。葛勒可汗身穿赭黄袍，头戴胡帽，坐于帐中榻上接见了他们。唐朝和亲正使、汉中王李瑀立而不拜。葛勒可汗责问李瑀说：“两国主君臣有礼，何得不拜？”[②]葛勒可汗这番话，说明回鹘汗国已不再以唐朝藩属自居，而是把自己摆到了与唐朝皇帝对等的地位上。

李瑀的回答是：“唐天子以可汗有功，故将女嫁与可汗结姻好。比者中国与外蕃亲，皆宗室子女，名为公主。今宁国公主，天子真女，又有才貌，万里嫁与可汗。可汗是唐家天子女婿，合有礼数。岂得坐于榻上受诏命耶！”[③]按照中原王朝传统的政治逻辑，回鹘历代先君既然皆受过唐朝册封，那么理当是唐朝名义上的藩属国。但李瑀的回答强调的是双方君主的翁婿关系，而避开了让双方尴尬的宗藩礼节之争，同时有力捍卫了唐朝的尊严。葛勒可汗对李瑀这番巧妙的回答十分佩服，于是离榻拜受了唐肃宗册封他为“英武威远毗伽可汗”的诏书。回鹘与唐朝之间对等地位的确立是由安史之乱爆发后双方国力消长所决定的。此时唐肃宗对葛勒可汗的册封已经不再是宗主国授予回鹘可汗封号，而应被理解为唐朝以对等政权身份对葛勒可汗在漠北统治权的承认。

乾元二年（759）四月，葛勒可汗病死。牟羽可汗即位。牟羽可汗一反父亲对唐朝的亲附态度，指使手下牙官、都督等提出让宁国公主为葛勒可汗殉葬的要求。公主不肯依从，答复说：“我中国法，婿死，即持丧，朝夕哭临，三年行服。今回纥娶妇，须慕中国礼。若今依本国法，

① 《资治通鉴》卷233《唐纪四十九》德宗贞元三年，第7505页。

② 《旧唐书》卷195《回纥传》，第5201页。

③ 《旧唐书》卷195《回纥传》，第5201页。

何须万里结婚。”[1]宁国公主以自己是唐朝公主，应按照中原习俗，为夫婿服丧三年即可为说辞拒绝殉葬。但公主还是不得不依回鹘习俗，以刀剺面大哭，哀悼葛勒可汗。最终，牟羽可汗以宁国公主无子为由将其送回唐朝。这实际上是回鹘对唐朝的一次试探。唐朝此时尚需依仗回鹘对付安史叛军，只能忍气吞声。牟羽可汗于是愈发轻视唐朝。

不过当初随宁国公主陪嫁到回鹘的荣王李琬之女却因给葛勒可汗生下两子而被留在回鹘，并按照北方民族的收继婚习俗被牟羽可汗续娶。回鹘人称她为“小宁国公主”。唐德宗建中元年（780），回鹘宰相顿莫贺达干弑牟羽可汗，自立为合骨咄禄可汗。小宁国公主所生的两个儿子也在这场政变中被杀。她本人没有被顿莫贺收继，而是出居于回鹘牙帐之外，十年后在回鹘去世。

需要提到的是，牟羽可汗生前虽然对唐朝极不友好，但是他在执政期间还是与唐朝进行过和亲。牟羽可汗即位前曾娶唐朝大将仆固怀恩之女为妻。牟羽可汗继位后，便立仆固怀恩之女为可敦。后来唐朝赠予了仆固氏以“光亲可敦”的尊号。因为这层关系，唐将仆固怀恩在回鹘人心目中有着较高的政治地位，其子孙也有在回鹘享受高官厚禄者。宝应元年（762），牟羽可汗入侵唐朝，即被仆固怀恩所劝阻。仆固怀恩后因遭到诬陷，于唐代宗永泰元年（765）九月举兵造反。他说动吐蕃、回鹘、吐谷浑、党项、奴剌等部与自己联兵，一同进犯唐朝西北边境。牟羽可汗派其弟合胡禄都督等率兵助仆固怀恩叛乱。但仆固怀恩不久病死，被他引来的诸部兵马陷入群龙无首的局面。唐朝借机派素为回鹘人所敬重的大将郭子仪游说回鹘统帅合胡禄都督，劝其放弃入侵唐朝。合胡禄都督本也不愿与唐朝为敌，便同意了郭子仪的要求，并与唐军联兵，击败了附近的吐蕃军队。合胡禄都督虽然违背了牟羽可汗的命令，擅自与唐朝修好，但他从吐蕃人手中截获了大批财物，满载北返向牟羽可汗交差。牟羽可汗的此次侵唐举动，因此不了了之。唐代宗大历三年（768），光亲可敦病逝。光亲可敦还有一个妹妹，从小被唐朝皇室收养在宫中。光亲可敦死后，牟羽可汗便按照回鹘的收姊妹婚习俗，要求唐朝把光亲可敦的妹妹也嫁给他。唐代宗不敢得罪牟羽可汗，遂封此女为崇徽公主，

① 《旧唐书》卷195《回纥传》，第5202页。

于大历四年（797）五月使其出嫁回鹘。唐朝诗人李山甫作《阴地关崇徽公主手迹》诗云："一拓纤痕更不收，翠微苍藓几经秋。谁陈帝子和番策，我是男儿为国羞。寒雨洗来香已尽，澹烟笼著恨长留。可怜汾水知人意，旁与吞声未忍休。"诗中充满了对牟羽可汗霸凌唐朝以及唐代宗忍气吞声行为的悲愤之情。

唐代宗大历十三年（778），牟羽可汗再次率兵入侵唐朝，一直打到太原附近，纵兵大掠，后为唐朝代州都督张光晟所败。牟羽可汗只好率军北归。但唐代宗并未因此责难回鹘，而是继续勉力维持双方的和平局面。

牟羽可汗后被顿莫贺弑杀。由于面临着强大的国内反对势力，为了巩固统治，顿莫贺在篡夺可汗之位后极力推行对唐友好政策，并屡次向唐朝提出和亲请求，以求获得唐朝的政治声援。但唐德宗一开始却拒绝与回鹘和亲。唐德宗就是当年在陕州被牟羽可汗羞辱过的雍王。他对于陕州之耻一直怀恨在心，加之回鹘汗国国力衰退，因此他对回鹘的态度十分强硬。

当时的宰相李泌却与唐德宗见解不同。李泌是唐朝历史上的传奇政治家，为人深富谋略，昔年辅佐肃宗、代宗平定安史之乱，曾屡献奇策，对于军国大事的判断也无不言中。到唐德宗时，李泌已是历仕四朝（玄宗、肃宗、代宗、德宗）的老臣。唐德宗对李泌十分尊敬，故而常常问计于他。李泌认为，唐朝当时的主要外患是吐蕃，因此应该对回鹘采取结盟政策，以共同对付吐蕃。李泌与唐德宗之间曾就如何答复顿莫贺的和亲请求有过一番长篇问对，堪称中唐时期唐朝对回鹘关系的纲领性决策。

李泌在问对当中历数了从唐德宗"龙潜时期"起唐朝与回鹘交往过程中发生的几次重要事件（广平王李俶恳求叶护太子不要掳掠长安一事、唐德宗做雍王时在陕州受辱一事、顿莫贺弑牟羽可汗自立一事、顿莫贺处理突董被杀事件一事等），反复向唐德宗说明顿莫贺对唐朝而言是敌非友，并提出了"北和回纥，南通云南，西结大食、天竺"[①] 以困吐蕃的宏大战略，终于说服唐德宗同意与回鹘和亲。李泌在问对中提出的结好回鹘以制吐蕃的方略也成为唐朝长期执行的方针。



① 《资治通鉴》卷233《唐纪四十九》德宗贞元三年，第7502页。

按照与李泌问对时商议好的内容，唐德宗同意以第八女咸安公主出嫁回鹘，但同时向顿莫贺可汗提出了五个条件：①称臣；②为陛下子；③每使来不过二百人；④印马不过千匹；⑤不得携中国人及商胡出塞。并扬言回鹘若如约，则许和亲。

这五个条件看起来非常苛刻，以至于连唐德宗自己都怀疑顿莫贺是否会答应。但熟知回鹘内情的李泌却算定顿莫贺为形势所迫，必会全盘接受这些条件。

果然，得知唐德宗同意和亲后，顿莫贺高兴地表示："昔为兄弟，今为子婿，半子也。若吐蕃为患，子当为父除之！"[①]他不仅答应了唐德宗的五个条件，而且还同意与唐朝共伐吐蕃。后来回鹘与吐蕃争夺北庭，连年恶战，极大减轻了吐蕃对唐朝的军事压力。李泌联合回鹘以困吐蕃的战略得以初步实现。

唐德宗贞元四年（788），顿莫贺派回鹘公主率贵族妇女五十余人、马两千匹来迎咸安公主。唐朝拜顿莫贺为汨咄禄长寿天亲毗伽可汗，咸安公主为智慧端正长寿孝顺可敦。咸安公主于唐宪宗元和三年（808）在回鹘去世。咸安公主在回鹘生活长达二十一年。按回鹘的收继婚俗，她先后嫁给顿莫贺、忠贞、奉诚、怀信四位可汗，为维护唐朝与回鹘的军事同盟关系起到了重要的作用。她也是唐朝和亲的皇帝女儿中，唯一一个和亲后再也没有回到故乡的。唐代诗人白居易曾写《阴山道》一诗，来咏赞这位唐朝公主，其中几句为："咸安公主号可敦，远为可汗频奏论。元和二年下新敕，内出金帛酬马直，仍诏江淮马价缣，从此不令疏短织。合罗将军呼万岁，捧授金银与缣彩。"诗文直接描写了咸安公主和亲回鹘后双方关系的友好境况。

唐宪宗在位时，回鹘也多次求和亲。原来，从元和四年（809）起，吐蕃长期占据鹛鹈泉附近区域，从而阻断了回鹘沟通中原的重要商路"参天可汗道"，使回鹘蒙受了巨大财富损失。加之回鹘在与吐蕃的战争中损失巨大，为了弥补战争带来的巨额开销，同时借经济利益团结部众，回鹘的保义可汗多次请求与唐朝和亲……以前历次和亲，回鹘都可以从唐朝获得价值二十万缗以上的陪嫁财物，因此保义可汗将和亲视为

① 《资治通鉴》卷233《唐纪四十九》德宗贞元四年，第7515页。

生财之道。他向唐朝狮子大开口，要求的“赏赐”“陪嫁”高达近五百万缗。唐宪宗不肯同意。保义可汗屡次求和亲不成，于是大约从元和十年（815）起，又频繁与唐朝进行绢马贸易。仅元和十年（815）当年，回鹘就从唐朝赚走十九万七千匹“马价绢”[①]（即唐朝购买回鹘马所需支付的绢帛）。次年（816），保义可汗又从唐朝陆续要走“马价绢”八万五千匹[②]，并继续向唐朝请求和亲。

唐宪宗屡屡拒绝保义可汗的和亲情求。礼部尚书李绛上疏劝谏，提出与回鹘和亲有“三利”：“烽燧不惊，城堞可治，盛兵以蓄力，积粟以固军，一也；既无北顾忧，可南事淮右，申令于垂尽之寇，二也；北虏恃我戚，则西戎怨愈深，内不得宁，国家坐受其安，寇掠长息，三也。”认为和亲既可以缓兵养兵，也可以使免除后顾之忧的唐朝全力清缴境内的叛乱藩镇，还以借此加强与回鹘的关系，借助回鹘的力量制衡吐蕃等“西戎”，唐朝则坐收渔翁之利。但如果不与回鹘和亲，则有“五忧”之患：其一，回鹘未得和亲，一旦“风高马肥”，就很有可能侵扰边境；其二，此时唐朝“兵力未完，斥候未明，戈甲未备，城池未固”，不足以抵御回鹘；其三，“虏猝犯塞，应接失便”，唐军仓促之间，恐怕不能驱敌于外；其四，回鹘几进唐境，“山川形胜，兵戍满虚，虏皆悉之”，一旦回鹘军队进入唐境，势必不敌；其五，最令人担心的是回鹘与吐蕃联手，“今回鹘不市马，若与吐蕃结约解仇，则将臣闭壁惮战，边人拱手受祸”[③]。

李绛的这番言论句句从防备回鹘着眼，可见几十年前牟羽可汗自恃强大、掳掠中原的行径给唐朝士人留下了挥之不去的梦魇。然而自顿莫贺可汗以下，历任回鹘可汗都对唐朝持友好政策，数十年来少有大举犯塞的举动，反而将主要兵力投入了与吐蕃人的战争中。故唐宪宗对李绛之言不以为然，倒是藩镇割据问题更令他头疼。唐宪宗不愿按保义可汗的巨额要价筹备嫁妆，所以未采纳李绛的建议。

直至元和末年，唐朝中央政府取得削藩胜利，暂时结束了自代宗以

---

① 《册府元龟·外臣部·互市》，第11727页。

② 《册府元龟·外臣部·互市》，第11727页。

③ 《新唐书》卷217上《回鹘传上》，第6126、6127页。

来藩镇跋扈的局面后，唐宪宗为了继续执行唐德宗时期就已定下的联回鹘以制衡吐蕃的方略，同意和亲回鹘。但和亲未及实行，唐宪宗就暴死宫中。元和十五年（820），唐穆宗继位。他履行和亲诺言，答应将第九个妹妹永安公主嫁给保义可汗。但永安公主尚未成行，保义可汗也去世了。和亲之事因此一度被搁置。

保义可汗死后，其子崇德可汗即位。唐穆宗长庆元年（821），崇德可汗遣使要求唐朝履行之前的婚约，让永安公主继续前来和亲。唐穆宗认为永安公主既然曾经许配保义可汗，如再许配给崇德可汗，与中原伦理不符，便封第五个妹妹为太和公主，替代永安公主出嫁回鹘。

崇德可汗在位三年就去世了。太和公主依回鹘习俗，相继被昭礼可汗、彰信可汗、𠫤馺可汗收继为可敦。唐文宗开成五年（840），回鹘牙帐被黠戛斯所破。太和公主也被黠戛斯人俘获。黠戛斯人欲结好唐朝，便派人护送太和公主返唐。但太和公主一行人行至漠南，遭到回鹘乌介可汗截击。随行的黠戛斯使者被回鹘人杀死，太和公主本人则被乌介可汗掳走。此后，她被迫跟随乌介可汗至唐边，奔波于天德军、幽州之间。唐武宗会昌三年（843），唐军击败乌介可汗主力，太和公主才被解救回归长安，后改封定安公主①。唐朝与回鹘的和亲至此结束。

唐朝与回鹘和亲，对唐朝而言是维系与回鹘军事同盟的手段；对回鹘而言既是一种巩固政治联盟策略，也是一种获取经济援助的方式。每次和亲公主的陪送嫁妆无疑是一笔巨大的财富。不仅如此，回鹘人还借和亲之机与唐朝互市，从中获得巨大的经济利益，促进了自身经济与文化的发展。总之，唐朝与回鹘累代和亲，为巩固唐朝与回鹘之间的同盟关系、加强中国古代民族间的交流起到了很大的积极作用，其历史意义应该得到充分肯定。

## 三、“绢马贸易”所折射出的唐朝与回鹘汗国关系

所谓“绢马贸易”，指的是回鹘汗国以马匹换取唐朝丝绸的贸易。它是回鹘汗国与唐朝最重要的贸易内容，也是回鹘汗国主要的财源之一。回鹘汗国将从唐朝换来的丝绸经境内的粟特人转卖至西域，一两丝绸可

---

① 《新唐书》卷151《诸帝公主·宪宗十八女》，第3668页。

换十两黄金，获利在百倍以上[①]。所以绢马贸易对回鹘、唐朝间的关系影响极大。

马匹在古代属于重要的战略物资。唐朝曾设置了完善的监牧制度以负责军马与御马的牧养和管理。安史之乱爆发后，许多产马地区或是被叛军控制，或是遭战火摧毁，唐朝马政由是遭到严重破坏，朝廷所掌握的战马大为减少。加之北方地区战乱不止，唐军战马消耗极大，因此唐朝每年需要从外蕃购买大量马匹以补充所需。

蒙古高原自古盛产马匹，唐朝在立国之初就用丝绸与大漠南北的游牧民族进行马匹贸易。早在突厥汗国时期，“在突厥人向中国（指中原王朝——引者注）提供的商品中，马匹是最受中国人青睐的商品……突厥人主要向中国输出马匹以及较少量的骆驼和羊，中国人以成匹的丝绸来换取马匹”[②]。回鹘汗国建立后，回鹘人取代了突厥人，成为唐朝重要的马匹贸易伙伴，只不过在安史之乱前，双方绢马贸易数量还相对有限。安史之乱爆发后，唐朝与回鹘马匹的贸易量猛增。史载：“肃宗乾元中，回纥仍岁来市，以马一匹易绢四十匹，动至数万马。”[③]这还仅仅是官方间的绢马贸易。回鹘汗国派往唐朝的使者也往往携带众多马匹，借出使机会私自贩运至唐朝。私人间绢马贸易私人贸易量有时甚至并不亚于官方贸易量[④]。

回鹘人以一匹马易绢四十匹，价格明显偏高。唐朝之所以愿意购买回鹘的高价马，其实有用厚利结好回鹘的用意在其中。回鹘人见绢马贸易有巨利可图，就故意把输入唐朝的马匹数量不断扩大，后来竟出现唐朝不堪重负，无力支付巨额“马价绢”的局面。例如，唐代宗大历元年（766），唐朝因无力支付当年的马价绢，便从朝官闰十月、十一月、十二月的俸禄中抽取课税，支付给回鹘[⑤]。

---

① 杨圣敏：《〈资治通鉴〉突厥回纥史料校注》，社会科学文献出版社，2012年，第238页。

② 〔法〕弗朗索瓦·蒂埃里：《论中国及粟特对突厥社会货币的影响（公元6—9世纪）》，《粟特人在中国——历史、考古、语言的新探索》，中华书局，2006年。

③ 《册府元龟·外臣部·互市》，第11727页。

④ 刘正江：《回鹘与唐的马绢贸易及其实质》，《黑龙江民族丛刊》2011年第2期。

⑤ 《旧唐书》卷195《回纥传》，第5206、5207页。

不仅如此，回鹘贩卖给唐朝的马匹掺杂了许多羸弱不堪的劣马。唐朝对回鹘人这种以次充好的欺诈行为十分不悦，就拖欠马价绢，或是用劣等丝绸换取马匹等方式来应付巨额的买马支出，由此也引发了回鹘方面的不满。牟羽可汗就曾斥责唐朝“市马失信，不时归价”[①]。

虽然双方都对对方在绢马贸易中的一些作为不满，但是绢马贸易对唐朝而言，一开始就深深打上了政治交易的烙印。唐朝需要倚仗回鹘的军事实力，就不得不忍受绢马贸易所造成的经济负担。对回鹘而言，绢马贸易是汗国的主要收入来源之一，极大地推动了回鹘汗国经济的发展。虽然唐朝时常拖欠马价娟，所提供丝绸也常常以次充好，不过回鹘人并不愿意失去这一财源，依旧将更多马匹卖给唐朝。

频繁的绢马贸易，使得大量回鹘人与粟特商人进入中原。牟羽可汗时期，回鹘汗国自恃强大，欺凌唐朝。回鹘使者以及跟随使者进入中原经商的粟特商人常有骄横不法之举，导致唐朝官民对回鹘使者与粟特商人多有怨言。建中元年（780），唐德宗即位。唐德宗念及当年陕州之耻，即位伊始，采取了结好吐蕃而敌视回鹘汗国的政策。此时恰逢回鹘汗国发生政变，宰相顿莫贺杀牟羽可汗自立，国内政局不稳。唐德宗于是趁机下令将长安城内的回鹘人驱逐回国。顿莫贺可汗的叔叔突董此时正率领一支九百多人的回鹘商队在长安贸易，故而也在被唐朝驱逐之列。突董只好率领商队携庞大辎重北返。

突董一行人走到临近回鹘汗国边境的唐朝振武军境内后，逗留了数月。回鹘贵族平素在唐朝境内骄横惯了，因此逗留振武期间，突董及其随从屡有扰民之举，并向当地索要大量生活物资。振武留后张光晟不堪其扰，又知道唐德宗厌恶回鹘，于是决定铲除突董一行人。张光晟先是派自己的副将故意激怒突董。突董果然大怒，鞭打了张光晟的副将。于是张光晟以此为口实，出兵袭杀了突董一行人，扣留了其所有财物，只留两个活口返回漠北报信[②]。这就是唐朝与回鹘汗国交往历史上著名的突董事件。

---

① 《旧唐书》卷 146《萧昕传》，第 3962 页。

② 《旧唐书·张光晟传》《册府元龟·将帅部·残酷》皆说“唯留二胡归国复命”，《资治通鉴》卷 226 却说“独留一胡，使归国为证”。今从《旧唐书》。

唐德宗认为张光晟此举大快人心，于是下令嘉奖，并命令原本出使回鹘册封顿莫贺可汗的大臣源休停止北上。但唐朝很快听闻回鹘汗国国内“请得专杀者以复仇”[①]的呼声很高。为了避免遭到回鹘人的报复，唐德宗不得不转变态度，贬了张光晟的官，并派遣大臣源休护送突董等四位回鹘贵族的尸体返回漠北。

源休抵达回鹘牙帐后，被回鹘人扣押了五十多天。期间屡有部下劝顿莫贺可汗杀掉唐朝使臣，以为突董等报仇。但顿莫贺可汗再三考虑，为了获得唐朝支持，最终决定化干戈为玉帛，把源休等人放归。顿莫贺可汗派人对源休说：“国人皆欲杀汝以偿怨，我意则不然。汝国已杀突董等，我又杀汝，如以血洗血，污益甚耳！今吾以水洗血，不亦善乎！唐负我马直百八十万匹，当速归之。”[②]

顿莫贺可汗一番话，化解了一场即将到来的兵戈，最后的着眼点还是放在了绢马贸易上。唐朝自知理亏，便拨出十万匹绢与十万两金银抵偿部分马价绢。顿莫贺可汗的忍让态度，不仅维护了唐朝与回鹘的同盟关系，也使回鹘汗国获得了一定的经济实惠。突董事件得以和平解决，固然是因为顿莫贺可汗需要维持与唐朝的联盟关系，但他“以水洗血”的和平思想，在中国古代民族交往历史上是值得大书特书的。

此后回鹘与唐朝之间的绢马贸易依旧不断。唐宪宗年间，回鹘与唐朝间的绢马贸易愈发频繁，前已有述。此时回鹘马匹的价格还在不断上涨，质量却不断下降。白居易在《阴山道》一诗中道：“草尽泉枯马病羸，飞龙但印骨与皮。五十匹缣易一匹，缣去马来无了日。”说的是回鹘马价格在他生活的年代（8 世纪后期至 9 世纪前半期），已经涨到五十匹绢易一马，但马匹的质量十分低劣，而且这种交易没完没了，已经带有了敲诈贸易的色彩。

唐宪宗之所以能够容忍这样的敲诈贸易存在，并非是因为惧怕回鹘南侵，而是基于对付吐蕃的需要。当时回鹘与吐蕃的战争已趋于白热化，而且回鹘渐落下风。唐宪宗视吐蕃为最大外患，为了贯彻当年李泌提出的联合回鹘牵制吐蕃的战略，就必须借“吃亏”的绢马贸易来对回鹘进

① 《资治通鉴》卷 226《唐纪四十二》德宗建中元年，第 7288 页。
② 《资治通鉴》卷 227《唐纪四十三》德宗建中三年，第 7330 页。

行经济援助。这种带有浓厚政治目的的绢马贸易直至回鹘汗国灭亡才告终止。

## 第二节　回鹘汗国与其他民族的交往

回鹘汗国建立后，与众多民族建立了错综复杂的联系。彼此之间既有和平交往，也有博弈斗争。其中回鹘与吐蕃、葛逻禄、黠戛斯、契丹、库莫奚、室韦等民族的关系对汗国的历史产生了直接影响。

### 一、回鹘与吐蕃的关系

吐蕃是藏族的先民。6 世纪末，吐蕃崛起，逐渐统一了整个青藏高原。后世把吐蕃人建立的政权称为“吐蕃王朝”，是有文字记载的西藏地区历史上第一个政权。吐蕃兴起时，青藏高原气候较今天相对温和，可以承载较为发达的农牧业和众多的人口，为吐蕃政权的强盛奠定了经济基础。敦煌古藏文文书《于田教法史》（编号 P. T. 960）将吐蕃王与汉王（唐朝皇帝）、回鹘王并列为“三大国王”[①]，可见在当时西域人民眼中，吐蕃是足以与唐朝、回鹘汗国鼎足而三的强大政权。

就现存史料来看，回鹘人与吐蕃最早的交往发生在唐太宗贞观二十一年（647）。彼时唐太宗发兵征讨龟兹，命“铁勒十三州、突厥、吐蕃、吐谷浑连兵进讨”[②]。回鹘与吐蕃在这次军事行动中有了初次接触。后回鹘南迁甘凉，助唐抵御吐蕃入侵。和战攻守之际，双方之不免有所接触。开元十五年（727），发生赤水军铁勒四部杀唐朝河西陇右节度使王君㚟事件，赤水军四部聚集在回鹘首领护输麾下，一度依附吐蕃对抗唐朝。后护输在唐朝军事压力下率部返回漠北。回鹘与吐蕃的交往于是一度减少。

唐朝为经营西域，曾设立安西、北庭两大都护府，分统天山南北广大区域。安史之乱爆发后，唐朝将西北守军东调平乱，导致其在西域、河西走廊一带的力量空虚。吐蕃趁机攻取唐朝陇右地区，阻断了河西走

① 王尧、陈践译注：《敦煌吐蕃文献选》，第 153 页。

② 《资治通鉴》卷 198《唐纪十四》太宗贞观二十一年，第 6251 页。

廊。安西、北庭两都护府由此成为唐朝飞地，孤悬于外。唐肃宗上元元年（760），吐蕃进攻安西、北庭都护府。由于驻守当地的唐军无法联络长安，就只得托庇于回鹘来对抗吐蕃。回鹘汗国此时也有驱除吐蕃势力，控制西域，垄断丝绸之路贸易路线的意图，于是便欣然充当了两都护府的保护者。而唐肃宗、唐代宗两代皇帝在无力与安史叛军、吐蕃两线作战的情况下，基于利用回鹘对付吐蕃的考量，便默认了回鹘军事力量进入西域的事实。

从唐德宗建中二年（781）开始，安西、北庭两都护府虽然名义上仍是唐朝的臣属，但实际上成为回鹘汗国的附庸[①]。因而驻牧在北庭都护府境内的沙陀人、白服突厥，甚至回鹘宿敌葛逻禄人，也都不得不向回鹘臣服。到忠贞可汗即位时，回鹘实际控制安西、北庭地区至少已八年[②]。唐朝必须假道回鹘，才能与两都护府勉强维持联系。而吐蕃在夺取河西走廊后，也欲进一步夺取西域。于是吐蕃与回鹘在北庭、西州、凉州展开多次交锋，发生了长期战争。

唐德宗因怨恨当年陕州之辱，最初采取了结好吐蕃而疏远回鹘的政策。唐德宗建中四年（783），唐朝为镇压朱泚叛乱，求兵于吐蕃。吐蕃借机向唐朝提出割让安西、北庭之地作为酬谢的要求。唐德宗欲让吐蕃、回鹘两强将实力消耗在西域争夺战上面[③]，本要答应吐蕃人，但被宰相李泌劝阻。最终以贞元四年（788）唐朝、回鹘实现和亲为标志，双方再次达成针对吐蕃的军事同盟。

但是就在唐朝、回鹘实现和亲的第二年（789），西域形势突变。这一年，顿莫贺可汗新死。吐蕃趁回鹘主少国疑之际，纠集了北庭地区对回鹘统治不满的葛逻禄人、白服突厥与沙陀人，大举进攻北庭。黠戛斯人也加入了吐蕃一方。回鹘则与北庭唐军联合，由大相颉于迦斯领军救援北庭。是役，回鹘大败，国内又发生变乱，忠贞可汗被杀。大相颉于迦斯稳定后方局势后，于贞元六年（790）整军再战，又败。不仅北庭

① 《旧唐书》卷195《回纥传》载：“初，北庭、安西既假道于回纥以朝奏，因附庸焉。”

② 孟凡人：《唐代回鹘控制北庭的过程》，《新疆社会科学》1983年第3期。

③ 尹伟先：《回鹘与吐蕃对北庭、西州、凉州的争夺》，《西北民族研究》1992年第2期。

都护府之地被吐蕃攻陷，连乌德健山西北的浮屠川也陷于葛逻禄人之手。回鹘牙帐由此受到重大威胁。不过吐蕃人虽然占据了战争初期的主动权，但回鹘人在大相骨咄禄（即后来的怀信可汗）指挥下，先击败黠戛斯人，之后在匀曷户一带打败葛逻禄与吐蕃联军，收复浮屠川，扭转了颓势。

贞元六年（790）以后直至至唐文宗开成五年（840），汉文史料对回鹘在西域的活动情况记载较少，难以连缀成清晰的线索。故而学界对于790年之后回鹘与吐蕃争夺西域的情况，以及西域各战略要地反复易手的时间均有不同说法。一些东方学研究者，如斯坦因、田阪光道、霍夫曼、托玛斯、佐长、萨莫林、埃塞迪、伊漱、葛玛丽等均认为790年之后虽然回鹘取得了一些局部胜利，但西域仍主要控制在吐蕃手里；日本学者森安孝夫则考证说，790年之后，回鹘赢得了北庭争夺战的胜利，自此天山以东皆处于回鹘统治之下，直至回鹘汗国灭亡①。综合诸家观点以及他们所引述的史料来看，790年之后双方对西域的争夺总体上呈现出互有进退的胶着状态。以双方对西州地区的争夺为例。大约在贞元八年（792），吐蕃攻占西州②，日本学者安部健夫认为，到803年，怀信可汗又收复了这里③。又据薛宗正考证，吐蕃在唐宪宗元和三年（808）左右再次攻占安西都护府治所龟兹④。在赤祖德赞普在位期间（815—838年）期间，吐蕃国力复盛，于是大约在唐穆宗长庆二年（822）又复夺西州、北庭之地⑤。各地反复易手，反映了回鹘与吐蕃争夺西域控制权的曲折过程。

双方不仅在西域进行争夺，也在连通丝绸之路的战略要地河西走廊地区展开了长期较量。双方在河西走廊地区的霸权不断易手。起先，吐

① 〔日〕森安孝夫：《究竟是回鹘还是吐蕃在公元789—792年间夺据了别失八里？》，罗贤佑译，《民族译丛》1982年第3期。

② 尹伟先：《回鹘与吐蕃对北庭、西州、凉州的争夺》，《西北民族研究》1992年第2期。

③ 〔日〕安部健夫著，宋肃瀛、刘美崧、徐伯夫译：《西回鹘国史的研究》，新疆人民出版社，1985年。

④ 薛宗正：《安西与北庭——唐代西陲边政研究》，黑龙江教育出版社，1995年，第295页。

⑤ 尹伟先：《回鹘与吐蕃对北庭、西州、凉州的争夺》，《西北民族研究》1992年第2期。

蕃于唐肃宗至德元年至乾元元年（756—758年）不断从唐朝手中蚕食河西诸城。唐代宗广德二年（764），吐蕃再陷凉州，后陆续攻占甘、肃、瓜、沙诸州，控制了整条河西走廊。贞元七年（791），回鹘在灵州以火攻击败吐蕃，后来回鹘又攻取了凉州。元和三年（808），吐蕃再度攻占凉州，此后又进击漠南。元和四年（809），吐蕃发兵进占回鹘“参天可汗道”南端的鸊鹈泉，一度干扰了回鹘与唐朝间的贸易往来。

保义可汗在位后期，回鹘汗国国力衰退，在与吐蕃的战争中逐渐落于下风。吐蕃于元和十一年（816）甚至深入漠北，攻至距离回鹘王城两日路程的地方，只是因为得到赞普赤德松赞去世的消息，吐蕃军主帅尚骑心儿才率师返回①。

常年的战争给回鹘与吐蕃均带来了严重损失。回鹘汗国在连年战争中走向衰败，吐蕃虽然逐渐占据上风，却也死伤惨重。吐蕃为补充兵员，甚至曾经从属国南诏征兵，结果引发了南诏国的反叛②。

回鹘与吐蕃最终两败俱伤，皆无力再战，便于长庆三年（823），在青海湖附近的日月山一带的岱噶玉园的和平川上，组织了由回鹘、吐蕃、唐朝三方参加的“岱噶玉园会盟”③。会盟的盟书（后世称为《岱噶玉园会盟寺愿文》）被刻写在石柱上，并在岱噶玉园建寺保存。盟书约定三方停止攻伐，彼此休兵，并规定三方每隔两年就要在岱噶玉园会盟一次。这次会盟，结束了回鹘、唐朝与吐蕃相互攻伐的历史，对推动当时西北、西南各族间的和平具有积极意义。

可是连年战争给回鹘、吐蕃所带来的创伤却无法在短期内弥补。两大政权此后相继被内忧外患困扰。就在岱噶玉园会盟十七年后的唐文宗开成五年（840），回鹘汗国被黠戛斯人攻灭。两年后（842），吐蕃政权也在内战中分崩离析。

不过，战争是把双刃剑，在给人民带来苦难的同时，也打破了各民族地域上的藩篱，促进了文明的交流。回鹘与吐蕃间的征战使许多民族裹挟其中，从而使众多民族在战争中频繁接触。西域与河西走廊有时处

① 《旧唐书》卷196下《吐蕃传下》，第5265页。

② 《资治通鉴》卷234《唐纪五十》德宗贞元十年，第7552、7553页。

③ 杨铭：《敦煌藏文写本〈岱噶玉园会盟寺愿文〉研究》，《西北民族论丛》（第六辑），中国社会科学出版社，2008年。

于回鹘统治之下，有时处于吐蕃手中，来自蒙古高原上的民族与来自青藏高原上的人民由此在这里交汇，从而汇聚产生了多元的民族文化。大量回鹘人在这一时期迁入西域与河西地区居住，强化了回鹘民族在当地的存在感。后来回鹘西迁以西域及河西走廊为目的地，并能够在当地迅速站稳脚跟，与此不无关系。

## 二、回鹘与葛逻禄、黠戛斯的关系

葛逻禄源出铁勒。其部众主要由谋落、踏实力、炽俟三个部落构成。三部首领皆称“叶护”，故自号“三姓叶护”，也称“三姓葛逻禄”。葛逻禄在6世纪兴起于“在北庭西北、金山之西”[①]的额尔齐斯河南岸、斋桑湖以东地区。他们原本受西突厥统治，在“异姓突厥”中属于较为强大的一支。后来葛逻禄的活动范围不断扩大，分成了左右两厢（即东西两支）。左厢葛逻禄人迁徙至乌德健山附近，先臣服于东突厥，后历经薛延陀、唐朝统治。后突厥汗国兴起后，左厢葛逻禄与之进行了长期战争，兵败后归附后突厥。右厢葛逻禄则仍驻牧于阿尔泰山以西，西突厥汗国灭亡后，他们先后受唐朝、突骑施汗国[②]统治，并向南发展，一部分部众进入北庭地区。

开元二十九年（741），唐玄宗为消灭后突厥汗国，派人联络九姓铁勒。由于漠北与唐朝之间有后突厥相隔，故唐朝使臣取道金山，先与葛逻禄建立联系，继而通过葛逻禄人联络到了东面的拔悉密与回鹘。天宝元年（742），回鹘、左厢葛逻禄、拔悉密三部联合反抗后突厥汗国，共同推举拔悉密酋长阿史那施为可汗。回鹘首领骨力裴罗和左厢葛逻禄酋长则被阿史那施分别封为左右叶护。天宝三年（744），回鹘又与左厢葛逻禄联手推翻阿史那施。回鹘首领骨力裴罗称汗。葛逻禄与回鹘旋即反

---

① 《新唐书》卷217下《回鹘传下》，第6143页。

② 突骑施是以被突厥化的乌孙人为主体构成的民族。突骑施核心部落有三，即突骑施、处木昆、车鼻施，故称“三姓突骑施”。突骑施起初臣服于西突厥。西突厥汗国灭亡后，突骑施人崛起，建立突骑施汗国，据有西突厥故地。突骑施汗国名义上臣服于唐朝，受北庭都护府羁縻。唐玄宗开元后期，突骑施开始对唐朝叛服无常。后来突骑施汗国分裂为黄、黑二姓，互相攻伐，并在内讧与唐朝的军事打击下走向衰落。

目，互相攻伐。次年（745），骨力裴罗打败了左厢葛逻禄人。他们当中的一部分被回鹘征服，骨力裴罗设都督统领其众；另一部分则被迫向西迁徙。《磨延啜碑》称："三姓葛逻禄人心怀恶意地逃走了。他们在西方进入十箭（人民）的（地方）。"[①] 这支葛逻禄人进入金山以西故地，与右厢葛逻禄人合流，力量有所恢复。其首领顿毗伽叶护建牙于金山，与回鹘继续争雄。

据《磨延啜碑》记载，骨力裴罗去世后不久，葛逻禄就策反了色楞格河流域的"八姓乌古斯"（Sekiz Oghuz）与"九姓鞑靼"（Toquz Tatar），合诸部之力共同对付回鹘。在唐玄宗天宝六年至九年（747—750年），回鹘葛勒可汗经过多次征战，终于打败"八姓乌古斯"与"九姓鞑靼"，使这些部落重新臣服回鹘。但葛逻禄随即卷土重来，并与黠戛斯、拔悉蜜人结盟，与回鹘持续冲突。葛勒可汗又花了几年时间，多次打败三部联军。回鹘人先击破黠戛斯，而后向西用兵，最终于天宝十三年（754）左右击败葛逻禄与拔悉蜜的联军。回鹘汗国的西界遂拓展至金山。

迫于回鹘的军事压力，葛逻禄继续西迁，进入天山西部的七河流域。当时突骑施汗国已经衰落，葛逻禄逐渐取而代之，成为西域地区新的霸主。史载："至德（756—757）后，葛逻禄浸盛，与回纥争强，徙十姓可汗故地，尽有碎叶、怛逻斯诸城。"[②] 由此可知，这次西迁后，葛逻禄占据了西突厥汗国（十姓可汗）旧疆，其势力向西一直扩展至楚河流域。不过，此时在北庭地区仍驻留有一部分葛逻禄人。他们是天宝十三年（754）顿毗伽叶护兵败后遗留在金山一带的余部。安史之乱爆发后，回鹘势力进入北庭。这部分葛逻禄人便被迫臣服于回鹘。

北庭地区临近回鹘汗国本土，十分利于回鹘直接剥削当地各族人民。回鹘的横征暴敛之状招致了当地人的反感。吐蕃趁机招降了北庭地区对回鹘不满的葛逻禄人与白服突厥，并联合黠戛斯共同对抗回鹘。就在顿莫贺新逝、忠贞可汗刚立的唐德宗贞元五年（789）十二月，吐蕃大军以当地葛逻禄人、白服突厥为先导，入侵了北庭都护府。回鹘派大相颉于迦斯两度率兵救援北庭，均被吐蕃、葛逻禄联军击败。葛逻禄军在吐蕃

---

① 耿世民：《突厥文碑铭研究》，第 197 页。

② 《新唐书》卷 217 下《回鹘传下》，第 6143 页。

协助下进军至浮屠川，极大震慑了回鹘君臣。后来回鹘军队在怀信可汗指挥下才扭转颓势，于贞元七年（791）击退了吐蕃与葛逻禄联军。

此后，葛逻禄人继续与吐蕃结盟，与回鹘汗国展开了长期较量。保义可汗在位初期，回鹘大举西征葛逻禄，进军至锡尔河流域，暂时征服了葛逻禄人，并册封归顺的葛逻禄首领为真珠智惠叶护。但葛逻禄对回鹘汗国叛服无常的局面并没有因此改变，而是一直延续到回鹘汗国灭亡。

回鹘汗国灭亡后，西迁回鹘有一支“西奔葛逻禄”，进入葛逻禄人控制的地区。后来二者互相吸收、融合，成为维吾尔族的先民之一。

黠戛斯是今天新疆维吾尔自治区柯尔克孜族与中亚吉尔吉斯人的先民，亦属于铁勒的一支。黠戛斯的语言与回鹘接近，其文化也深受突厥、回鹘影响。

黠戛斯在匈奴时期时就已活动于鄂毕河流域，汉朝人称其为坚昆或鬲昆。后黠戛斯人逐渐迁徙至剑河（今叶尼塞河上游）流域，至隋唐之际已发展为铁勒强部，并与唐朝建立了联系。为了结好唐朝，黠戛斯人主动多次派人赴长安朝觐，并自称为李陵后裔，与唐朝皇帝同姓。唐太宗则授予其首领以“坚昆都督”的封号。

回鹘汗国建立后，黠戛斯与回鹘屡起冲突。据《磨延啜碑》东面第19行记载，大约在“虎年”（750），回鹘葛勒可汗攻打了隶属黠戛斯的鞠（Čik）部。又据《磨延啜碑》北面第22—24行载，兔年（751），黠戛斯欲联合葛逻禄、鞠部准备反击回鹘，不料来往传书的使者被回鹘截获。回鹘遂先发制人。葛勒可汗亲率大军乘筏渡过额尔齐斯河，击败了黠戛斯、鞠部，并击溃了葛逻禄派来的援军。葛勒可汗趁机把回鹘势力范围扩大到剑河流域部分地区。

乾元元年（758），黠戛斯与回鹘之间再次爆发战争。葛勒可汗击破黠戛斯主力。黠戛斯元气大伤，与唐朝的联系也被回鹘人截断。直至唐开成五年（840年），黠戛斯击溃了漠北回鹘汗国，回鹘余众溃散，才与唐朝恢复了交往。

为了对抗回鹘人，黠戛斯主动与吐蕃、突骑施、葛逻禄、大食结好。回鹘汗国强盛时，一度控制了西域地区，并经常劫掠吐蕃过往的商队、使团。为了防止回鹘人袭击，吐蕃人在经过西域时往往特地借道葛逻禄，并寻求黠戛斯的军事保护，才能确保安然通过。而大食也愿意与黠戛斯通好，每三年向黠戛斯赠送一种需要裁成二十四、分别用二十峰骆驼才能驮得走的重锦，以此维护与黠戛斯的友好关系。

贞元五年（789），吐蕃入侵北庭。黠戛斯亦参与了对回鹘的战争，结果遭到回鹘大举反击。回鹘次相骨咄禄大破黠戛斯军队，并射杀其可汗。回鹘军队获胜后，在黠戛斯境内大肆杀掠，给其造成了严重的人口和财产损失。黠戛斯余部被迫投降回鹘。骨咄禄封黠戛斯首领为毗伽顿颉斤，并赐其貂帽和金扣帽，供其冬夏佩戴。

但由于此次战争回鹘人在黠戛斯杀戮甚众，激起了很深的仇恨，双方间的矛盾已很难消除。回鹘汗国后期，黠戛斯人再度兴起。黠戛斯可汗复仇心切，“詈回鹘曰：‘汝运尽矣，我必取汝金帐！’”[①]双方遂开始了二十多年的战争。此时的回鹘早已在与吐蕃的战争中精疲力竭，国力江河日下，故而在与黠戛斯人的战争中常常落于下风。唐文宗开成五年（840），回鹘汗国发生内乱。回鹘句录莫贺将军为了争夺权力，引黠戛斯大军攻破回鹘牙帐。黠戛斯可汗命部下焚毁回鹘的王城以及可汗金帐，终结了回鹘汗国在漠北的统治。黠戛斯与回鹘在漠北的较量以黠戛斯人的胜利而告终。

不过限于实力，黠戛斯却不能剪灭西迁的回鹘余众。黠戛斯虽多次遣使到中原，欲拉拢唐朝对付回鹘，但双方关系始终进展不大。反而是在唐宣宗大中十年（856），唐朝正式册封回鹘庞特勤为怀建可汗，标志着唐与回鹘重建联盟关系。七年后（863），黠戛斯再次遣使唐朝，要求与唐共灭西迁回鹘，并开出了灭回鹘后“使安西以来悉归唐”[②]的优渥条件。唐朝方面不为所动，加以拒绝。咸通年间以后，黠戛斯与唐朝失去了联系。从此以后，一直到辽太宗天显六年（931），这期间黠戛斯人的活动在汉文史书中失载。西方学者沙畹等曾推测，大约辽太祖天赞二年（924）契丹北征漠北时，黠戛斯人被逐出了漠北。但这种观点缺乏史料依据。现代学者修正了这一观点，认为黠戛斯人于漠北回鹘汗国覆灭后，只在漠北维持了较短时间的统治便退回了叶尼塞河流域[③]。

---

① 《资治通鉴》卷246《唐纪六十二》文宗开成五年，第7947页。

② 《资治通鉴》卷250《唐纪六十六》懿宗咸通四年，第8107页。

③ 〔美〕孟菲斯：《打破鄂尔浑河传统：论公元840年以后黠戛斯对叶尼塞河流域的坚守》，张国平译，《内蒙古师范大学学报（哲学社会科学版）》2014年第5期。

## 三、回鹘与契丹、库莫奚、室韦的关系

契丹源出东胡，其族名始见北魏，是驻牧于潢水（今西拉木伦河）及其支流土河（今老哈河）流域的游牧民族。契丹人曾于10世纪初建立了烜赫一时的辽王朝。

不过在隋唐时，契丹尚没有后来那般强盛，而是辗转依附于突厥、唐朝与回鹘。回鹘汗国强盛时，契丹为其臣属，史载："契丹旧为回纥牧羊，达靼旧为回纥牧牛。回纥徙甘州，契丹、达靼（即室韦）遂各争长攻战。"[①]

回鹘向契丹派出监使，"监护其国，责以岁遗"[②]，从而建立了对契丹人的羁縻统治，并年年向其索取赋税。

因为长期隶属于回鹘，回鹘的职官制度也对契丹产生了影响。《册府元龟》卷972《外臣部·朝贡第五》载："（元和）八年（813年）十一月，契丹达干、可葛等二十九人朝贡。"翌年"十一月，契丹大首领梅落鹘劣来朝"。又同书卷976《外臣部·褒异第三》载：元和八年"十二月壬辰，帝御麟德殿，召见契丹使达干、可葛等，赐锦采有差"。从这些记载中可知，契丹所遣入唐朝贡的使者中，多有达干、梅落（梅禄）等官职，与回鹘官号相同。此外，契丹的部族首领称"夷离堇"，即"俟斤"，显然也是受突厥、回鹘影响。

契丹作为回鹘的属部，回鹘曾颁给其酋长印信。唐武宗会昌二年（842）九月，唐朝授契丹王屈戍（耶澜可汗）为云麾将军。唐幽州节度使张仲武上奏说契丹旧用回鹘印，今应赐予唐印并诏以"奉国契丹之印"[③]。可见，直到漠北回鹘汗国灭亡两年后，契丹仍在使用回鹘颁发的玺印。回鹘汗国灭亡以后，幽州节度使张仲武遣牙将石公绪联络奚和契丹二部，将监使二部的"回鹘监使等八百余人"悉数杀死[④]。由此终结了回鹘对契丹的羁縻统治。

---

① （宋）王明清：《挥麈录·前录》卷4《王延德历叙使高昌行程所见》，第36页。

② （唐）李德裕：《会昌一品集》卷2《幽州纪圣功碑铭并序》，第12页。

③ 《旧唐书》卷199下《契丹传》，第5354页；《辽史》卷63《世表》，第956页。

④ 《资治通鉴》卷246《唐纪六十二》武宗会昌二年，第7967页。

库莫奚简称奚，是与契丹“异种同类”[1]的姊妹民族，分布在契丹之南。回鹘强大时，奚也曾为回鹘的属国，由回鹘派监使督管。回鹘监使不仅按时向奚人索要岁贡，还通过库莫奚搜集中原信息。奚与回鹘除了有隶属关系外，还存在过和亲关系。例如，唐大历末年，回鹘曾以公主妻奚王。奚族也曾反抗过回鹘的统治。唐德宗贞元四年（788），奚与室韦联合进攻唐朝振武军，驻留振武军的回鹘使团也惨遭截杀[2]。这件事表明，奚族在当时一度脱离了回鹘的控制。

后来回鹘重建了对奚族的羁縻统治。回鹘汗国败亡后，奚曾给予其余众以物质援助。唐武宗会昌三年（843），乌介可汗率众南迁，后来被唐朝击败。乌介先投黑车子室韦，后因内讧被杀。其弟特勒遏捻被拥立为汗，率五千人转而投靠奚人。奚王硕舍朗遂舍粮食、牛羊给回鹘余众。唐宣宗大中元年（847），北部诸山奚叛唐，招致唐朝幽州节度使张仲武的讨伐。唐军大破奚众，彻底斩断了奚对回鹘的供给，逐走了回鹘残部。遏捻可汗只得率残部再投室韦。

室韦亦源出东胡族系，是蒙古人的先民，《魏书》记作失韦，称为“失韦国”。室韦兴起于洮儿河以北的兴安岭山区和呼伦贝尔高原。其活动范围在隋唐朝时已经扩展为东至黑水靺鞨、西达突厥、南接契丹、北至外兴安岭。8世纪前后，部分室韦又陆续西迁或南下，进入今蒙古国与我国内蒙古自治区西部、南部阴山等地区。

在回鹘统治漠北时期，室韦分支甚多：漠北有九姓达怛，漠南有阴山室韦（又称阴山达怛）、黑车子室韦。室韦各部曾被回鹘役属。回鹘也派出监使对其进行羁縻统治。室韦也曾反抗过回鹘统治。史载，贞元四年（788）室韦与奚联合攻打振武节度使（节度使治所在为今内蒙古和林格尔县西北土城子古城），恰好回鹘迎娶唐朝咸安公主的使团也在振武。送嫁的七百唐朝骑兵与回鹘的数百骑兵听闻库莫奚与室韦来犯，前往追击，结果大败。回鹘使者也死于这场兵祸。

唐开成五年（840），回鹘汗国被黠戛斯攻灭，回鹘余众四散迁徙。有回鹘特勤可质力二部东北奔大室韦。南迁回鹘中最大的一支乌介可汗

---

① 《魏书》卷100《契丹传》，第2223页。

② 《资治通鉴》卷233《唐纪四十九》德宗贞元四年，第7514、7515页。

部，在与唐朝对抗失败后，率残部数千先依附于室韦和解部，后转附于黑车子室韦。为笼络黑车子室韦，乌介可汗还将妹妹嫁与其首领。但唐朝以厚利收买了黑车子室韦人。黑车子室韦贪利，遂按唐朝要求杀死了乌介可汗。

乌介可汗死后，其子遏捻可汗率余众辗转投靠奚人。但奚族后来也遭到唐军讨伐，遏捻可汗在库莫奚立足不住，只好率不足五百人的残部再投黑车子室韦。

唐宣宗大中二年（848）春，唐将张仲武要求黑车子室韦遣送遏捻可汗至幽州。遏捻大惧，逃亡不知所踪。黑车子室韦当时由岭西、山北、黄头、如者、婆萬、讷北、骆丹七部组成。得知遏捻已逃，他们便将回鹘余众分为七分，由七部各瓜分一份。此后不久，黠戛斯发兵击败黑车子室韦，将回鹘余众带回了漠北。

# 第七章　回鹘的文化习俗

文化习俗包括宗教信仰、语言文字、生活习惯、社会风俗等方面。它既是一个民族精神面貌的反映，也折射出该民族的历史积淀。回鹘的文化习俗既有游牧民族的特点，又吸收了周边定居民族的文化。

## 第一节　宗 教 信 仰

回鹘人在漠北时期，宗教信仰较为多元。最初，他们的主要信仰是萨满教。牟羽可汗时期，摩尼教成为回鹘国教，这对回鹘的历史发展产生了深远影响。

### 一、萨满教

回鹘最初的信仰是萨满教。所谓萨满教，是在早期人类原始崇拜的基础上所产生的初级宗教，为阿尔泰语系民族普遍信奉。“萨满”源自通古斯语，意为“巫师”。萨满教的思想基础是“万物有灵论”，内容包括自然崇拜、祖先崇拜和图腾崇拜等。

回鹘的萨满教信仰，首先体现为对“天”的崇拜。据《魏书》卷103《高车传》载，回鹘的先民高车人有在五月“合众祭天”“走马杀牲”的习俗。回鹘汗国建立后，回鹘依然保持着敬天传统。在回鹘可汗的尊号中，往往有“登里”字样。“登里”即“腾格里”，意为苍天或天神，是阿尔泰语系民族崇拜的最高神明。将“登里”置于可汗尊号当中，足见回鹘人对天的尊崇。回鹘人后来虽然改宗摩尼教、佛教与伊斯兰教，但对天的崇拜并没有消失。11世纪回鹘人玉素甫·哈斯·哈吉甫所著的《福乐智慧》中便有描写国王向腾格里发誓的诗句。

日月星辰、山川海洋等自然事物也是回鹘人崇拜的对象。例如，《乌古斯可汗的传说》中，乌古斯可汗与神女所生诸子，便分别以太阳（坤）、月亮（爱）、星星（余勒都思）、天（阔克）、山（塔格）、海洋（鼎革斯）来命名。又据《旧唐书》卷195《回纥传》载，回鹘可汗在接受部下朝拜时“先升楼东向坐”，表明回鹘人像许多阿尔泰语系民族一样，拥有尚东拜日的习俗。这一传统在回鹘西迁后仍继续留存。982年，北宋使者王延德在出使高昌回鹘时，“见其王及王子侍者，皆东向拜受赐”[①]，目睹了高昌回鹘人对东方的崇拜。

回鹘人亦有动物崇拜习俗。回鹘的祖先高车人传说是狼的后裔。《魏书·高车传》记载说：“高车……或云其先匈奴之甥也……俗云匈奴单于生二女，姿容甚美，国人皆以为神。单于曰：‘吾有此女，安可配人，将以与天。’乃于国北无人之地，筑高台，置二女其上……乃有一老狼昼夜守台嗥呼，因穿台下为空穴，经时不去。其小女曰：‘吾父处我于此，欲以与天，而今狼来，或是神物，天使之然。’……下为狼妻而产子，后遂滋繁成国，故其人好引声长歌，又似狼嗥。”[②]这则传说虽然荒诞不经，却反映了高车－铁勒系民族有把狼作为祖先进行崇拜的传统。

回鹘人自然也有对狼图腾的崇拜。《新唐书·回鹘传》载，唐肃宗至德元年（756），葛勒可汗率军帮助唐朝平叛，在呼延谷与唐军郭子仪部会师，“可汗恃其彊，陈兵引子仪拜狼纛而后见”[③]。史料中所说的“狼纛”，就是回鹘军队当中所树立的狼图腾。

除了崇拜狼，回鹘人还敬拜猛禽（“回鹘”之“鹘”字，就是一种猛禽的名称）、山羊、大树、豹子等[④]，均反映了他们的图腾崇拜习俗。

牟羽可汗统治时期，摩尼教虽然成为回鹘汗国国教，但萨满教对回鹘的影响依然存在。唐代宗永泰元年（765）秋，在唐朝叛将仆固怀恩引诱下，牟羽可汗派其弟合胡禄都督等率兵准备与吐蕃联手攻唐。出兵之前，回鹘人让随军巫师对此次出征的结果进行占卜，得到了“此行大安稳，然不与唐家兵马斗，见一大人即归”[⑤]的预言。这支回鹘军攻入唐朝边境后，唐朝派大将郭子仪前来和谈。郭子仪此前与回鹘人打过多次交

---

① 《宋史》卷490《高昌传》，第14112页。

② 《魏书》卷103《高车传》，第2307页。

③ 《新唐书》卷217上《回鹘传上》，第6115页。

④ 杨圣敏：《回纥史》，第139页。

⑤ 《旧唐书》卷195《回纥传》，第5206页。

道，在回鹘将士心目中享有崇高威望。故听闻郭子仪前来的消息后，领兵的合胡禄都督等皆以为巫师的预言应验，于是欣然与郭子仪展开谈判，不仅同意停止攻唐，而且答应与唐军会攻附近的吐蕃军队。六天后，回鹘、唐朝联军与吐蕃战于泾州灵台县西五十里的赤山岭。战前，回鹘人让巫师作法招引风雪来袭击吐蕃人。结果吐蕃军恰好就遭到了风雪扰害，史载，“吐蕃尽寒冻，弓矢皆废”[①]，招致大败。从这则事例来看，回鹘人习惯在军队出征前以巫师占卜胜负，并以厌胜之法诅咒敌军，这些都是萨满教信仰的体现。

## 二、摩尼教

回鹘汗国前期，回鹘人的宗教信仰比较自由，除了萨满教以外，也有人信仰摩尼教、佛教、景教。但摩尼教的影响越来越大，最终在763年以后成为回鹘国教。

摩尼教是3世纪中叶波斯人摩尼所创立的一个世界性宗教。摩尼教的教义，是在吸收袄教关于光明、黑暗斗争二元论的基础上，融合了一些基督教、诺思替教、佛教等宗教的元素而形成。摩尼教曾经在波斯广为流行，后因政治原因遭到波斯萨珊王朝禁毁。其教徒为免遭迫害而流徙四方，其中一支向东进入河中地区，并将教义继续东传。摩尼教在武则天时期正式传入中原。唐玄宗继位后，以摩尼教为异端邪说而加以禁止，导致摩尼教在中原一度式微。

大约在同一时期，摩尼教也在回鹘广为流传。《九姓回鹘毗伽可汗碑》载，安史之乱爆发后，牟羽可汗助唐平叛，“乃顿军东都，因观风俗……将睿息等四僧入国，阐扬二祀，洞彻三际。况法师妙达名门，精通七部，才高海岳，辩若悬河，故能开正教于回鹘……于时都督刺史、内外宰相、司马佥曰，今悔前非，愿事正教”[②]。据此可知，唐代宗广德元年（763）牟羽可汗在洛阳驻军之际，为摩尼教高僧所阐述的精妙教义所折服，因而将睿息等四名摩尼教高僧带回回鹘，宣扬教义。从此回鹘贵族们纷纷改宗摩尼教，摩尼教也成为回鹘汗国国教。

---

① 《旧唐书》卷195《回纥传》，第5206页。

② 林幹：《突厥与回纥史》之《九姓回鹘可汗碑》，第439、440页。

在敦煌发现的回鹘文摩尼教文献《牟羽可汗入教记》残卷也对摩尼教传入回鹘的过程进行了记载。根据《牟羽可汗入教记》的说法，牟羽可汗在回鹘推广摩尼教之初曾遭到许多贵族反对。摩尼教众僧反复规劝牟羽可汗要坚定弘教信心。最终牟羽可汗下定决心禁毁萨满教，并规定"在每十个男子中委任一个头领作为行善和精神（活动）的监督者"[①],强制推行摩尼教。

许多学者根据上述材料认为，763 年是摩尼教传入回鹘之年。但其实 763 年只是牟羽可汗正式定摩尼教为回鹘国教之年，在此之前回鹘汗国境内便有信奉摩尼教的民族存在。早在回鹘汗国建立前，漠北地区便有粟特商人在活动。而摩尼教正是当时粟特人所信奉的主要宗教之一。摩尼教由此在回鹘汗国境内得到了一定程度的传播。而牟羽可汗定摩尼教为回鹘国教标志着该宗教正式取代萨满教，成为回鹘汗国的官方意识形态（图八）。

牟羽可汗之所以接受摩尼教为国教，一方面是因为来自洛阳的摩尼教僧侣使他折服，其教义也符合回鹘人的宗教心理；另一方面则是深刻的政治、经济原因在其中发挥作用。当时回鹘汗国需要依赖粟特人来发展商业经济，故信仰摩尼教的粟特人不仅掌握了汗国的经济命脉，也渐渐染指回鹘汗国的军政大权。回鹘汗国后期的许多"宰相""达干"都是由粟特人担任的。这种情况下，摩尼教在回鹘不断坐大，乃至成为连回鹘可汗也十分敬畏的宗教是理固宜然之事。另外，从回鹘汗国职官制度变化的蛛丝马迹中不难看出，自葛勒可汗之后，汗国渐有加强中央集权之势。而要加强中央集权，统一意识形态就是必要的步骤。加之回鹘汗国农业兴起，摩尼教的食素之风与蓬勃发展的农业相互促进，于是牟羽可汗就选择了以粟特人势力为后盾的摩尼教作为汗国的国教。因为这样做无疑可以使他能更好地获得粟特人的支持，从而可以依靠粟特人所掌握的强大经济力量来压制各部贵族。

经过牟羽可汗的努力，摩尼教在回鹘汗国扎下了根。不仅如此，牟羽可汗生前还凭借回鹘的强大国力，要求唐朝在境内恢复摩尼教寺院。在回鹘接受摩尼教仅十年后，摩尼教依靠回鹘汗国势力在东方兴盛起来。

① 冯家昇、程溯洛、穆广文编著:《维吾尔族史料简编》(上册)，第 38 页。

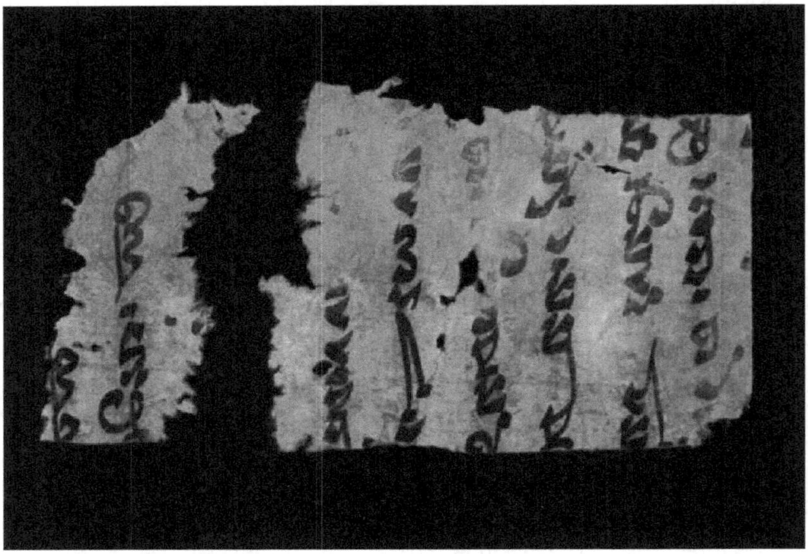

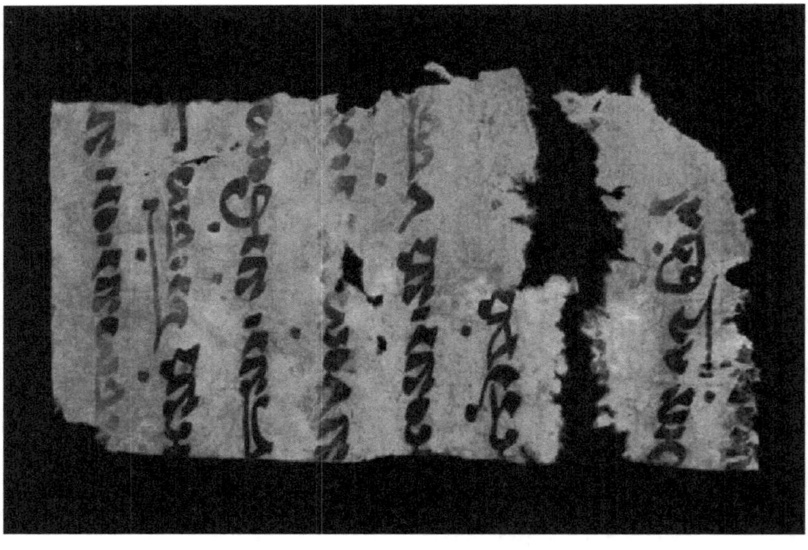

图八　新疆鄯善县吐峪沟石窟第 67 窟出土的回鹘摩尼教文书 A 面、B 面

（分别采自中国社会科学院考古研究所边疆民族考古研究室、吐鲁番学研究院：《新疆鄯善县吐峪沟西区中部回鹘佛寺发掘简报》，《文物》2019 年第 4 期，图 37、图 38）

其势力被重新推广到了长江、黄河流域[①]。在牟羽可汗死后，摩尼教虽然一度遭到顿莫贺可汗打压，但只要粟特人继续掌握着强大的经济力量，摩尼教就不会退出回鹘汗国的政治舞台。于是摩尼教势力在顿莫贺可汗死后迅速反弹。最后形成了“可汗或与（摩尼教僧侣）议国事”[②]的局面。摩尼教僧团由此成为一股强大的政治势力。这无疑是历代回鹘可汗刻意扶植的结果。所谓“可汗或与（摩尼教僧侣）议国事”，其实便是回鹘可汗通过摩尼教僧团来控制朝政的一种手段。

回鹘汗国灭亡后，部族离散迁徙，原有的政治经济结构消解，摩尼教作为国教而存在的根基便发生了动摇。加之回鹘西迁后与西域各族长期融合，文化上受西域当地人影响很大，所以回鹘人的摩尼教信仰便逐渐被佛教和伊斯兰教信仰所替代。

## 第二节　回鹘的语言文字与民俗文化

一般认为，回鹘语属于阿尔泰语系突厥语族。因之，回鹘汗国建立后，回鹘人很快将同属突厥语族的突厥人所创立的突厥文作为了官方文字。同时，由于受唐朝文化与粟特文化影响，汉文与粟特文也被回鹘人广泛使用，从而形成三种文字并行的局面。回鹘的婚丧习俗有浓郁的民族特色。其历法、衣食住行习惯则体现了草原文化与汉文化和粟特文化相交融的特点。

### 一、语言文字

回鹘人的语言，属于阿尔泰语系突厥语族，是一种黏着语。从回鹘汗国时期留下的碑铭来看，其语言与后东突厥汗国时期的碑刻基本一致，据此判断，回鹘人在漠北时期的语言应当与古突厥语基本相同。回鹘人西迁之后，其后裔语言渐渐发生变化，14 世纪开始使用察合台语，并最终演化为今天的维吾尔语。

回鹘人早在漠北时期就有使用文字的习惯。当时他们使用的文字有古突厥文、粟特文与汉文。

古突厥文有 40 个字母，从右向左书写。这种文字与古日耳曼人使用

① 杨富学：《关于回鹘摩尼教史的几个问题》，《世界宗教研究》2007 年第 1 期。

② 《资治通鉴》卷 237《唐纪五十三》宪宗元和元年，第 7638 页。

的卢尼文在字形上相似，因此被人称为鲁尼文。突厥人、回鹘人语言大致相同，所以回鹘人就从突厥人那里继承了这套文字。回鹘汗国的碑铭，如《磨延啜碑》《铁尔痕碑》《铁兹碑》《九姓回鹘可汗碑》，均使用了鲁尼文。

随着回鹘汗国重用粟特族人，其后又皈依摩尼教，粟特人在漠北的影响大增。粟特文便成为回鹘汗国通行的文字。著名的《九姓回鹘可汗碑》便有粟特文部分，这是回鹘人使用粟特文进行书写的明证。

由于回鹘人长期与唐朝交往，受汉文化影响很大，因之一些回鹘上层人士也精通汉文。《九姓回鹘可汗碑》碑文中便有汉文部分，其保存完整程度要超过古突厥文与粟特文部分。汉文碑文的作者题为"（上阙）合伊难主莫贺达干"，这显然是一个回鹘人的名字。碑文文笔流畅，体现出回鹘一部分上层贵族高深的汉文素养，也反映出当时回鹘与汉族文化交往关系之深。

后来回鹘人以粟特文字母为基础创制了自己的文字，被后世称为"回鹘文"。这种文字（8—15 世纪，唐—明代期间）主要流行于今吐鲁番盆地和中亚楚河流域。回鹘文是拼音文字，由 18 个辅音及 5 个元音字母来拼写字词。现存的回鹘文文献大多是回鹘西迁以后所遗留。回鹘文在回鹘汗国中行用的证据却甚为稀见，唯一证据就是 20 世纪 50 年代于蒙古国乌布苏省图尔根苏木发现的用回鹘文刻写的《乌兰浩木碑》[①]。这是迄今为止发现的最早的回鹘文文字记录。该碑的时代无法确定，仅知为回鹘迁徙之前的遗物。这块碑文的发现，证明了在回鹘汗国时代回鹘文便已经出现，不过使用尚少。直到西迁后，回鹘人才逐渐大量使用回鹘文。

回鹘文字对契丹文、蒙古文及满文的创制都起到了极大的促进作用。辽太祖时期，契丹人欲创立自己的文字。于是在神册五年（920），辽太祖耶律阿保机命耶律突吕不和耶律鲁不古参照汉字创制了契丹大字。后来辽太祖的弟弟耶律迭剌在学习了回鹘文之后，参考回鹘文的拼写原则创造了表音的小字，小字较契丹大字更符合契丹人的语言习惯。契丹字一直被使用到金章宗明昌二年（1191）才被废止。

1204 年成吉思汗征服乃蛮部后，从俘虏的乃蛮部掌印官畏兀儿人塔塔统阿处了解到文字的作用和重要性，于是成吉思汗命塔塔统阿创制

① 卡哈尔·巴拉提：《多罗郭德回鹘文碑的初步研究》，《新疆大学学报（哲学社会科学版）》1982 年第 4 期。

蒙古文字，塔塔统阿依据回鹘字母来拼写蒙古语，产生了最早的蒙古文字——回鹘（畏兀儿）体蒙文。回鹘体蒙文的形成，对蒙古历史文化产生了极大的促进作用。4 个世纪后，清太祖努尔哈赤又命人模仿回鹘体蒙文创制了满文大字。回鹘文对后世影响之大，可见一斑。

## 二、漠北时期回鹘的婚俗与葬俗

和许多北方民族一样，收继婚是回鹘人的常见婚姻形态。所谓收继婚，指的是丈夫死后，寡居妇女被亡夫家族内亲属收娶的婚姻制度。史载，唐朝咸安公主远嫁回鹘，在其第一任丈夫顿莫贺可汗死后，继任的忠贞可汗、奉诚可汗、怀信可汗、滕里野合可汗“皆从胡法继尚公主”[①]。此外，唐朝嫁到回鹘的小宁国公主、太和公主也均被多位回鹘可汗收继。这均为回鹘存在收继婚习俗的明证。收继婚之所以在回鹘人当中流行，是因为这种婚姻习俗可以最大限度保证饱受恶劣自然条件和战争冲突困扰的人们能够做到男有妻，女有夫，使各部落不因妇女守寡而人丁稀少，也避免了各个牧民家庭因妇女改嫁而分割、带走家族财产，从而收到“国无鳏寡，种类繁炽”[②]的社会功效。

除了收继婚，回鹘人也盛行收姊妹婚。例如，牟羽可汗的妻子光亲可敦死后，便要求唐朝将光亲可敦的妹妹（即崇徽公主）也嫁给他。

关于回鹘的婚礼仪式，史料记载很少。《旧唐书》卷 195《回纥传》对太和公主与回鹘可汗的婚礼仪式有过一段描述，是为现存文献当中对回鹘人婚礼最详尽的记录：“既至虏庭，乃择吉日，册公主为回鹘可敦。可汗先升楼东向坐，设毡幄于楼下以居公主，使群胡主教公主以胡法。公主始解唐服而衣胡服，以一妪侍，出楼前西向拜。可汗坐而视，公主再俯拜讫，复入毡幄中，解前所服而披可敦服，通裾大襦，皆茜色，金饰冠如角前指，后出楼俯拜可汗如初礼。虏先设大舆曲扆，前设小座，相者引公主升舆，回纥九姓相分负其舆，随日右转于庭者九，公主乃降舆升楼，与可汗俱东向坐。”此段记载，展示了回鹘可汗迎娶唐朝公主的婚礼流程：①选择举办婚礼吉日；②以贵族女性教给唐朝公主回鹘习俗；③公主换装胡服

---

① 《唐会要》卷 6《杂录》，第 77 页。

② 《后汉书》卷 87《西羌传》，第 2869 页。

拜见可汗；④公主换穿可敦服饰后再次拜见可汗；⑤公主端坐肩舆，由汗廷的九位宰相抬起，逆时针（遂日右）转九圈；⑥“乃降舆升楼，与可汗俱东向坐”。这段记载还体现了回鹘人“尚东”与“尚九”的习俗。“尚东”之俗，前文已述。关于“尚九”，阿尔泰语系诸民族皆以“九”为吉祥之数，回鹘亦不例外，所以才会在汗廷由九名宰相抬着公主转了九圈。

回鹘盛行一夫多妻制，可汗除了拥有一位正妻外，还有“少可敦”等多位妻子。不过回鹘女性在社会中仍有较高地位，可以抛头露面，甚至在重要外交场合发挥作用。回鹘每与唐朝和亲，常常派女性贵族前来迎亲，如唐德宗贞元四年（808 年），咸宁公主和亲回鹘，顿莫贺可汗“遣其妹骨咄禄毗伽公主率大酋之妻五十人逆主，且纳聘”[①]；唐穆宗长庆元年（821 年），太和公主出嫁回鹘，“回鹘宰相、都督、公主、摩尼等五百七十三人入朝迎公主”[②]。公主出嫁后，回鹘要遣使谢聘，使者常常也由女性贵族充当，如宁国公主嫁到回鹘后“回纥使三妇人，谢宁国公主之聘”[③]。公主在举行婚礼前，还要由“群胡主教公主以胡法”。这种从迎亲到谢聘，女性贵族全程参与可汗与公主婚礼整个过程的做法，也从侧面说明女性亲属在回鹘婚礼中往往扮演重要角色，这也是颇具特色的婚俗。

回鹘的丧葬习俗与突厥相比，既有所继承，又有所差异。突厥人死后“置尸马上而焚之，取灰而葬”[④]，即火葬后掩埋骨灰。回鹘人也有火葬习惯，史载，仆固怀恩死后，“部曲以乡法焚而葬之”[⑤]。这似乎是受到了突厥葬俗的影响。

但是从考古发现来看，土葬在回鹘人中更为盛行。考古学家在今俄罗斯联邦图瓦共和国境内就曾发掘过回鹘墓。墓穴由内、外室构成。内室用木、石封闭。死者的遗体则被摆放在木板上，放置于墓穴内室右角，头朝北方或东北方向，周围有盛饭的器皿陪葬[⑥]。

---

① 《新唐书》卷 217 上《回鹘上》，第 6123 页。

② 《旧唐书》卷 195《回纥传》，第 5211 页。

③ 《旧唐书》卷 195《回纥传》，第 5201 页。

④ 《隋书》卷 84《突厥传》，第 1864 页。

⑤ 《旧唐书》卷 121《仆固怀恩传》，第 3489 页。

⑥ 〔苏联〕Г・伊斯卡阔夫：《回鹘人在图瓦》，热夏提・努拉赫迈德译，《民族译丛》1985 年第 5 期。

而位于回鹘汗国统治中心的鄂尔浑河流域，则有更宏大的回鹘陵墓被发现。1998 年，蒙古国考古学家在蒙古国后杭爱省浩腾特苏木鄂尔浑河畔的乌兰朝鲁巴戈地区发现了 18 座地表上方呈方形小城状的遗址。2005 年 7 月，中蒙联合考古队又在乌兰朝鲁巴戈地区新发现了 8 座类似遗址[①]。已被发现的28座四方形遗址分布在杭爱山脉东麓面向鄂尔浑河谷的五个东西走向的山谷之中。蒙古国学者将这种新发现的考古学遗存命名为“四方形遗址”。对于这些神秘的“四方形遗址”，蒙古国学者曾有两种推测，一种观点认为它们是某种祭祀遗址，另一种观点则推测这是古代的陵墓。2006 年 6—9 月，中蒙联合考古队对其中的乌布尔哈布其勒山谷三号四方形遗址进行了考古发掘，在其中发现了一个遭到盗挖的大型砖室墓。墓穴由长条形墓道、长条砖砌成的甬道及圆形穹隆顶形砖砌墓室组成。墓室中还留有墓主人遗骸、残存壁画和少量铁制、骨制随葬品。经过考古学家论证，此墓为回鹘贵族墓葬，从而确定了四方形遗址乃是回鹘汗国遗留下来的贵族陵墓（图九）。

墓穴之上是由地表建筑构成的陵园。四方形遗址的陵园均为东西朝向，四面围有围墙或围沟，陵园大门开在东墙。这无疑是回鹘人崇尚东方（日出方向）习俗在陵园布局上的反映。陵园内部的地表部分一般有门道、享堂等遗迹，并散落有大量具有唐代风格的砖块、瓦当。享堂设在陵园中心的方形台基之上，可能为砖木结构，用于祭祀墓主人。据《北史》卷 99《突厥传》载，突厥人在习惯在死者坟茔上“立屋，中图画死者形仪，及其生时所战阵状”。四方形遗址中设有享堂，估计就缘于回鹘人对突厥这种丧葬习俗的继承和发展。享堂中应当绘有关于墓主人生平的壁画，可惜现存的四方形遗址享堂已皆成瓦砾，使后人难以得见。有的四方形遗址在享堂旁边还留存有配殿遗迹（如乌布尔哈布其勒五号四方形遗址）[②]。出于墓室结构稳定性的考虑，陵墓一般埋在享堂台基旁边，而并非正下方。陵园还具有一定的排水设施。这种庞大且设计合理的墓葬，不仅反映出回鹘汗国建筑水平的高超，而且证明了回鹘汗国定

---

① 塔拉、恩和图布信主编：《蒙古国浩腾特苏木乌布尔哈布其勒三号四方形遗址发掘报告（2006 年）》，第 11 页。

② 塔拉、恩和图布信主编：《蒙古国浩腾特苏木乌布尔哈布其勒三号四方形遗址发掘报告（2006 年）》，第 28 页。

1

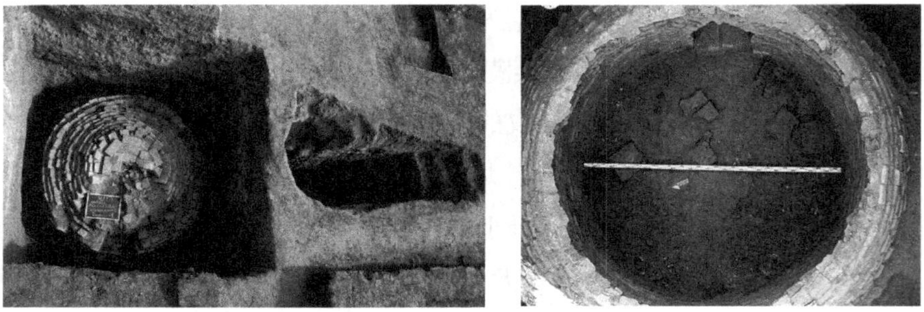

2

图九　蒙古国乌布尔哈布其勒山谷回鹘三号四方形遗址

1. 发掘现场　2. 一号墓葬墓室

（分别采自塔拉、恩和图布信主编：《蒙古国浩腾特苏木乌布尔哈布其勒三号四方形遗址发掘报告（2006年）》，文物出版社，2008年，图版三一，1；图版十二，1；图版一四，1）

居生活方式已有一定程度的发展（图一〇）。

回鹘的丧葬习俗中有给死者立石树碑的传统。为了表示对杰出人物、死去战士的敬意，回鹘人会在其死后于墓前设立石人像，这一点与突厥人类似，反映出突厥文化对回鹘的深远影响。苏联考古学家曾在图瓦发现过回鹘石人像。这些石人像有特殊的帽子或发辫，被人们以浮雕的形式刻画，它们时常手中拿有器物，腰带上挂着许多东西。另外，回鹘雕像上没有长剑、匕首一类的武器，这点与突厥遗留的石像不同。所有回鹘石人像系用灰色花岗岩制成，都面向东方而立。除了立石人像，回鹘

图一〇　蒙古国浑地壕赖 5 号遗址回鹘墓圹壁画

（〔蒙古〕阿・奥其尔、策・奥德巴特尔、巴・昂哈巴雅尔、勒・额尔敦宝力道：《蒙古国发现的古代回鹘陵墓》，孟繁敏、杨富学译，《西夏研究》2020 年第 2 期，图 11）

人还习惯在陵墓旁边树立石碑以歌颂墓主人的功绩。例如，在库先特尔（Khushon-Tal）回鹘墓遗址，便有立在石龟基座上的刻字石柱。它被认为是回鹘早期的葬礼用遗物。不过，当回鹘人接受了摩尼教之后，他们便放弃了丧葬树立石碑的传统[①]。

关于回鹘人的葬礼仪式，史书中有一段相关记载：唐肃宗乾元二年（759），葛勒可汗病死，“其牙官、都督等欲以宁国公主殉葬。公主曰：‘我中国法，婿死，即持丧，朝夕哭临，三年行服。今回纥娶妇，须慕中国礼。若今依本国法，何须万里结婚。’然公主亦依回纥法，剺面大哭，竟以无子得归。”[②]这段记载反映了回鹘有在葬礼上剺面大哭以悼念死者的习俗。所谓“剺面”，就是用刀划破脸皮，让血水与泪水混合，以表达强烈痛苦悲伤的一种行为。“剺面”之俗起源很早，在北方民族中广为流行，匈奴、突厥皆有此俗。回鹘人“剺面”的习惯便是继承自千年以来的草原传统。

而回鹘人让宁国公主殉葬的行为，则被认为是回鹘存在殉葬习俗的证据。需要注意的是，宁国公主之所以被要求陪葬，排除政治原因外，应当与她“无子”有一定关系。因为陪她一同嫁到回鹘但为葛勒可汗育有两个儿子的小宁国公主便没有被要求陪葬。可见在当时的回鹘贵族习俗中（陪葬之俗显然只可能在贵族当中流行，普通牧民是没有条件拿活

① 〔哈萨克斯坦〕阿不来提・卡玛洛夫：《8—9 世纪中亚游牧回鹘人的物质文化》，彭杰译，《新疆师范大学学报（哲学社会科学版）》2005 年第 2 期。

② 《旧唐书》卷 195《回纥传》，第 5202 页。

人殉葬的，因为那将使家族的劳动力遭受损失），若要以妻殉夫，则需挑选无子的妻妾陪葬，有子的妻妾则往往被夫家其他男性亲属收继。这表明了回鹘人对于家族人丁繁衍之重视。

## 三、史料所反映的回鹘的其他民俗文化

民俗文化包括衣、食、住、行等多方面内容，是一个民族历史文化与精神面貌的反映。现存史料中关于回鹘在漠北时期民俗的记载内容较少且零散。下面仅就史料中所反映的回鹘民俗文化做一番简要的介绍。

### （一）服饰与发型

关于漠北回鹘的服饰，史书中的直接记载只有两条：唐肃宗乾元元年（758），宁国公主出嫁葛勒可汗，唐朝和亲使团见到葛勒可汗“衣赭黄袍，胡帽”来接见他们；唐穆宗长庆二年（882）太和公主出嫁回鹘可汗时，公主换上了“胡服”，其式样为“通裾大襦，皆茜色，金饰冠如角前指”[①]。从以上两条记载可知，回鹘贵族男子有穿着长袍的习惯，而贵族妇女则穿着“茜色”（一种暗红色）的“通裾大襦”，可敦的金冠上还有“如角前指”的装饰。

当代学者多参考敦煌、吐鲁番、沙州等地发现的壁画、绢画、塑像来推测漠北回鹘时期的回鹘人装束，如以新疆伯孜克里石窟高昌回鹘王及其侍从的壁画推测漠北回鹘贵族男子装束，而以甘肃省安西榆林窟第10窟甬道壁画供养人五代曹议金夫人李氏像、甘肃省敦煌莫高窟第205窟入口处壁画曹议金夫人供养像来推测漠北回鹘女性贵族服装样式。总体来看，回鹘贵族男子穿袖窄而衣长的织锦翻领长袍，头戴毡冠，着靴。贵族女子则穿翻领对襟连衣窄袖长裙，下曳至小腿，腿上着长裤。男女服饰颜色以暖色为主，并以红色衣服最为常见。

除了服装，回鹘人的帽子和发型也颇具特色。《新五代史》卷74《四夷附录第三·回鹘》载：“（甘州回鹘）见可汗则去帽被发而入以为礼。妇人总发为髻，高五六寸，以红绢囊之，既嫁则加毡帽。”从中可知回鹘男女都有戴帽以覆盖头发的习惯，且回鹘女子皆挽发为髻（图一一）。

① 《旧唐书》卷195《回纥传》，第5212、5213页。

1　　2　　3

图一一　回鹘公主像

1. 敦煌莫高窟第 98 窟回鹘公主供养像　2. 回鹘髻（敦煌莫高窟第 61 窟回鹘公主供养像）
3. 回鹘公主服饰复原图
（分别采自崔岩、楚艳：《敦煌石窟回鹘公主供养像服饰图案研究》，《艺术设计研究》2019 年第 1 期，图 7、图 1、图 11）

关于回鹘人帽子的形制，史书中有一条间接材料。《新唐书》卷 217 下《回鹘传下》载："（黠戛斯君主）阿热冬帽貂，夏帽金扣，锐顶而卷末。"这则史料描述的虽然是黠戛斯君主的帽子，但该帽子却是回鹘汗国所赐予[①]，因此颇能说明回鹘帽子的形制。根据这则史料可知，回鹘人帽子的形状乃是尖顶卷边（锐顶而卷末），而且有冬帽与夏帽之别。回鹘贵族冬天佩戴貂皮帽，夏天则会佩戴一种"金扣帽"。

回鹘女子的发髻在唐代被称为"回鹘髻"。按照唐墓出土的唐三彩女俑、侍女壁画上所反映的"回鹘髻"来看，这种发式乃是将头发上挽，在头顶形成锥形发髻而成。其发髻一般为单髻。

而回鹘男子则有辫发习惯。唐太宗贞观二十年（646），唐朝打败薛延陀汗国，回鹘等铁勒部落纷纷归附唐朝。唐太宗在给铁勒人的诏书中提到："收其瀚海，尽入提封；解其辫发，并垂冠带。"[②]由此可见，回鹘

① 《太平寰宇记》卷 199 载："（阿热所著帽）此回鹘所予，至今尤冠之。"
② 《旧唐书》卷 199 下《铁勒传》，第 5348 页。

等铁勒诸部的发式为辫发。其“男子一般将头发梳至后脑勺打结，然后缠上一块黑布，或戴上一顶后面翘起的帽子。贵族阶级则把头发梳成辫子一直垂到上臂一半长的地方，在前额中把头发分开向两边梳，前额的流苏让其自然下垂”①。

### （二）饮食习惯

回鹘人兴起于色楞格河畔，后驻牧于鄂尔浑河流域，以游牧为生。饮食以肉乳为主，兼以谷物佐食。唐代宗至德二年（757），回鹘叶护太子率军助唐平叛军，唐朝每日为其提供“羊二百口、牛二十头、米四十石”②，即为明证。摩尼教成为回鹘国教后，素食开始在汗国境内广为流行。摩尼教有禁止僧侣吃肉饮酒的戒律，摩尼教僧侣也把这一习俗带入了回鹘，史载：“其法日晏乃食，食荤而不食湩酪。”③古人所说的“荤”，并非指肉食，而是指葱、姜、蒜之类带辛辣味道的蔬菜。所谓“食荤而不食湩酪”，就是可以食用荤辛蔬菜而不食用作为游牧民族主食的奶制品。许多回鹘贵族受摩尼教影响，开始接受素食，出现了“薰血异俗，化为蔬饭之乡”④的社会现象。

### （三）居住习惯

回鹘作为游牧民族，主要居住在方便拆卸游牧的毡帐当中。阴山岩画中保留了回鹘毡帐的形象。考古学家曾在今内蒙古自治区乌拉特后旗布尔很哈达山上发现了一幅高宽各 0.17 米的穹庐帐岩画。岩画上面刻有回鹘文，因此可以断定绘制岩画者为回鹘人，这幅画描绘的也是回鹘人的毡帐。从岩画来看，回鹘毡帐的形制与蒙古包类似，是一种穹庐式帐篷，毡帐周边围有用木棍、皮条相连接的“哈那”，上端则盖着圆形毡顶，并用两根横拉绳索固定。帐篷顶端有天窗，侧面开有一扇门，但没有门扇⑤。

---

① 陈佳华、蔡家艺、莫俊卿等：《中国历代民族史：宋辽金时期民族史》，社会科学文献出版社，2007 年，第 267 页。

② 《旧唐书》卷 195《回纥传》，第 5199 页。

③ 《资治通鉴》卷 237《唐纪》宪宗元和元年，第 7638 页。

④ 林幹：《突厥与回纥史》之《九姓回鹘可汗碑》，第 439 页。

⑤ 盖山林：《阴山岩画》，文物出版社，1986 年，第 177 页。

回鹘可汗也习惯住在帐篷中。据《新五代史》卷74《四夷附录第三·回鹘》载："其（回鹘）可汗常楼居。"这里所谓的"楼居"并非指居住在楼阁中，而是说回鹘可汗住在以高台作为基座的毡殿中[①]。回鹘可汗所居之毡殿被当时人称为"金帐"[②]。根据《塔米姆·伊本·巴赫尔回鹘游记》记载，阿拉伯旅行家塔米姆曾见到过属于回鹘可汗的一顶金帐。该金帐"是金子（做成的）"，"矗立在城堡的平顶上，能容纳100人"[③]。从这段记载可知，可汗的金帐上应当贴有大量金箔或金板，所以看起来仿佛是金子做成的。金帐坐落在高台基座上，并且回鹘人在金帐周边修有用于防御的围墙，故塔米姆说它"矗立在城堡的平顶上"。金帐内部"能容纳100人"，足见其瑰丽宏伟。

回鹘汗国建立后，虽然在漠北修建了许多城市，也遗留下一些房屋，但这些房屋主要是供生活在回鹘汗国境内的汉人、粟特人等居住的，大多数回鹘人并不习惯定居。回鹘人在所建立的城市内部留有许多空地用以扎帐。这些帐篷随时都可以拆卸搬运，方便回鹘人随季节变化而在不同的草场游牧。而可汗的金帐可以根据需要不断游移搬迁。据回鹘汗国《铁尔痕碑》载：葛勒可汗在位时"让人在于都斤（山）西边，在铁兹（Täz）河上游建立了汗庭……我（即葛勒可汗——引者注）在那里度过了虎年和蛇年两个年头的夏天……龙年我在于都斤（山）中间，在Süngüz Basqan圣峰的西方度过了夏天"[④]。这段碑文便反映了回鹘汗国前期可汗驻跸地在于都斤山附近的游移情况。

回鹘汗国灭亡后，乌介可汗劫持唐朝太和公主，率众驻牧于漠南。边境唐军曾"见毡车数十……虏曰：'此（太和）公主帐也'"[⑤]，表明直至汗国灭亡时，回鹘贵族仍延续着在毡帐中居住、用毡车迁徙的习俗。

回鹘人既然需要不断游牧迁徙，那么用于运载毡帐、生活用品的车

---

① 任爱君：《回鹘"楼居"与契丹"四楼"之关系研究》，《西北民族研究》1997年第2期。

② 《资治通鉴》卷246《唐纪六十二》文宗开成五年，第7946页。

③ ［阿拉伯］塔米姆·伊本·巴赫尔：《塔米姆·伊本·巴赫尔回鹘游记》，王小甫译，《边塞内外——王小甫学术文集》，第568页。

④ 耿世民：《古代突厥文碑铭研究》，第208页。

⑤ 《旧唐书》卷161《石雄传》，第4235页。

辆便必不可少。回鹘的先民高车人即以制作和使用双轮高大的高轮车著称。这种高轮车辆被后世游牧民族所沿用，在今天的蒙古牧民生活中仍然可以常常见到。

### （四）纪年方式

在回鹘人之前，突厥人在碑铭中开始使用从中原传入的十二生肖纪年法。例如，《阙特勤碑》中出现了“羊年”（731）“猴年”（732）这样的纪年；《毗伽可汗碑》中亦有“狗年”（734）“猪年”（735）字样。

回鹘人也沿袭了这一纪年方法。在回鹘人刻写的《磨延啜碑》中出现了七个生肖纪年，即羊年（743）、鸡年（745）、猪年（747）、虎年（750）、兔年（751）、羊年（755）、鸡年（757）。《铁尔浑碑》也出现了七个生肖纪年：蛇年（741）、羊年（743）、猴年（744）、鸡年（745）、猪年（747）、鼠年（748）、龙年（752）。《铁兹碑》中也有一个生肖纪年，即鸡年（757）。十二生肖纪年法在草原各民族中长盛不衰。在回鹘人之后，辽代的契丹人以及其后的蒙古人均继续采用生肖纪年法。这可以被看作是突厥、回鹘引入中原文明的成果，进而推动北方民族文化发展的典型例证。

回鹘在漠北活动时期，创造了辉煌的文明，对其后北方诸民族的发展产生了深远的影响。回鹘人创造了自己的文字，并大量吸收外来文化，译写其他民族的经典，在西迁后产生了自己的民族文学，成为8—13世纪中国北方民族文化的领跑者。回鹘的文字、制度多为后来的北方民族所继承。其在文化上的影响，在契丹、蒙古等民族当中都留下了深深的印记。因此法国著名东方学家勒内·格鲁塞曾评价说：“回鹘比其他的突厥－蒙古各族更先进，在成吉思汗时代以前的突厥－蒙古各族中，他们将是先生。”①

7—8世纪回鹘人的活动对于加强东亚诸民族间的交往，促进和巩固唐代多民族国家的形成，也做出了不可磨灭的历史贡献。正是在以回鹘为首的九姓铁勒的帮助下，唐朝得以顺利击灭东突厥、薛延陀，将漠北

① 〔法〕勒内·格鲁塞著，蓝琪汉译，项英杰校：《草原帝国》，第183页。

纳入版图，使蕃汉诸民族处于一个政权统治之下，从而加强了蒙古高原各族人民与中原地区的联系和交往。回鹘归附唐朝后，长期承担唐朝忠实属臣的义务，不仅与唐朝安北都护府唇齿相依，成为唐朝统治漠北的支柱力量，而且还帮助唐朝平定龟兹、西突厥，从而使新疆地区也纳入唐代统一多民族国家的版图。从巩固开拓古代中国边疆地区的角度来看，回鹘功不可没。744年回鹘汗国建立后，虽然由于唐朝旋即爆发安史之乱，双方力量对比发生变化，回鹘不再是唐朝臣属，但依然充当了唐朝有力的盟友。正是在回鹘的帮助下，唐朝才得以平定安史之乱。后来唐朝又凭借回鹘的力量来牵制吐蕃，从而减轻了来自西部的军事压力。可以说，在唐朝中后期，回鹘又扮演了唐朝的保卫者角色。唐朝则以和亲、互市为报答。双方之间虽然也存在龃龉，但以合作友好为主流，从而在古代中国民族友好交往史上书写了浓墨重彩的一笔。

安史之乱后，伴随着“回鹘路”地位的上升，回鹘成为沟通中原与西域之间的桥梁，从而在东西方文明交流史上起到了关键作用。回鹘汗国灭亡后，回鹘民族的历史影响并没有消失，反而因为西迁至天山南北与河西走廊，变成了控制丝绸之路枢纽位置的民族，在古代世界的影响因此变得愈发重要。凡欲从中亚、西亚地区进入中原，必先经过回鹘人控制的区域。久而久之，回鹘就成为东西方信息的传递者，以至于到南宋时，中原人把葱岭内外西域各族皆泛称为“回鹘”。两宋时民间又把“回鹘”讹称为“回回”①。因此中原人便以“回回”泛指西域各族。直到元代，由于中原对西域的了解大大加深，“回回”与“回鹘”的含义才开始分开，前者泛指蒙古西征过程中所接触到的信仰伊斯兰教中亚、西亚各族，后者专指维吾尔族。回鹘对古代世界的影响，由此可见一斑。

正因为如此，后世对于回鹘历史文化的研究非常重视，并发展成为一门世界性的学问。根据学者研究，古代回鹘人的语言属于突厥语族。从漠北回鹘汗国时期遗留下来的古突厥碑铭来看，他们的书面语与突厥人是相同的，更兼突厥、回鹘有着同源的关系（都属于铁勒的一支），因此后世往往把回鹘归入广义上的“突厥人”。

但无可否认的是，在对回鹘历史记载最为系统的古代中国史籍中，

---

① 李茂松：《回族史指南》，新疆人民出版社，1995年，第4、5页。

“突厥”“铁勒”“回鹘”是截然不同的概念。“突厥”专指建立突厥汗国的那一部分铁勒人，它具有更多的政治含义[①]。作为一个游牧部族，突厥强盛的年代仅有大约两百年。在中原史籍所记载的突厥出现数百年以后，波斯和阿拉伯文献才开始以“突厥”之称来泛指所有突厥语族部落，从而形成了“广义上的突厥人”概念。但这种“广义上的突厥人”实际上是使用大致相同语言（突厥语族）的人群，并不能将其视为现代意义上的民族。

把回鹘归入突厥人范畴的做法在西方人的著述中十分常见。不少学者认为，“丁零”“敕勒”“铁勒”都是突厥文“Türk”的汉文音译，即铁勒实际上就是汉文史料中“突厥”一词的同音异译[②]。伯希和还阐释说“Türk”一词乃蒙古文“Türkler”复数的音译，是由在柔然汗国灭亡后逃入西魏的柔然人传入汉地的[③]。按照这种观点，既然“突厥”等于“铁勒”，且回鹘又源出铁勒，那么便也可以说回鹘人为突厥人的一支。然而，即使铁勒与突厥是同音异译，可史书中所载的突厥与其他铁勒部落之间却存在着一定的民族文化分野[④]。突厥汗国建立后，作为统治部落的突厥把持汗国高爵显位，而将其他铁勒部落作为被征服者，称其为“黑民”，政治地位与突厥本族迥然有别。这种身份上的差异，使得《隋书·铁勒传》在其所罗列的名目繁多的铁勒部落中并没有将突厥列入。不仅如此，《隋书·铁勒传》还记载了突厥与其他铁勒部落在婚俗与葬俗上的不同，从而显示出他们之间异流发展的趋势。

因此，尽管回鹘人与突厥人同样源出铁勒。但我们认为二者是同源异流的关系。恰恰是以回鹘为首的九姓铁勒最终推翻了突厥人的统治。从漠北回鹘留下的碑铭来看，他们也并不以突厥自称。虽然回鹘人的语言与突厥人相近，同属突厥语族，可是“突厥语族”不能被混同为“突

---

① 耿世民：《突厥汗国（公元552—745年）》，《耿世民新疆文史论集》，中央民族大学出版社，2001年，第241页。

② 〔日〕佐口透：《〈隋书·铁勒传〉笺注》，余大钧译，《北方民族史与蒙古史译文集》，云南人民出版社，2003年，第87页。

③ 〔法〕伯希和：《汉译突厥名称之起源》，冯承钧译：《西域南海史地考证译丛二编》，商务印书馆，1962年，第48页。

④ 田卫疆：《回纥与漠北草原诸族关系初探》，《民族研究》2006年第4期。

厥民族”。刻意把所有操突厥语的人群都虚构为同一民族的做法是不符合历史事实的。

从民族交往的历史来看，回鹘与蒙古族有颇深的渊源。回鹘汗国崩溃后，大部迁徙，遗留在漠北的少数回鹘人，后来渐渐与其他草原部族融合，最后于 13 世纪初融入蒙古。回鹘西迁之后，对蒙古高原仍然存在文化上的影响。以塔塔统阿为代表的回鹘（畏兀儿）知识分子，先是为驻牧于蒙古高原西部的乃蛮人效力，后来归附成吉思汗，从而将文字传入蒙古。正是有了文字应用，蒙古族的文化得以迅速发展。回鹘人也广泛参与到蒙古人的政权建设中，为 13 世纪蒙古人的崛起和兴盛以及元代统一多民族国家的出现发挥了独特的作用。

蒙古与回鹘并非一族，这是当代学界的共识。9 世纪回鹘西迁后，与中亚各个操突厥语的部族相互交融，开始了在文化上彼此影响的过程。回鹘人凭借着自身文明的强大影响，使自己的史诗传说在中亚各族当中迅速流传开来。回鹘人关于“乌古斯可汗”的传说便融为中亚诸突厥语部族的历史记忆，乌古斯可汗也逐渐成为他们传说中共同的祖先。13 世纪蒙古征服中亚以后，受突厥语族各部影响日深。留居中亚、西亚的蒙古贵族渐渐突厥化，也接受了乌古斯可汗的传说。伊尔汗国宰相拉施特在编修《史集》时，为了巩固蒙古贵族对突厥语诸部的统治，便刻意把蒙古族源追溯到乌古斯可汗，声称蒙古与包括回鹘在内的所有欧亚草原上的游牧民族均拥有的共同祖先，以此对突厥语诸部进行政治宣传，强化他们对蒙古贵族的政治向心力。拉施特的这一观点也是经不起仔细推敲的，因而成为不被现代学界所接受的历史陈迹。

# 参考书目

## 一、史料

（南朝宋）范晔撰，（唐）李贤等注：《后汉书》，中华书局，1965年。

（北齐）魏收：《魏书》，中华书局点校本，1974年。

（唐）白居易撰，谢思炜校注：《白居易诗集校注》（全六册），中华书局，2006年。

（唐）李德裕：《会昌一品集》，上海古籍出版社，1994年。

（唐）李吉甫撰，贺次君点校：《元和郡县图志》，中华书局，1983年。

（唐）李延寿：《北史》，中华书局点校本，1974年。

（唐）魏徵、令狐德棻：《隋书》，中华书局点校本，1973年。

（后晋）刘昫：《旧唐书》，中华书局点校本，1975年。

（宋）欧阳修、宋祁：《新唐书》，中华书局点校本，1975年。

（宋）欧阳修、宋祁：《新五代史》，中华书局点校本，1974年。

（宋）司马光编著，（元）胡三省音注：《资治通鉴》，中华书局点校本，1956年。

（宋）王明清：《挥麈录·前录》，中华书局，1961年。

（宋）王溥：《唐会要》，中华书局，1955年。

（宋）王钦若编著：《册府元龟》，中华书局，2003年。

（宋）薛居正：《旧五代史》，中华书局点校本，1976年。

（元）脱脱等：《辽史》，中华书局点校本，1974年。

（元）脱脱等：《宋史》，中华书局点校本，1985年。

（元）董文弼：《亦都护高昌王世勋碑复原并校记》，《文物》1964年第2期。

（清）董诰等编：《全唐文》，中华书局，1983年。

耿世民译：《乌古斯可汗的传说》，新疆人民出版社，1982年。

耿世民：《古代突厥文碑铭研究》，中央民族大学出版社，2005年。

王尧、陈践译注：《敦煌吐蕃文献选》，四川民族出版社，1983年。

〔阿拉伯〕伊本·胡尔达兹比赫著，宋岘译注：《道里邦国志》，华文出版社，2017年。

〔波斯〕拉施特主编，余大均、周建奇译：《史集》，商务印书馆，1983年。

〔波斯〕佚名著，王治来译注：《世界境域志》，上海古籍出版社，2010年。

〔伊朗〕志费尼著，何高济译，翁独健校订：《世界征服者史》（上册第一部），内蒙古人民出版社，1980年。

## 二、专著

### （一）中文专著

艾尔肯·阿热孜、艾尔汗·阿伊登：《古突厥文碑铭》，新疆人民出版社，2014年。

陈佳华、蔡家艺、莫俊卿等：《中国历代民族史：宋辽金时期民族史》，社会科学文献出版社，2007年。

段连勤：《丁零、高车与铁勒》，广西师范大学出版社，2006年。

冯家昇、程溯洛、穆广义编著：《维吾尔族史料简编》，民族出版社，1958年。

范文澜：《中国通史简编》（修订本）（第三编），人民出版社，1965年。

盖山林：《阴山岩画》，文物出版社，1986年。

耿世民：《耿世民新疆文史论集》，中央民族大学出版社，2001年。

李符桐：《回鹘史》，文风出版社，1963年。

李茂松：《回族史指南》，新疆人民出版社，1995年。

林幹：《突厥与回纥历史论文选集（1919—1981）》，中华书局，1987年。

林幹、高自厚：《回纥史》，内蒙古人民出版社，1994年。

刘戈、郭平梁：《回鹘史指南》，新疆人民出版社，1995年。

刘美崧：《两唐书回纥传回鹘传疏证》，中央民族学院出版社，1988年。

刘义棠：《维吾尔族研究》，正中书局，1975年。

刘志霄：《维吾尔族历史》（上编），民族出版社，1985年。

芮传明：《古突厥碑铭研究》，上海古籍出版社，1998年。

芮传明：《古突厥碑铭研究》（增订本），商务印书馆，2017年。

芮传明：《内陆欧亚风云录》，兰州大学出版社，2013年。

塔拉、恩和图布主编：《蒙古国古代游牧民族文化遗存考古调查报告（2005—2006年）》，文物出版社，2008年。

塔拉、恩和图布信主编：《蒙古国浩腾特苏木乌布尔哈布其勒三号四方形遗址发掘报告（2006年）》，文物出版社，2008年。

王小甫：《边塞内外——王小甫学术文集》，东方出版社，2016年。

王鍾翰主编：《中国民族史》，中国社会科学出版社，1994年。

《维吾尔族简史》编写组：《维吾尔族简史》（第一册），新疆人民出版社，1991年。

肖爱民：《中国古代北方游牧民族两翼制度研究》，人民出版社，2007年。

新疆社会科学院民族研究所：《新疆简史》，新疆人民出版社，1980年。

薛宗正：《安西与北庭——唐代西陲边政研究》，黑龙江教育出版社，1990年。

薛宗正：《回纥史初探》，甘肃民族出版社，2012年。

杨富学：《回鹘文献与回鹘文化》，民族出版社，2003年。

杨富学：《回鹘学译文集》，甘肃教育出版社，2012年。

杨圣敏：《回纥史》，广西师范大学出版社，2008年。

杨圣敏：《〈资治通鉴〉突厥回纥史料校注》，社会科学文献出版社，2012年。

朱悦梅、杨富学：《甘州回鹘史》，中国社会科学出版社，2013年。

（二）译著

〔日〕安部健夫著，宋肃瀛、刘美崧、徐伯夫译：《西回鹘国史的研究》，新疆人民出版社，1985 年。

〔法〕格鲁塞著，蓝琪译，项英杰校：《草原帝国》，商务印书馆，1998 年。

〔苏联〕吉谢列夫著，王博译：《南西伯利亚古代史》，新疆人民出版社，2014 年。

〔苏联〕克利亚什托尔内著，李佩娟译：《古代突厥鲁尼文碑铭——中亚细亚史原始文献》，黑龙江教育出版社，1991 年。

## 三、论文

### （一）中文论文

阿合买提江·艾海提：《维吾尔族族源新探》，《新疆大学学报》1985 年第 1 期。

艾冲：《论唐代铁勒回纥部的三次内迁》，《唐史论丛》（第 15 辑），陕西师范大学出版社，2012 年。

艾尚莲：《回鹘南迁初探》，《民族研究》1982 年第 4 期。

包文胜：《铁勒历史研究——以唐代漠北十五部为主》，内蒙古大学 2008 年博士学位论文。

包文胜、张久和：《蒙古国“四方形遗址”所属时代考——以出土器物上的两组突厥卢尼文字判定》，《内蒙古社会科学（汉文版）》2016 年第 5 期。

陈俊谋：《顿莫贺可汗与摩尼教》，《新疆社会科学》1985 年第 6 期。

陈俊谋：《试论回鹘路的开通及其对回鹘的影响》，《中央民族学院学报》1987 年第 2 期。

董文阳：《借兵平寇的得与失——简论回纥助唐平定安史叛乱》，《阴山学刊》2015 年第 5 期。

程溯洛：《释汉文〈九姓回鹘毗伽可汗碑〉中有关回鹘和唐朝的关系》，《中央民族学院学报》1978 年第 2 期。

程溯洛：《回纥的兴起及其和唐朝的关系》，《历史教学》1979 年第 7 期。

丁君涛：《唐与回纥绢马贸易中马价争议的原因探析》，《唐山学院学报》2017 年第 5 期。

范香立、张金铣：《唐与回鹘和亲原因解析》，《民族史研究》2014 年第 2 期。

高自厚：《论庞特勤为回鹘共主——兼论回鹘史上的衰奔时期》，《西北民族大学学报（哲学社会科学版）》，1984 年第 3 期。

耿世民：《突厥汗国（公元 552—745 年）》，《耿世民新疆文史论集》，中央民族大学出版社，2001 年。

韩儒林：《突厥官号考释》，《穹庐集》，河北教育出版社，2000 年。

卡哈尔·巴拉提：《多罗郭德回鹘文碑的初步研究》，《新疆大学学报（哲学社会科学版）》1984 年第 4 期。

邝平章：《唐代公主和亲考》，《史学年报》第 2 期，1935 年。

李娟：《漠北回鹘碑铭与汉文回鹘史料比较考证》，《西北民族大学学报（哲学社会科学版）》2013 年第 5 期。

李树辉：《〈唐会要·葛逻禄国〉疏证辨误》，《中国藏学》2013 年第 2 期。

李树辉：《论乌古斯和回鹘——乌古斯与回鹘研究系列之一》，《喀什师范学院学报》1999 年第 1 期。

李树辉：《回纥的构成及其发展（上）——乌古斯和回鹘研究系列之四》，《喀什师范学院学报》2000 年第 6 期。

李树辉：《回纥的构成及其发展（下）——乌古斯和回鹘研究系列之四》，《喀什师范学院学报》2001 年第 1 期。

李丽杰：《回鹘助唐平安史之乱述论》，《贵州师范大学学报（社会科学版）》2002 年第 6 期。

林梅村、陈凌、王海城：《九姓回鹘可汗碑研究》，《欧亚学刊》（第一辑），中华书局，1999 年。

刘戈：《试论回纥可汗顿莫贺达干》，《西域史论丛》（第 2 辑），新疆人民出版社，1985 年。

刘戈：《汉文高昌回鹘史料述要》，《喀什师范学院学报》1994 年第 3 期。

刘美崧：《回纥更名回鹘考》，《江西师院学报（哲学社会科学版）》1980 年第 1 期。

刘正江：《回鹘与唐的马绢贸易及其实质》，《黑龙江民族丛刊》2011年第2期。

孟凡人：《唐代回鹘控制北庭的过程》，《新疆社会科学》1983年第3期。

内蒙古自治区文物考古研究所：《2011年内蒙古自治区文物考古研究所考古发现综述》，《草原文物》2012年第1期。

尼扎吉·喀迪尔：《试论摩尼教传入鄂尔浑回鹘的时间和原因》，《喀什师范学院学报》2010年第2期。

牛汝极：《日本的维吾尔史学与文献研究（上）》，《中国边政》1996年第4期。

彭建英：《漠北回鹘汗国境内的粟特人——以粟特人与回鹘互动关系为中心》，《中国边疆史地研究》2016年第4期。

钱伯泉：《乌揭——阿尔泰历史和草原丝路的早期主人》，《西域研究》2000年第4期。

钱伯泉：《畏吾儿人的祖族源传说研究》，《喀什师范学院学报》2005年第1期。

秦卫星：《关于漠北回鹘汗国早期历史中的两个问题》，《新疆大学学报（哲学社会科学版）》1988年第3期。

任爱君：《回鹘“楼居”与契丹“四楼”之关系研究》，《西北民族研究》1997年第2期。

任崇岳、罗贤佑：《试论唐代的和亲政策》，《中央民族学院学报》1981年第1期。

荣新江：《大中十年唐朝遣使册立回鹘史事新证》，《敦煌研究》2013年第3期。

尚衍斌：《漠北回鹘汗国政治体制初探》，《西北民族研究》1995年第1期。

宋肃瀛：《回纥改名“回鹘”的史籍与事实考》，《民族研究》1995年第6期。

宋晓东、王宗磊《回鹘西迁前经济生活探析》，《石河子大学学报（哲学社会科学版）》2007年第4期。

塔拉、陈永志：《对蒙古国游牧文化的初步认识》，《中国文物报》

2008年10月31日。

田卫疆:《高昌回鹘史研究刍议》,《新疆师范大学学报(哲学社会科学版)》2001年第2期。

田卫疆:《回纥与漠北草原诸族关系初探》,《民族研究》2006年第4期。

杨博文:《试论回纥与唐朝关系的几个问题——和刘戈同志商榷》,《上海师范大学学报》1986年第4期。

杨富学:《关于回鹘摩尼教史的几个问题》,《世界宗教研究》2007年第1期。

杨富学:《唐西市博物馆藏〈回鹘米副侯墓志〉考释》,《民族研究》2015年第2期。

杨富学:《回鹘社会文化发展逆演进现象考析》,《暨南学报(哲学社会科学版)》2015年第4期。

杨瑾:《陕西考古资料所见回鹘及相关问题探析》,《河西学院学报》2016年第4期。

杨铭:《唐代吐蕃与突厥、回纥关系述略》,《西南民族大学学报(人文社科版)》2005年第6期。

杨铭:《敦煌藏文写本〈岱噶玉园会盟寺愿文〉研究》,《西北民族论丛》(第六辑),中国社会科学出版社,2008年。

杨圣敏:《试论回纥宗教思想的演变与改宗摩尼教》,《西北史地》1985年第3期。

杨圣敏:《回纥人的种族特征试析——兼评维吾尔族与其先民回纥之区别》,《甘肃民族研究》1988年第1期。

亦邻真:《中国北方民族与蒙古族族源》,《内蒙古大学学报》1979年第3、4期。

尹伟先:《回鹘与吐蕃对北庭、西州、凉州的争夺》,《西北民族研究》1992年第2期。

王洁、杨富学:《突厥碑铭所见黠戛斯与突厥、回鹘关系考》,《内蒙古社会科学(汉文版)》2009年第1期。

王金保:《论漠北回鹘汗国的城市兴建与半定居生活》,《敦煌学辑刊》2015年第4期。

王日蔚:《维吾尔(缠回)民族名称演变考》,《西北民族宗教史料文摘》,甘肃省图书馆,1985年。

王桐龄:《汉唐之和亲政策》,《史学年报》第1期,1929年,等等。

王小甫:《从回鹘西迁到黑汗王朝》,《新疆社会科学研究》1984年第14期。

肖爱民:《试析回纥汗位的继承制度》,《朔方论丛》(第二辑),内蒙古大学出版社,2012年。

薛宗正:《北回纥汗国的政权组织、社会经济和宗教信仰》,《西域研究》1994年第4期。

札奇斯钦:《对"回鹘马"问题的一个看法》,《食货月刊》1971年第1期。

张久和:《黑车子的史实和相关的问题》,《内蒙古大学学报(人文社会科学版)》1997年第5期。

周佳荣:《唐代"和亲"考略》,《陕西师范大学学报(哲学社会科学版)》2000年第1期。

周伟洲:《也谈新疆维吾尔族源问题》,《西北历史资料》1981年第2期。

## (二)汉译论文

〔法〕伯希和:《汉译突厥名称之起源》,冯承钧译,《西域南海史地考证译丛二编》,商务印书馆,1962年。

〔日〕长泽和俊:《近年日本研究西哉史的新成果》,钟美珠译,《民族译丛》1984年第2期。

〔法〕蒂埃里:《论中国及粟特对突厥社会货币的影响(公元6—9世纪)》,《粟特人在中国——历史、考古、语言的新探索》,中华书局,2006年。

〔法〕哈密顿:《九姓乌古斯和十姓回鹘考》,耿昇译,《敦煌学辑刊》1983年第4期。

〔法〕哈密顿:《九姓乌古斯和十姓回鹘考(续)》,耿昇译,《敦煌学辑刊》1984年第1期。

〔苏联〕吉谢列夫:《南西伯利亚和外贝加尔湖地区古代城市生活的

新资料》，阮西湖译，《考古》1960 年第 2 期。

〔哈萨克斯坦〕卡玛洛夫：《8—9 世纪中亚游牧回鹘人的物质文化》，彭杰译，《新疆师范大学学报（哲学社会科学版）》2005 年第 2 期。

〔美〕孟菲斯：《打破鄂尔浑河传统：论公元 840 年以后黠戛斯对叶尼塞河流域的坚守》，张国平译，《内蒙古师范大学学报（哲学社会科学版）》2014 年第 5 期。

〔日〕片山章雄：《关于 Toquz Oγuz 和“九姓”的若干问题》，邢玉林、刘世哲译，《民族译丛》1986 年第 5 期。

〔日〕森安孝夫：《究竟是回鹘还是吐蕃在公元 789—792 年间夺据了别失八里？》，罗贤佑译，《民族译丛》1982 年第 3 期。

〔苏联〕伊西耶夫：《鄂尔浑回鹘汗国》，热夏提·努拉林迈德译，《世界民族》1987 年第 3 期。

〔日〕佐口透：《〈隋书·铁勒传〉笺注》，余大钧译，《北方民族史与蒙古史译文集》，云南人民出版社，2003 年。

## 四、外文文献

林俊雄、白石典之、松田孝一：《バイバリク遺迹》，《モンゴル国现存遗迹·碑文调查研究报告》，大阪中央ユーラシア学研究会，1999 年。

森安孝夫、オチル（A. Ochir）合編：《モンゴル国現存遺跡·碑文調査研究報告》，（大阪）中央ユーラシア学研究会，1999 年。

羽田亨：《唐代回鶻史の研究》，《羽田博士史学论文集》（上、歴史篇），同朋舍，1979 年。

# 索　引

## A



## B



## C

## D



## E



## F



## G



## H



## J

**K**



**L**



**M**



**N**



**P**

**W**



**X**



**Y**

## Z

# Abstract

Huihu ( 回鹘 ) was a nomadic people of north China that had a powerful influence in ancient Chinese history. They lived in the Mongolia Plateau before the middle of the 9th century. After the Khanate of Huihu collapsed in 840, some of the members dispersed and integrated with other ethnicities. The others became ancestors of the present Uygur and Yugur. This book comprehensively and systematically introduces the history of Huihu on the north of the Gobi area, basing its Chinese sources on the *Jiu Tangshu*, *Xin Tangshu*, *Cefu yuangui*, and *Zizhi tongjian*, as well as ancient Turkic inscriptions on stone monuments and relevant scholarship both domestic and overseas.

This book has seven chapters.

Chapter one introduces basic historical resources about Huihu, including Chinese historical resources, ancient Turkic inscription on stone monuments, writings by ancient Arab scholars and Persian scholars, and overviews of Huihu history in domestic and international academia since the 20th century. It helps the readers to establish a preliminary impression of the research on Huihu history.

Chapter two is about the name and the origin of Huihu. It traces the evolution of Huihu's name in Chinese transliteration, pointing out that the Chinese pronunciation of 回纥 and 回鹘 were the same in the Tang period. It also discusses the latest research about the origins of the Huihu people and critically examines the causes for the different records of the so-called Nine Clans in the *Tang huiyao* and *Jiu Tangshu*.

Chapter three describes the origins and historical development of

Huihu. Absorbing the achievement of previous scholarship, it thoroughly narrates, in chronological order according to the succession of Huihu Khans, their activities and significant events on the north of the Gobi area from the Northern and Southern Dynasties to the middle of the 9th century. The history after their moving westward is also briefly touched upon. The chapter tries to make some new arguments regarding the Huihu's southward migration and their reception by the Tang Dynasty.

Chapter four introduces the political and military systems of the Khanate of Huihu, especially its bureaucracy, army, and the two-wing system.

Chapter five focuses on the economic history of Huihu, including its pastoralism, hunting, farming, commerce, handicraft, and urbanization.

Chapter six discusses its ethnic relationships with the Tang Dynasty, Tubo, Geluolu, Xiajiasi, Qidan, Kumoxi, and Shiwei tribes after the founding of the Khanate.

The last chapter introduces the cultures and customs of Huihu such as script, religion, marriage, funeral, calendar, and everyday life, in order to paint a full picture of Huihu.

# 后　记

这本小书是国家社会科学基金重大委托项目“蒙古族源与元朝帝陵综合研究”的子课题《中国古代北方民族史》十卷本中的一册。

初接写作本书的任务时，我感到千钧在肩。回鹘在中国历史上是一个影响巨大的民族，其历史可值得大书特书之处甚多。百余年来东西方对于回鹘研究的学术积累十分厚重，仅国内出版的、由史学名家撰写的回鹘史著作就有多部。而我在回鹘史研究领域只是一个浅薄的学习者和尝试者，为了写作本书，尚有很多功课要做。有前辈著作珠玉在前，如何避免本书成为低劣的续貂之作，对我而言无疑是巨大的挑战。而且从普及历史知识角度来看，如何在兼顾本书的学术性和通俗性之间做出平衡，也是一件不太容易的事情。这涉及体例安排、语言风格等方面的问题，又是我需要悉心学习的另一项内容。

在写作过程中，我也曾多次深深怀疑过自己是否能够完成这本书。但师长们常常鼓励和帮助我。我一向认为，向社会普及知识和思想应当是为学之人的一种责任和荣耀。能够在这样一部小书当中，把自己所闻所思的回鹘历史展示给大家，自然是一件有意义的事情。如果因为怕写作遇到困难，担心做不好，就把这项工作推辞掉，自己将抱憾终生。于是我咬牙坚持了下来，并且在写作过程中得到了编写组与出版社编辑老师们的悉心指导，终于得以完成书稿，等来了付梓的时刻。在此我对提携、帮助过我的各位师长、同学致以诚挚的感谢。

俗话说“尺有所短，寸有所长”。与前辈学者所著述的回鹘史著作和论文相比，本书自然是短之又短的“寸”，甚至在方家眼里不值一哂。但如果通过本书，能够让读者在短时间内系统了解到漠北回鹘的历史以及学界的部分研究观点，进而激发起读者们进一步研读学界相关成果的兴趣，则“寸”虽短，其长也现。这便是本书的一点微弱价值。

由于水平有限，书中很难避免存在缺点和失误。恳请各位方家读者不吝赐教，以便本书的改进。

吴　飞

2021 年 6 月

# 总 后 记

在十卷本《中国古代北方民族史》即将出版之际，我们感觉有一些与全书有关的人和事应该记下来，权做一个交代和备忘。

2011 年春季，由时任内蒙古自治区呼伦贝尔市委常委、统战部部长孟松林同志召集，中国社会科学院考古研究所内蒙古第一工作队队长刘国祥研究员、呼伦贝尔民族博物院院长白劲松研究员具体组织，辽宁师范大学历史文化旅游学院院长田广林教授、内蒙古大学历史与旅游文化学院院长张久和研究员等人参加，在海拉尔落实论证由时任十一届全国政协副主席、中国社会科学院院长、党组书记陈奎元同志倡议的“蒙古族源与元朝帝陵综合研究”项目方案，填报立项申报书，通过中国社会科学院科研局，报送至全国哲学社会科学规划办公室。2012 年 8 月，“蒙古族源与元朝帝陵综合研究”被列为国家社会科学基金重大委托项目（批准号为 12@ZH014），研究周期为 10 年。中国社会科学院科研局作为项目主管单位，中国社会科学院考古研究所、内蒙古自治区文物局、呼伦贝尔市人民政府作为项目联合实施单位，内蒙古大学历史与旅游文化学院作为项目协作单位之一。王巍、孟松林二位先生担任项目首席专家，设北京和呼伦贝尔两个项目办公室，刘国祥、白劲松分别担任主任，组织全国相关科研机构和高校研究人员，以考古学为主，结合历史学、民族学、人类学、社会学、地理学等开展综合研究，力争取得具有国际影响力的学术成果。根据工作计划，2013—2014 年，刘国祥作为考古领队主持发掘了海拉尔区谢尔塔拉、陈巴尔虎旗岗嘎两处墓地，经过研究确认这两处墓地均为室韦人遗存。谢尔塔拉和岗嘎墓地的发现、识别和初步研究，为室韦史、北方民族史研究提供了丰富、直观的珍贵资料，对研究蒙古族族源问题具有重要学术价值。该重大委托项目的设立、室韦考古学文化遗存的发现与识别、共同的学术追求和多年来建立的深厚友谊，为我们开展相关合作研究奠定了坚实基础。

2017年6月末，项目组在海拉尔召开学术研讨会，经过讨论，我们认为组织编写一套北方民族史著作的时机和条件基本成熟，根据项目实施计划，需要编写出版一部系统性的、与蒙古族起源史具有密切关系的历史学研究成果。于是，决定主要依托内蒙古大学培养的北方民族史科研力量组成学术团队编写《中国古代北方民族史》，并作为国家社会科学基金重大委托项目“蒙古族源与元朝帝陵综合研究”的子课题。达成共识后，经过准备，2017年8月16日即在内蒙古大学召开了第一次“中国古代北方民族历史与考古系列学术研讨会”。在这次会议上，组建编写组，确定张久和、刘国祥为主编，何天明、白劲松为副主编，胡玉春、何天明、梁云与白劲松、袁刚、包文胜、吴飞、王洁、冯科、王丽娟、张久和与刘国祥为各卷作者，形成了老中青结合的学术团队。讨论了编写大纲、撰写内容、人员分工、全书体例和编纂要求等事项，标志着该项研究工作的正式启动。考虑到北方民族历史发展的连续性、诸北方民族的重要历史地位、与学界蒙古族起源说有关的北方民族、团队成员的科研主攻方向和前期的学术成果积累等因素，确定了以匈奴、乌桓、拓跋鲜卑、柔然、突厥、回鹘、黠戛斯、契丹、库莫奚和室韦这十个北方民族为研究对象，按族别史体例，一族一卷，形成十卷本的《中国古代北方民族史》。此后，十卷作者分别进入了研究和撰写阶段。

从研究工作启动，截至2021年1月，编写组以“中国古代北方民族历史与考古系列学术研讨会”的名义又召开了六次以推进研究、解决问题为主要目的务实会议。2017年11月11—12日，第二次“中国古代北方民族历史与考古系列学术研讨会”在海拉尔召开，各卷著者就第一部分试写稿内容及相关事宜做了说明，与会人员充分讨论并提出了修改完善建议，并进一步讨论细化了各卷大纲。2018年7月31日—8月1日，第三次会议在内蒙古大学召开，以各卷撰写进展汇报为主题，与会专家围绕各卷完成的基本内容、学术创新、难点等展开了深入的学术研讨。2019年2月16—17日，第四次会议在科学出版社召开，社领导高度重视，专门为每卷书稿选定一位编辑，个别卷甚至配备了两位编辑，开始与各卷作者对接。此次会议以撰写进展汇报为主要议题，作者、编辑和相关专家学者等与会人员围绕编写内容、编写进度、主旨思想、学术重点、学术规范、出版规范等内容进行了深入细致的研讨。

在第四次会议上基本确定了各卷完成和上交初稿的时间段。为了提高效率、保证质量，决定组成由张久和、何天明、冯科、曹磊、王石雨、任翔为主要成员的统稿小组，远离喧嚣闹市，摆脱杂事干扰，进行封闭集中统稿。2019 年 3 月 25—30 日，统稿小组在赤峰市红山区赤峰宾馆进行了第一次统稿，统阅胡玉春《匈奴卷》、王洁《黠戛斯卷》、王丽娟《库莫奚卷》三部书稿。中国社会科学院考古研究所内蒙古第一工作队承担了后勤保障工作。2019 年 4 月 8—13 日，在山西省朔州市右玉县进行了第二次统稿，得到右玉县文史学者王泽民先生的热情接待和周到安排。本次集中统阅何天明《乌桓卷》，梁云、白劲松《拓跋鲜卑卷》和张久和、刘国祥《室韦卷》三部书稿。2019 年 5 月 6—11 日，在赤峰市敖汉旗进行了第三次统稿。统阅袁刚《柔然卷》、包文胜《突厥卷》、吴飞《回鹘卷》、冯科《契丹卷》四部书稿。中国社会科学院考古研究所内蒙古第一工作队负责后勤保障工作，内蒙古史前文化博物馆田彦国馆长给予了热情支持。实际上，每一次统稿所用时间并不止于一周，每次回到呼和浩特后，统稿、校对人员各自又费时十余天才完成了相关工作。统稿小组诸位成员不辞辛苦，认真投入，指出和改正了书稿中存在的一些具体问题，提出了整体修改完善建议，在充分保证学术质量的同时，有效推进了编纂工作。

2019 年 7 月 13—14 日，第五次会议在中国社会科学院考古研究所召开，主要就全书的统稿情况，各卷的作者简介、内容简介、内容摘要翻译、配图、索引，出版阶段的有关问题及解决方案、下半年工作计划等进行讨论，做出了安排和要求，对此前整体工作做了总结。总体而言，五次会议就全书编写提纲、体例、结构、内容、编纂要求、进展等相关工作展开充分讨论，及时解决出现的问题，为整体工作的顺利进行起到了良好作用，推动了编纂进度，提高了内容质量。在第五次研讨会成果基础上，各卷作者用时近两个月完成相关工作内容，十卷书稿于 2019 年 9 月一次性交付出版社，正式进入编辑出版程序。至 2020 年 9 月，各卷先后审完作者样。

2020 年 9 月 7—12 日，第六次“中国古代北方民族历史与考古系列学术研讨会”在海拉尔召开，各卷作者、部分项目组专家、出版社编辑等参会，讨论确定了各卷作者样、索引、英文摘要、后记等最后上交期限以及后期编辑、出版方面的问题，对整体工作做了总结，对下一步工作做了安排。

2021年1月27日，第七次“中国古代北方民族历史与考古系列学术研讨会”通过线上方式举办，本次会议以《中国古代北方民族史》十卷本书稿的外审意见反馈沟通为主要议题，各卷作者与编辑人员围绕相关建议进行研讨，并就书稿进一步的修改与编校深入交流意见。与会专家一致认为，送审意见既体现了对国家有关政策的深入理解，又有对具体写作表述细节的精准见解，是进一步开展书稿修改编校的工作指南，落实好上级部门的送审意见是书籍能够高质量面世的重要前提。各卷作者表示，一定会认真领会送审意见，与责编紧密配合，做好书稿修改工作，用优质学术成果回馈社会。张久和研究员在发言中指出，本套书全体撰写、编辑人员在实际工作中要始终贯彻好“铸牢中华民族共同体意识”的要求，一定要根据送审意见全面解决还存在的各种学术和技术问题，对于一些难点问题可以再次进行讨论，找到最佳解决方案，确保书籍质量。刘国祥研究员在会议总结时强调，习近平总书记在哲学社会科学工作座谈会上的讲话、致中国历史研究院成立的贺信以及2020年9月28日在中央政治局第二十三次集体学习时发表的《建设中国特色中国风格中国气派的考古学　更好认识源远流长博大精深的中华文明》的重要讲话，为历史学研究和考古学研究提供了科学指引，也为我们的工作注入了强劲的动力。在各卷编写的过程中均注重吸收最新的考古学研究成果，促进了历史学与考古学的融合发展，提升了该项成果的学术价值和创新价值。

自决定编写《中国古代北方民族史》开始，从论证体例、结构，斟酌目录、编纂要求，到试写内容的讨论、完成初稿，再到统稿中的增删修改、核对史料、提出总体建议、修改完善书稿，直到选图配图、编制索引、校对书稿等，整个过程大家各尽其责，团结协作，体现了应有的专业素养和团队意识。应该说我们尽了很大努力去组织全书的编纂，各卷作者也克服困难、夜以继日地工作，但从2017年8月启动，到2019年9月正式交稿，撰写时间毕竟太短，作者又各有学习、教学、科研甚至行政工作任务，投入的时间和精力难以保证；加之成果积累程度不同，其中半数有博士论文作基础，有数年或十余年的积淀，编纂起来相对容易；有的纯粹白手起家，从收集分析史料、总结归纳前人成果做起，再进行研究，工作量和难度确实很大；有的作者年轻，刚刚踏入史学门槛，想法稚嫩，功力尚浅，难免存在许多缺陷。吸收青年学人加入团队，也是抱着锻炼、培养和带动他们成长的目的。因此，虽然全书整体体例、编写要求等大体一致，但在内容论述深度、提出和解决问题等方面还各存差异，在学术上尚存在很大的提升和完善空间，一定会有许多不足和遗憾之处。考虑到“蒙古族源与元朝帝陵综合研究”重大委托项目的迫切需要，以及国内外尚无一次性推出以族别史为体例的多卷本北方民族史成果的现实，我们不揣浅陋，把十卷本《中国古代北方民族史》作为一项团队研究北方民族史的阶段性学术成果呈现出来，供学界同仁批评指正，以达到抛砖引玉，锻炼队伍，增进交流，推动研究的目的。

从启动编写到正式出版，费时四年。我们能够顺利完成这项研究工作，离不开各位领导、学界同仁、出版社编辑和媒体记者朋友的大力支持和鞭策。“蒙古族源与元朝帝陵综合研究”重大委托项目首席专家王巍先生、孟松林先生宏观指导、鼎力支持，同意将《中国古代北方民族史》列为重大委托项目子课题资助研究。孟松林院长每次会议均到场致辞，亲切关怀，热情鼓励，增强了编写组成员的信心。内蒙古大学党委书记朱炳文同志，校长陈国庆教授，副校长张吉维教授、高光来教授、额尔很巴雅尔教授始终关心关注这项工作，多次询问研究、出版进展，学校并以“双一流”建设经费予以科研资助。中共呼伦贝尔市委书记于立新同志对该项目给予了高度重视和大力支持，多次听取项目组工作汇报，帮助解决诸多实际困难，有力保障了该项目的顺利实施。内蒙古自治区社会科学院院长李春林研究员亲临研讨会，给予指导帮助。中国社会科学院考古研究所的各位领导对该项目始终给予关心和支持，陈星灿所长多次听取项目工作汇报，积极推动本套书的编辑和出版工作。中国历史研究院副院长李国强研究员对该项目给予了学术指导和热情帮助。中国科技出版传媒股份有限公司（科学出版社）副总经理闫向东先生、文物考古分社副社长孙莉女士，高度重视项目进程，并在2017年底将项目确立为出版社的重大项目，极大鼓舞了编写者的士气。同时还为每本图书配备了优秀编辑，积极协调出版事宜，为图书出版提供了有力保障。各卷责任编辑审读校阅，纠错证谬，确保了出版质量。新华通讯社记者李贺、中国新闻社记者孙自法、人民政协报记者付裕、中国社会科学网记者齐泽垚、中国社会科学报记者杨阳、中国文物报记者郭晓蓉等不辞辛劳，追踪项目进展，连续深度报道，提升了该项目的学术和社会影响力。工作组精心组织，周到安排，辛勤付出，全力配合，使历次研讨会成功举办，统稿工作顺利进行，摘要英译、选图配图等取得良好效果，为整体研究工作的顺利进展提供了坚强有力的保障。各卷的英文摘要由中国社会科学院考古研究所蒙古族源研究中心学术秘书王珏女士翻译，美国华盛顿大学王海城副教授审定，特此致谢！总之，在编写该书过程中，支持帮助过我们的人还有很多，难免挂一漏万，要讲的话也一时言不尽意，在此，我们一并表达崇高的敬意和由衷的谢忱！

历史的机缘、共同的学术志趣使我们成为合作者。值得欣慰的是，在收获学术果实的同时，我们也收获了友情、亲情。这一过程中的耳闻目睹、酸甜苦辣丰富了我们的人生阅历和感受，团结融洽、勇于担当、相互砥砺、理解包容成为我们共同的精神财富。

《中国古代北方民族史》编写组

2021年6月